CB121573

IX Congresso do Centro de Arbitragem da Câmara de Comercial e Indústria Portuguesa (Centro de Arbitragem Comercial)

IX Congresso do Centro de Arbitragem da Câmara de Comércio e Indústria Portuguesa (Centro de Arbitragem Comercial)

CENTRO DE
ARBITRAGEM
COMERCIAL
Câmara de Comércio e Indústria Portuguesa

ALMEDINA

IX CONGRESSO DO CENTRO DE ARBITRAGEM DA CÂMARA DE COMÉRCIO E INDÚSTRIA PORTUGUESA (CENTRO DE ARBITRAGEM COMERCIAL)

EDITOR
EDIÇÕES ALMEDINA, S.A.
Rua Fernandes Tomás, n°s 76-80
3000-167 Coimbra
Tel.: 239 851 904 · Fax: 239 851 901
www.almedina.net · editora@almedina.net

DESIGN DE CAPA
FBA.

PRÉ-IMPRESSÃO
EDIÇÕES ALMEDINA, SA
IMPRESSÃO E ACABAMENTO
PAPELMUNDE

Julho, 2016
DEPÓSITO LEGAL
412178/16

Apesar do cuidado e rigor colocados na elaboração da presente obra, devem os diplomas legais dela constantes ser sempre objeto de confirmação com as publicações oficiais.
Toda a reprodução desta obra, por fotocópia ou outro qualquer processo, sem prévia autorização escrita do Editor, é ilícita e passível de procedimento judicial contra o infrator.

ALMEDINA | GRUPOALMEDINA

BIBLIOTECA NACIONAL DE PORTUGAL – CATALOGAÇÃO NA PUBLICAÇÃO
CONGRESSO DO CENTRO DE ARBITRAGEM DA CÂMARA DE COMÉRCIO
E INDÚSTRIA PORTUGUESA, 9, Lisboa, 2016

IX Congresso do Centro de Arbitragem da Câmara de Comércio e Indústria Portuguesa : (Centro de Arbitragem Comercial) / coord. António Vieira da Silva
ISBN 978-972-40-6678-3

I – SILVA, António Vieira da

CDU 347

NOTA INTRODUTÓRIA

Um Centro de Arbitragem Paradigmático

Lembro-me bem do panorama da arbitragem no final do século passado (sim, antes de 2000 e não de 1900...): não havia congressos, não havia cursos de pós-graduação, não via nunca nenhum português em eventos internacionais, não havia doutrina, a jurisprudência era incipiente.

E lembro-me mais, e isso ainda mais recentemente: o Código do Processo Civil era omnipresente, as partes não podiam testemunhar, não havia depoimentos escritos, as perícias eram colegiais, muitos dos co-árbitros não eram nem achavam que devessem ser independentes e imparciais, a produção de prova era de um modo geral pensada como algo que seguia os figurinos vigentes desde há décadas com a única diferença de que os árbitros não estavam de preto.

Este livro – que reúne trabalhos relativos ao IX Congresso do Centro de Arbitragem Comercial – demonstra bem o caminho que se fez. Novas gerações de advogados revelam um domínio perfeito do direito e da prática arbitral, grandes figuras mundiais da comunidade arbitral vêm partilhar connosco o seu saber, portugueses são advogados e árbitros em vários continentes.

Muito do mérito desta autêntica revolução está no Centro de Arbitragem da Câmara de Comércio e Indústria Portuguesa, instituição pioneira nesse movimento. Bastaria lembrar que as nossas regras arbitrais são usadas (sem pagamento de royalties...) em quase todas as arbitragens ad hoc para se chegar a essa conclusão. O CAC é o centro de arbitragem paradigmático em Portugal.

Mas neste sucesso não estamos sozinhos. O apoio constante da CCI (instituição líder a nível mundial, de que a CCIP é um dos mais antigos membros), a motivação e ajuda das universidades e dos seus professores, o investimento das sociedades de advogados na formação, tudo se conjugou para esta nova realidade.

Este ano chegamos ao X Congresso. Encerra-se um ciclo e começa outro. Como a Vida, vamos renascendo em cada ciclo, concretizando o Estado de Direito

JOSÉ MIGUEL JÚDICE
(Presidente do Centro de Arbitragem Comercial)

IX CONGRESSO DO CENTRO DE ARBITRAGEM DA CÂMARA DE COMÉRCIO E INDÚSTRIA PORTUGUESA (CENTRO DE ARBITRAGEM COMERCIAL)

2 e 3 de julho de 2015

PROGRAMA

Quinta-feira, 2 de julho

09:00-09:30 – **Recepção e entrega de documentação**

09:30-09:45 – **Abertura**

José Miguel Júdice, Presidente, Centro de Arbitragem da Câmara de Comércio e Indústria Portuguesa

09:45-11:00 – **A Obtenção de Provas em Matéria de Arbitragem Internacional: Ponto da Situação**

Regras sobre provas e de produção de provas em diferentes ordens jurídicas e na arbitragem internacional. As Regras IBA sobre a Obtenção de Provas na Arbitragem Internacional

Moderador: *Rui Andrade*, Miranda Correia Amendoeira & Associados

Gustavo Scheffer da Silveira, ICC Tribunal Internacional de Arbitragem, Paris; *João Vilhena Valério*, Tribunal Permanente de Arbitragem, Haia; *Pedro Metello de Nápoles*, PLMJ

11:00-11:30 – **Coffee Break**

11:30-13:00 – **Ónus da Prova: Direito Aplicável; Ilações Desfavoráveis; Arbitragens à Revelia; Propostas do Tribunal de Arbitragem com Diferentes Soluções Jurídicas**
Uma perspetiva prática com um ligeiro contributo teórico. Inversão do ónus da prova, ilações desfavoráveis, consequências do incumprimento. Como os tribunais de arbitragem internacional avaliam a questão e como evitar a impugnação

Moderador: *António Teles,* Sérvulo & Associados

Juan Serrada Hierro, CIMA, Madrid; *Miguel Pinto Cardoso,* Vieira de Almeida & Associados; *Pedro Múrias,* Consultor Jurídico

13:00-15:00 – **Almoço**

15:00-16:30 – **Prova Pericial na Arbitragem Internacional**
Testemunha-perito e a perícia colegial, o papel dos peritos quando nomeados (i) pelo tribunal e (ii) pelas partes; métodos de inquirição dos peritos, tais como o *hot-tubbing*; o Protocolo *Sachs*

Moderador: *Teresa Anselmo Vaz,* Anselmo Vaz, Afra & Associados

Anne Véronique Schlaepfer, Schellenberg Wittmer, Suíça; *Henrik Fieber,* Rochier, Estocolmo; *Pascal Hollander,* Hanotiau & van den Berg, Bélgica

16:30-17:00 – **Coffee Break**

17:00-18:30 – **Prova dos Danos e a Sua Quantificação – Contributos Fundamentais Para Melhorar a Justiça Arbitral**
Exemplos de provas complexas / o drama do árbitro: valor de uma empresa; perda de lucros; consequências dos defeitos de construção. Valor descontado dos rendimentos futuros para a data relevante

Moderador: *Rita Gouveia,* Cuatrecasas, Gonçalves Pereira

Elie Kleiman, Freshfields, Paris; *Richard Edwards,* FTI Consulting, Londres; *Manuel Conthe,* Bird & Bird, Madrid

18:30-19:30 – **Cocktail**

Sexta-feira, 3 de julho

09:30-10:30 – **Contra-Interrogatório – Manual Básico de Sobrevivência para os Advogados de Civil Law**
O que fazer e o que não fazer; armadilhas. O drama do advogado de litigância português: a necessidade de esquecer a antiga musa.

Moderador: *Nuno Pena*, CMS – Rui Pena & Arnaut

Francisco Cortez, Morais Leitão, Galvão Teles, Soares da Silva & Associados; *Jorge Mattamouros*, King & Spalding, Houston; *Todd Wetmore*, Three Crowns, Paris

10:30-11:00 – **Coffee Break**

11:00-12:00 – **Pluzes Sobre Escuridão: Como Pensam os Árbitros? O Estado da Arte**
Avaliação de métodos; tribunais pró-ativos: boas práticas e limites

Moderador: *Miguel Castro Pereira*, Abreu Advogados

Felix de Luis, Advogado, Madrid; José Robin de Andrade, Advogado, Lisboa; *Mathieu de Boissesson*, Linklaters, Paris

12:00-13:00 – **Discurso de Encerramento – Provas em Arbitragem, um Ponto de Vista Pessoal**

Michael Polkinghorne, White & Case, Paris

SESSÃO SUB-40

14:30-15:00 – **Recepção e entrega de documentação**

15:00-15:45 – **Mesa Redonda**
A arbitragem no Acordo de Parceria Transatlântica de Comércio e Investimento entre a União Europeia e os Estados Unidos da América (TTIP): Estado da Questão, Prós, Contras e a Posição de Portugal

Moderador: *Gonçalo Almeida Ribeiro*, Faculdade de Direito da UCP

Convidados: *Paula Redondo Pereira*, Chefe de Gabinete do Secretário de Estado dos Assuntos Europeus; *Ricardo Nascimento Ferreira*, Associado Principal, Morais Leitão, Galvão Teles, Soares da Silva & Associado

15:40-16:00 – **Pausa**

16:00-17:00 – **Mesa Redonda**
Independência e imparcialidade dos árbitros
Concretizações práticas recentes e aspectos culturais, em Portugal e no Estrangeiro, das exigências de independência e imparcialidade; «Issue conflicts»; O processo de recusa em particular: problemas de aplicação prática e consequências
As arbitragens "especiais" (investimento, medicamentos, fiscais, desporto)

Moderador: *Carla Neves Matias*, Sócia SRS

Convidados: *Catarina Carvalho Cunha*, Associada Sénior, Miranda; *Filipe Rocha Vieira*, Associado, VdA; *Frederico Bettencourt Ferreira*, Associado Principal, Cuatrecasas; *Rute Alves*, Associada, PLMJ

17:00-18:00 – **O que é os Arbitralistas têm de Saber Sobre Finanças?**
Key-note Speaker: *José Neves Adelino*, Professor de Finanças, Nova School of Business and Economics

18:00 – **Drinks at Altis Avenida Hotel** (Rossio – Restaurante Bar Terraço)

APLICABILIDADE E APLICAÇÃO DAS REGRAS DA IBA SOBRE A ADMINISTRAÇÃO DE PROVAS

GUSTAVO SCHEFFER DA SILVEIRA[1]
BRUNO RODRIGUES[2]

A arbitragem é método contencioso de resolução de conflitos, no qual frequentemente se evidencia um alto grau de litigiosidade entre as partes. Dentro desse quadro, é de notar que a fase relativa à produção de provas acentua ainda mais a diferença das posições das partes.

Isso decorre naturalmente da posição ocupada pelas partes, separadas em requerentes e requeridas. De maneira simplificada, habitualmente uma das partes terá por interesse limitar a produção de provas, enquanto sua parte adversa solicitará uma produção de provas mais extensa. Por vezes, uma das partes pode até valer-se da fase de produção de provas como estratégia visando o retardamento da instrução. Em outros casos, as posições das partes se opõem quanto à necessidade e pertinência da produção de certos elementos probatórios.

Essas dificuldades relativas à produção de provas, inerentes a todo processo arbitral, são agravadas em arbitragens internacionais envolvendo partes de culturas e tradições jurídicas diferentes. Por exemplo, muitos autores levantam a questão da diferença entre métodos de *civil law* e *common law* quanto à administração da prova, que poderiam vir, dependendo do caso, a favorecer provas orais sobre as provas escritas ou procedimentos de *discovery* sobre produção pontual de documentos[3].

[1] Advogado, Conselheiro Adjunto da Secretaria da Corte Internacional de Arbitragem da Câmara de Comércio Internacional (CCI) e Mestre e Doutorando em direito internacional privado pela Universidade de Paris Panthéon-Assas, Paris II.

[2] Mestre em Direito Econômico pela École de Droit do Institut d'Études Politiques de Paris (Sciences Po Paris). Bacharel em Direito pela Faculdade de Direito da Universidade Federal da Bahia. Advogado.

[3] Sobre o procedimento de *disclosure* e as diferenças entre *common law* e *civil law* na administração da prova, ver Gary B Born, *International Arbitration: Law and Practice* (Kluwer Law

Esse choque de culturas jurídicas transcende a mera especulação teórica, emergindo concretamente em inúmeros procedimentos arbitrais. A arbitragem, sabe-se bem, tornou-se o modo comum de resolução de litígios do comércio internacional[4]. Assim, o árbitro sendo o "*juiz natural*"[5] do comércio internacional frequentemente deverá solucionar disputas relativas à produção de provas entre partes provenientes de países distintos.

Ocorre que as divergências acima mencionadas vão de encontro às necessidades dos operadores do comércio internacional e partes ao procedimento. Com efeito, as partes necessitam que o litígio seja resolvido da maneira mais célere e econômica possível, para que elas possam se concentrar em suas atividades econômicas normais.

É nesse quadro que se impõe aos árbitros, tal como previsto no artigo 22 do Regulamento da CCI, a obrigação de "*envidar todos os esforços necessários para conduzir a arbitragem de forma expedita e eficiente quanto aos custos*".

A despeito de o Regulamento da CCI impor essa obrigação de meios ao tribunal arbitral, ele não dá nenhuma indicação de como o tribunal arbitral deve proceder, em conjunto com as partes, para atingir esse resultado. O Regulamento CCI, assim como o regulamento de muitas outras instituições, deixa à discrição do tribunal arbitral e das partes a forma pela qual esses objetivos serão *in concreto* alcançados.

Nesse contexto, surgiram os esforços da *International Bar Association* ("IBA") voltados à elaboração de um conjunto de regras para orientar a instrução da arbitragem. Intitulados "Regras sobre a administração da prova em arbitragem internacional", o regime IBA relativo à administração da prova tem como última e mais recente versão aquela datada de 29 de maio de 2010. Sem ter a ambição de ser exaustiva, essas regras dispõem de maneira muito ampla sobre a administração da prova, tratando da produção de documentos, da oitiva de testemunhas, da produção de laudos periciais, da realização de inspeções e de audiências de instrução.

O objetivo das regras da IBA, indicado claramente no seu preâmbulo, é o de "*fornecer às partes e aos árbitros um meio de assegurar um procedimento eficaz, econômico e equitativo para a administração da prova em matéria de arbi-*

International; 2012), pp. 183-184.

[4] Kessedjian C., *Droit du commerce international*, Paris, PUF, 2013, p. 457, nº. 958.

[5] Oppetit B., *La théorie de l'arbitrage*, Paris, Puf, 1998, espec. p. 10.

tragem internacional". Entretanto, em que pese esse louvável objetivo e a eficácia prática dessas regras, o regulamento da IBA emana de um organismo que não possui autoridade normativa. Isto é, as regras da IBA não tem força de lei. Por essa razão muitas vezes poderá surgir entre as partes um grande debate sobre a aplicabilidade das regras da IBA.

Em seguida, mesmo quando superada a questão da sua aplicabilidade, existirão casos nos quais as partes entrarão em conflito sobre a interpretação de determinados artigos, levantando assim problemas relativos à sua aplicação.

Em vista do quanto enunciado, e dado o papel desse instrumento nos esforços voltados à tornar a arbitragem mais eficiente, é importante em um primeiro momento analisar algumas questões relativas à sua aplicabilidade (I) e, em seguida, problemas específicos à sua aplicação (II).

I. APLICABILIDADE DAS REGRAS DA IBA SOBRE A ADMINISTRAÇÃO DA PROVA

As regras da IBA são aplicáveis com base em dois fundamentos, quais sejam, caso as partes acordem sua aplicação (A) e, na falta desse acordo, caso tais normas sejam reputadas parte integrante das regras aplicáveis ao procedimento (B).

A. Acordo das partes

Como enunciado brevemente acima, as regras da IBA não são formalmente revestidas de normatividade. É certo que uma parte minoritária da doutrina afirma que essas regras evidenciariam o processo de produção jurídico supra-estatal e transnacional característico da contemporaneidade[6]. Contudo, é inegável que ainda domina na prática e na doutrina a posição de que a chancela do Estado é indispensável para a caracterização de uma verdadeira regra de direito.

Assim, a posição amplamente dominante atualmente é a de que as normas da IBA não constituem regras de direito que se impõem às partes

[6] Nesse sentido ver por exemplo estudos relativos ao pluralismo jurídico (Paul Schiff Berman, *Global Legal Pluralism: A Jurisprudence of Law beyond Borders* (2009, Cambridge University Press)) e ao direito administrativo global (Benedict Kingsbury, Nico Krisch, and Richard B. Stewart, 'The Emergence of Global Administrative Law' (2005) 68(3) Law and Contemporary Problems 15).

e ao tribunal arbitral. Por essa razão, no item 2 do preâmbulo das regras, a própria IBA sugere que as partes adotem expressamente na convenção da arbitragem a sua aplicabilidade.

Sabe-se que o contrato é modo privado de produção normativa normalmente reconhecido pelo Estado como apto a reger relações *inter* partes[7]. Assim, havendo avença entre as partes, reputa-se que as regras da IBA são obrigatórias para as partes e para o tribunal arbitral.

Nesse sentido, o artigo 21 da lei brasileira de arbitragem[8], bem como da grande maioria de legislações nacionais, dispõe que o procedimento arbitral deve obedecer ao que foi acordado pelas partes.

Num quadro tal, o tribunal arbitral deverá aplicar o regramento da IBA sob pena de nulidade da sentença arbitral por não haver respeitado sua missão.

Na prática, para evitar qualquer dúvida sobre a aplicabilidade das regras da IBA sobre a administração da prova, as partes normalmente registrarão sua aplicabilidade de maneira expressa na ata de missão, documento que delimita os contornos do litígio e da missão dos árbitros.

Entretanto, nem sempre as partes preveem de forma expressa a aplicabilidade desse instrumento, sendo esses os casos nos quais a questão revela maiores dificuldades.

Nesse contexto, a questão que se impõe é saber se o tribunal arbitral poderá considerar que as regras da IBA sobre administração da prova são aplicáveis à arbitragem independente de acordo expresso das partes.

B. Ausência de acordo das partes

A questão da administração da prova em uma arbitragem é ligada à condução do procedimento arbitral e assim regida pelas regras aplicáveis a tal procedimento.

Atualmente, a maioria das legislações modernas de arbitragem consideram que em uma arbitragem institucional, como por exemplo a da CCI, a arbitragem será regida pelas regras processuais contidas no regu-

[7] A despeito deste reconhecimento, é de se frisar que o contrato é ainda assim subalterno ao direito posto pelo Estado. Para análise ampla do positivismo jurídico, ver Norberto Bobbio, *O positivismo jurídico: lições de filosofia do direito* (São Paulo, Icone, 2006).

[8] Lei 9.307 de 23 de setembro de 1996 ("lei 9.307/96").

lamento da instituição em jogo[9], salvo disposições imperativas eventualmente aplicáveis.

Observe-se de logo que não haveria maiores questionamentos acerca da aplicabilidade das regras IBA sobre administração de provas caso regulamentos institucionais de arbitragem fizessem expressa referência às regras da IBA. Contudo, esse não é o proceder usual de instituições arbitrais. Em geral, seus regulamentos de arbitragem não contém disposições específicas sobre a condução do procedimento arbitral e atribuem larga discrição às partes e aos árbitros no que diz respeito à determinação das regras aplicáveis ao procedimento.

Por exemplo, o Regulamento da CCI dispõe que "*o procedimento* [...] *será regido pelo Regulamento, e, no que for omisso, pelas regras que as partes – ou, na falta destas, o tribunal arbitral – determinarem, referindo-se ou não a uma lei nacional processual aplicável à arbitragem*".

Essa posição está em conformidade com o artigo 30, parágrafo 3, da lei portuguesa de arbitragem, cuja redação dispõe que, não existindo acordo das partes sobre as regras aplicáveis ao procedimento, "*o tribunal arbitral pode conduzir a arbitragem do modo que considerar apropriado, definindo as regras processuais que entender adequadas*".

Ora, o quadro aqui analisado é justamente aquele em que não há acordo expresso das partes quanto à aplicabilidade das regras da IBA e tampouco previsão específica no Regulamento da CCI.

Sabe-se que o Regulamento da CCI não trata da instrução do procedimento em grande detalhe. Em verdade, seu artigo 25 apenas delineia abstratamente as balizas a serem observadas por árbitros e partes durante a instrução do feito. Por exemplo, o parágrafo primeiro do Artigo 25 reitera, agora no âmbito da administração da prova, o dever de eficiência a que os árbitros estão submetidos, dispondo que "*[o] tribunal arbitral deverá proceder à instrução da causa com a maior brevidade possível, recorrendo a todos os meios apropriados*".

Assim, a questão da aplicabilidade das regras da IBA sobre a administração da prova deve ser decidida pelo tribunal arbitral.

Em arbitragens CCI, nos termos do artigo 19 do seu regulamento, o tribunal arbitral está livre para determinar as regras aplicáveis ao procedimento, com ou sem referência a uma lei nacional processual. Desse

[9] Artigo 5º da lei 9.307/96.

modo, se o tribunal arbitral considerar apropriado, ele poderá determinar que as regras da IBA regerão o procedimento arbitral no que se refere à administração da prova.

Foi nessa linha que decidiu um tribunal arbitral CCI afirmando que "*as regras regendo o procedimento são as regras do Regulamento da CCI* [...] *e, onde o regulamento é silente,* [...] *e na falta de acordo das partes, o tribunal arbitral pode caso a caso decidir as regras aplicáveis.* [No presente caso] *quando apropriado o tribunal arbitral levará em consideração as Regras da IBA sobre a administração da prova*". Outro tribunal arbitral CCI decidiu que, na falta de acordo das partes, as regras da IBA "*seriam levadas em consideração, muito embora o tribunal arbitral não estivesse vinculado por elas*".

Em ambas as situações, apesar da utilização de linguagem abstrata, os tribunais arbitrais acabaram por aplicar as regras da IBA, mesmo existindo um desacordo entre as partes sobre a sua aplicabilidade.

II. APLICAÇÃO DAS REGRAS DA IBA SOBRE A ADMINISTRAÇÃO DA PROVA

Superada a questão da aplicabilidade das regras da IBA sobre a administração da prova, surge a questão de sua aplicação em casos concretos.

Sabe-se que advogados podem fazer prova de uma grande criatividade no que se refere à interpretação de uma norma. Uma mesma regra pode ser interpretada de várias maneiras, em função do que um se está querendo demonstrar.

Com a aplicação das regras da IBA sobre a administração da prova o problema não é diferente. Assim, as diferentes disposições das regras da IBA podem dar espaço a um grande debate quanto à sua interpretação e aplicação ao caso concreto.

Os problemas surgidos da interpretação das regras IBA sobre administração da prova e de sua aplicação *in concreto* são variados. O presente estudo optou, entretanto, por isolar duas instâncias em que a interpretação e aplicação das regras da IBA podem gerar dificuldades, quais sejam, (A) questões relativas à admissibilidade da prova, e (B) questões relativas ao papel da boa-fé no regime da IBA.

A. Questões relativas à admissibilidade da prova

O artigo 9 das regras da IBA dispõe que o tribunal arbitral deve decidir qualquer questão relativa à admissibilidade das provas, e determina de maneira geral, em seu parágrafo 2, quando uma prova deve ser excluída dos autos.

Entretanto, em vista da generalidade de alguns dos critérios dispostos no artigo 9 das regras da IBA, um grande desacordo entre as partes pode surgir quanto à interpretação e aplicação desses critérios de admissibilidade.

A admissibilidade de três tipos de prova será objeto de uma breve análise abaixo, a saber, discutir-se-á primeiramente a prova documental (a), seguida de prova testemunhal (b) e, finalmente, a prova pericial (c).

a) A admissibilidade da prova documental

Sabe-se que as partes podem pleitear a produção de documentos em poder de seu contendor. A este respeito, o regime da IBA submete a produção de documentos a quatro requisitos cumulativos de admissibilidade[10]. Com efeito, o Artigo 3 das regras da IBA, em seu parágrafo terceiro, requer (i) uma descrição suficientemente detalhada do documento ou da categoria de documentos que se pretende produzir, de modo a permitir sua identificação; (ii) uma demonstração da relevância e essencialidade para o deslinde do feito dos documentos a serem produzidos; (iii) uma declaração atestando que a parte requerente não detém os documentos a serem produzidos ou que não os poderia produzir sem suportar gravame desarrazoado; e (iv) uma demonstração das razões pelas quais seria de se supor que a sua contraparte estaria em poder dos documentos requeridos.

Vê-se que os requisitos acima listados dão ampla margem a objeções, sobretudo a necessidade de se demonstrar a relevância do documento a ser produzido para o deslinde do feito. Desse modo, são frequentes os incidentes objetando a produção documental pleiteada.

Um tribunal arbitral CCI "*has denied certain of the individual requests made by the Respondents, purely and simply, as being irrelevant and immaterial. This ruling, however, is made without prejudice, thus allowing the parties to submit another application at a later date when the Tribunal, in the light of subsequent written submissions, may be in a better position to make a conclusive*

[10] Para uma análise mais detida sobre a aplicação das regras IBA sobre administração da prova durante a produçãoo de documentos, ver Reto Marghitola, *Document Production in International Arbitration* (Kluwer Law International, 2015), pp. 33-116.

determination on the relevance and materiality of the documents requested"[11]. É interessante notar que nessa decisão o tribunal arbitral considerou, com razão, que a materialidade e a relevância de um documento pode variar com a evolução do caso. Assim, um mesmo documento poderá ser objeto de um segundo pedido de produção, se os motivos que levaram à rejeição do primeiro pedido foram ultrapassados.

Além disso, as partes podem divergir sobre a finalidade do pedido de produção de documentos. Sobre esse tema, um tribunal arbitral CCI afirmou que segundo os termos das regras da IBA "*document production procedure does not aim at enabling the parties to obtain documents relevant to the outcome of the dispute* simpliciter, *but rather documents without which they would not be able to prove their respective allegations*". Consequentemente "*a document requested in order to dispute the opposite party's allegations does not meet the criteria set forth in* [...] *the IBA Rules*"[12].

b) A admissibilidade da prova testemunhal

As regras da IBA não fornecem grande auxílio na apreciação da admissibilidade da prova testemunhal. Com efeito, não há uma previsão restringindo quem pode ser testemunha e qual o nível de conhecimento dos fatos uma testemunha deve ter para que seu depoimento seja admissível. O parágrafo 2 do artigo 4 das regras da IBA simplesmente dispõe que "*[a]ny person may present evidence as a witness, including a Party or a Party's officer, employee or other representative*".

Em uma arbitragem CCI a Requerida havia apresentado um depoimento testemunhal por escrito. A Requerente por sua vez alegou que esse depoimento deveria ser considerado inadmissível, pois fundado em rumores. Segundo a Requerente, a lei indiana, aplicável ao mérito do litígio, vedaria a produção dessa espécie de prova testemunhal indireta.

Frente ao desacordo das partes, o árbitro único julgou que a admissibilidade da prova, por ser regida pelas regras aplicáveis ao procedimento e não pela lei aplicável ao mérito do litígio, deveria observar o quanto disposto nas regras da IBA sobre a administração da prova. Assim, não encontrando nas regras da IBA previsão a respeito da exclusão de provas

[11] Sobre os critérios de admissibilidade de pedidos de produção de documentos v. ICC Bulletin 2016, v. 1, espec. p. 129.

[12] ICC Bulletin 2016, v. 1, espec. p. 129.

testemunhais baseadas em rumores, decidiu-se pela manutenção nos autos da arbitragem daquela prova testemunhal.

c) A admissibilidade da prova pericial

O Artigo 5, parágrafo 2, alínea c, das regras da IBA sobre administração da prova, que trata do perito nomeado por uma das partes, dispõe que o laudo pericial deve conter uma declaração de independência do perito com relação às partes, aos representantes das partes e ao tribunal arbitral.

Duas questões surgem com relação a essa obrigação. A primeira é a questão de como deve ser analisada a independência do perito nomeado pelas partes. A segunda é a questão de qual seria a sanção aplicável caso o perito não possa ser considerado como independente.

Com relação à análise da independência do perito, a questão é saber se ela deve ser analisada da mesma maneira que analisada a "independência de um árbitro" – ou estaria o perito sujeito a uma forma mais atenuada de independência?

Os comentários emitidos pela própria IBA a respeito de suas regras sobre administração da prova enunciam que o termo independência "*tem a intenção de enfatizar a obrigação de cada perito nomeado pelas partes de avaliar o caso de maneira independente e neutra, e não de excluir peritos como alguma conexão com os participantes ou o objeto do litígio*".

Na prática, cada árbitro poderá analisar a obrigação de independência do perito nomeado pelas partes de forma diferente afetando assim o valor que será dado a cada um dos relatórios apresentados.

Com relação à sanção da falta de independência, é de se notar que as regras da IBA não enunciam expressamente qual seria a sanção a um laudo emitido por perito que não respeite esse critério. O Artigo 9 das Regras da IBA, em seu parágrafo segundo, prevê uma série de situações em que árbitros poderão excluir provas dos autos. Neste dispositivo não há, todavia, referência alguma à parcialidade dos peritos designados pelas partes como causa para exclusão de seu relatório dos autos da arbitragem.

Entretanto, a alínea g do Artigo 9 autoriza a exclusão de provas em função de considerações relativas, entre outras coisas, à equidade e igualdade, o que poderia autorizar uma interpretação que incluísse a questão da independência do perito. Além disso, supõe-se que o poder geral de condução e instrução do procedimento previstos nos artigos 22 e 25 do Regulamento CCI permitiria a não admissão ou mesmo a exclusão de manifestação de perito não independente.

Assim, é possível considerar que os árbitros possuem o poder de considerar como inadmissíveis laudos periciais, caso fique evidenciado, ou ao menos existam dúvidas razoáveis, de que o perito não seja independente.

A despeito dessas considerações, tribunais arbitrais são reticentes em não admitir laudos periciais, eivados ou não de parcialidade, visto certo cuidado em não violar o princípio do contraditório e da ampla defesa[13]. Assim, como solução pragmática, tribunais arbitrais podem preferir simplesmente admitir o relatório, porém levar em consideração a falta de independência no momento de determinar o valor que será dado a esse elemento probatório[14].

B. Questões relativas ao papel da boa-fé no regime da IBA

Outro ponto no qual a aplicação das regras da IBA pode ser delicado diz respeito à obrigação de boa-fé imposta às partes no preâmbulo 3 das regras, dispondo que a administração da prova deve ser levada à cabo sob a égide da boa-fé.

Ocorre que nem as regras da IBA, nem seu comentário, dão indicações de como essa obrigação deve ser analisada. Assim, a violação dessa obrigação é algo que deverá ser apreciado caso a caso pelos tribunais arbitrais.

Nesse ponto, a dificuldade que aparecerá relaciona-se ao fato que a boa-fé é uma noção jurídica marcada por alta carga de abstração, cujos contornos não são bem delimitados e que podem variar muito de uma jurisdição a outra[15]. Do ponto de vista prático, trata-se de critério cuja aplicação tem o potencial de gerar importantes controvérsias entre as partes.

Ademais, sua interpretação terá um impacto direto em aspectos econômicos da arbitragem, pois o artigo 9, parágrafo 7, das regras da IBA

[13] Gary Born, ainda que não se detenha exclusivamente ao regime da IBA, observa que *"[t]ribunals are wary of denying parties an opportunity to be heard, while ordinary "international" practice is to permit both party-nominated and tribunal-nominated experts. For similar reasons, tribunals rarely uphold challenges to the admissibility of expert reports or opinions that are presented by the parties."* Id., p. 2278.

[14] Nesse sentido ver Arbitragem CCI 15151, sentença final de 2012, ICC Bulletin 2016, v. 1, espec. p. 135.

[15] Para uma análise da boa-fé no âmbito das relações contratuais, ver António Menezes Cordeiro, "La bonne foi à la fin du vingtième siècle" (1996) 26 R.D.U.S. 223.

sobre a administração da prova dispõe que a conduta da parte que viole a boa-fé deverá ser levada em consideração quando da condenação em custas[16].

Semelhante deferência à boa-fé levada à efeito pela IBA não foi recepcionada pela doutrina sem algumas críticas. Com efeito, alguns autores objetaram à ampla discrição que árbitros teriam quando da apreciação de violações da boa-fé[17].

Entretanto essa crítica não deve ser sobrevalorizada graças a duas razões.

Em primeiro lugar, porque mesmo que existam variações na compreensão da boa-fé, de maneira geral esse princípio estaria essencialmente assentado sobre os pilares da confiança e da previsibilidade[18]. Consequentemente, pareceria que para os fins das regras da IBA sobre a administração da prova a noção da boa-fé deveria ser analisada como garantindo às partes um direito à não surpresa na apresentação de provas e à proibição ao *venire contra factum proprium*. Tais garantias são amplamente aceitas na doutrina e jurisprudência dos mais variados países, limitando de certa forma as discussões sobre a determinação do conteúdo dessa obrigação.

A segunda razão diz respeito ao fato de que em muitos regulamentos de arbitragem o tribunal arbitral já possui discrição para levar em consideração o comportamento das partes no momento de alocação dos custos da arbitragem. Por exemplo o artigo 37(5) do regulamento da CCI que dispõe que "*ao tomar decisões relativas a custos, o tribunal arbitral deverá considerar quaisquer circunstâncias que entenda relevantes, inclusive em que medida cada parte conduziu a arbitragem de uma forma expedita e eficiente quanto aos custos*"[19].

[16] Sobre a aplicação dessa regra v. ICC Bulletin 2016, v. 1, espec. p. 130, nº. 3 e 4.

[17] Ver, a esse respeito, Pedro Martinez-Fraga, 'Good Faith, Bad Faith, But not Losing Faith: A Commentary on the 2010 IBA Rules on the Taking of Evidence in International Arbitration' (2012) 43 Georgetown Journal of International Law 387.

[18] António Menezes Cordeiro, *op.cit* (nota 14), p. 233.

[19] Nesse sentido ver Arbitragem CCI 16695, sentença final de 2012, ICC Bulletin 2016, v. 1, espec. p. 152.

Conclusão

Não há dúvida que a natural oposição de interesses das partes, bem como prováveis diferenças culturais afetam de modo decisivo a condução da arbitragem, sobretudo no que se refere à produção de provas.

As regras da IBA sobre a administração da prova é um importante instrumento visando à redução dessas diferenças e à uniformização de certas práticas em arbitragem internacional, respondendo assim à alguns dos anseios e necessidades das partes.

De maneira geral, essas regras auxiliam a tornar as arbitragens internacionais mais eficazes por fornecerem uma estrutura para a administração da prova. Consequentemente, como visto, árbitros podem se referir e aplicar essas regras seja porque elas foram escolhidas pelas partes, seja porque o tribunal arbitral considera apropriado levá-las em consideração como parte integrante das regras aplicáveis ao procedimento.

Quanto a eventuais dificuldades de aplicação, trata-se de situacão natural da aplicação de qualquer conjunto de regras, sejam elas materiais ou processuais, devendo ser resolvidas caso a caso pelos árbitros.

A PRODUÇÃO DE PROVA NO ÂMBITO DE ARBITRAGENS ADMINISTRADAS PELO TRIBUNAL PERMANENTE DE ARBITRAGEM: TRÊS EXEMPLOS*

JOÃO VILHENA VALÉRIO**

Abstract: This paper addresses three evidentiary matters dealt with by tribunals within arbitral proceedings administered by the Permanent Court of Arbitration: (i) the appointment of an expert to deal with documents allegedly covered by legal privilege or which are politically sensitive; (ii) immunities and witness protection; and (iii) site visits.

Keywords: Permanent Court of Arbitration, taking of evidence, independent expert, document production, privilege, privileges and immunities, witness protection, site visits.

Introdução

A produção de prova é um elemento essencial de qualquer processo adjudicativo, servindo para comprovar a ocorrência dos factos alegados pelas partes. Trata-se de um tema vasto, da maior relevância teórica e prática, e em constante evolução[1].

* O presente texto é uma versão revista e aumentada das notas preparadas pelo autor para a exposição proferida no dia 2 de julho de 2015 durante o IX Congresso do Centro de Arbitragem Comercial da Câmara de Comércio e Indústria Portuguesa, no qual o mesmo participou na qualidade de Conselheiro Jurídico do Tribunal Permanente de Arbitragem. Atualmente, o autor é cofundador de BeecheyArbitration. O presente artigo é da exclusiva responsabilidade do autor e as opiniões aqui manifestadas não deverão ser consideradas como a posição oficial ou não oficial do Tribunal Permanente de Arbitragem ou de BeecheyArbitration.

** E-mail: jvv@beecheyarbitration.com.

[1] Veja-se, por exemplo, Nigel Blackaby, Constantine Partasides, Alan Redfern, Martin Hunter, 'Redfern and Hunter on International Arbitration', 6ª edição (© Kluwer Law International; Oxford University Press 2015), pp. 353 – 414; Emmanuel Gaillard, John Savage (eds), 'Fouchard Gaillard Goldman on International Commercial Arbitra-

Tal como a maioria das matérias relativas à condução do procedimento arbitral, a produção de prova não está regulamentada de forma desenvolvida na maioria das legislações nacionais ou dos regulamentos de arbitragem. Tais regras são normalmente estabelecidas pelas partes e pelo tribunal arbitral, ou, na ausência de acordo, pelo tribunal através de ordens processuais, no âmbito de cada arbitragem. Tal acontece de forma a que o processo se possa adaptar às necessidades específicas de cada caso e, com maior acuidade no âmbito de arbitragens internacionais, às diversas expectativas das partes.

O Tribunal Permanente de Arbitragem (**"TPA"**) é a mais antiga instituição global dedicada à resolução de litígios internacionais. Ao longo dos seus mais de 116 anos de história, o TPA tem administrado centenas de casos nos quais se têm colocado interessantes questões no que concerne à produção de prova[2].

tion', (© Kluwer Law International; Kluwer Law International 1999) pp. 687 et seq.; GARY B. BORN , 'International Arbitration: Law and Practice', 2ª edição (© Kluwer Law International; Kluwer Law International 2015), §§8.08, 9.01 e 9.02; GARY B. BORN, 'International Commercial Arbitration', 2ª edição (© Kluwer Law International; Kluwer Law International 2014), §15.09; JEFF WAINCYMER, 'Procedure and Evidence in International Arbitration' (© Kluwer Law International; Kluwer Law International 2012).

[2] A título meramente exemplificativo, refiram-se os seguintes temas: **(a)** Em matéria de **prova documental**: confidencialidade de comunicações entre advogados e clientes, documentos envolvendo temas de sensibilidade política e institucional (*Bilcon of Delaware c. Canadá*, Caso TPA nº 2009-4 (NAFTA) (Regulamento CNUDCI 1976), Ordens Processuais nºs 12 e 13); **(b)** Em matéria de **prova testemunhal**: depoimentos escritos (*Bilcon of Delaware c. Canadá*, Caso TPA nº 2009-4 (NAFTA) (Regulamento CNUDCI 1976), Ordem Processual nº 18; *Guaracachi America Inc & Rurelec PLC c. Estado Plurinacional da Bolívia*, Caso TPA nº 2011-17 (TBI China-Mongólia) (Regulamento CNUDCI 2010), Ordem Processual nº 1, §13.1); depoimentos de parte (*Guaracachi America Inc & Rurelec PLC c. Estado Plurinacional da Bolívia*, Caso TPA nº 2011-17 (TBI China-Mongólia) (Regulamento CNUDCI 2010), Ordem Processual nº 1, §13.1); arrolamento de testemunhas por iniciativa do tribunal arbitral (*Guaracachi America Inc & Rurelec PLC c. Estado Plurinacional da Bolívia*, Caso TPA nº 2011-17 (TBI China-Mongólia) (Regulamento CNUDCI 2010), Ordem Processual nº 16; *Eureko c. República Eslovaca*, Caso TPA nº 2008-13, Decisão sobre Jurisdição, Arbitrabilidade e Suspensão, de 26 de outubro de 2010, §§9, 30-42, 175-196); Inquirição de testemunhas por vídeo-conferência (Arbitragem *Indus Waters Kishenganga*, Paquistão c. Índia, Caso TPA nº 2011-1 (Tratado das Águas do Indo 1960), Decisão Parcial de 18 de fevereiro de 2013, §§105 et seq.); **(c)** Em matéria de **prova pericial**: nomeação de peritos pelo Tribunal (Arbitragem *Abyei*, Governo do Sudão/Movimento de Libertação do Povo do Sudão/Exército, Caso TPA nº 2008-7 (Compromisso Arbitral) (Regulamento TPA Estado-Não Estado), Decisão, 22 de julho de 2009, §§74-77 – neste caso, foram nomeados peritos em cartografia

Dado o escopo da intervenção que esteve na base da sua preparação, o presente artigo, depois de dar uma panorâmica geral acerca da natureza, estrutura e actividades do TPA, apenas abordará os seguintes três tópicos em matéria de produção de prova: (i) a nomeação de peritos para lidar com temas de confidencialidade; (ii) imunidade e protecção de testemunhas; e (iii) a condução de visitas de inspecção.

Seguir-se-á o seguinte esquema:

A O Tribunal Permanente de Arbitragem

1 *Natureza e estrutura*

2 *Tipos de casos administrados pelo TPA*

3 *Serviços prestados pelo TPA*

4 *Regras processuais aplicáveis nos casos administrados pelo TPA*

B A Produção de Prova no âmbito de arbitragens administradas pelo TPA

1 *Regras sobre Produção de Prova*

2 *Três Exemplos*

e geografia mesmo antes de se saber se os mesmos viriam a ser necessários, no sentido de garantir que, caso o viessem a ser, estariam em condições de desempenhar funções dentro dos prazos particularmente exíguos definidos pelas partes no compromisso arbitral); *Guiana c. Suriname,* Caso TPA No. 2004-4 (CNUDM), Ordem Processual nº 6 – nomeação de um perito em hidrografia); e **(d)** Em matéria de **condução de audiências**: marcação de audiências com considerável antecedência (*Guaracachi America Inc & Rurelec PLC c. Estado Plurinacional da Bolívia,* Caso TPA nº 2011-17 (TBI China-Mongólia) (Regulamento CNUDCI 2010), Ordem Processual nº 1, assinada em dezembro de 2011, prevendo audiência em abril de 2013); consulta prévia das partes acerca de matérias relativas à organização da audiência (*Bilcon of Delaware c. Canadá,* Caso TPA nº 2009-4 (NAFTA) (Regulamento CNUDCI 1976), Ordem Processual nº 18; *Guaracachi America Inc & Rurelec PLC c. Estado Plurinacional da Bolívia,* Caso TPA nº 2011-17 (TBI China-Mongólia) (Regulamento CNUDCI 2010), Ordem Processual nº 17); escolha do lugar para a audiência tendo em consideração a existência de Acordos de Sede e de Cooperação (*Philip Moris Asia Limited c. Austrália,* Caso TPA nº 2012-12 (TBI Hong Kong-Austrália) (Regulamento CNUDCI 2010), Ordem Processual nº 3); audiências abertas ao público (*1 TWC Group, Inc. 2 Dominican Energy Holdings LP c. República Dominicana,* Caso TPA nº 2008-6 (DR-CAFTA) (Regulamento CDUCI 1976), Ordem Processual nº 2; Arbitragem *Abyei,* Governo do Sudão/Movimento de Libertação do Povo do Sudão/Exército, Caso TPA nº 2008-7 (Compromisso Arbitral) (Regulamento TPA Estado-Não Estado); *Guaracachi America Inc & Rurelec PLC c. Estado Plurinacional da Bolívia,* Caso TPA nº 2011-17 (TBI China-Mongólia) (Regulamento CNUDCI 2010), Ordem Processual nº 17; *Bilcon of Delaware c. Canadá,* Caso TPA nº 2009-4 (NAFTA) (Regulamento CNUDCI 1976), Ordem Processual nº 18).

A. O Tribunal Permanente de Arbitragem

1. *Natureza e estrutura*

O TPA é uma organização intergovernamental dedicada à resolução de conflitos internacionais. Foi fundado em 1899 através da Convenção para a Solução Pacífica dos Conflitos Internacionais (**"Convenção da Haia de 1899"**)[3] e tem sede no Palácio da Paz, na Haia. O TPA foi inicialmente criado como uma instituição administrativa permanente disponível para facilitar o acesso à arbitragem e outras formas de resolução de disputas[4] entre Estados. Nos anos 30 p.p., o TPA administrou o seu primeiro caso entre um Estado e uma entidade privada[5], estabelecendo um importante precedente para a expansão dos seus serviços, os quais hoje abrangem disputas envolvendo várias combinações de Estados, entidades públicas, organizações internacionais, e entidades privadas.

Apesar da sua denominação, o TPA não é um 'tribunal permanente' na acepção de um corpo permanente de juízes. Diferentemente, cada caso administrado pelo TPA tem o seu tribunal arbitral específico, normalmente[6] composto por um, três ou cinco árbitros[7].

[3] Disponível no sítio do TPA na internet em https://pca-cpa.org/en/documents/pca-conventions-and-rules. Uma tradução não oficial da Convenção está também disponível em http://www.gddc.pt/siii/docs/Haia1899.pdf. A Convenção da Haia de 1899 foi subsequentemente alterada em 1907 na sequência da Segunda Conferência da Paz da Haia (**"Convenção da Haia de 1907"**). Cfr. também Brooks W Daly, Evgeniya Goriatcheva, Hugh A Meighen, 'A Guide to the PCA Arbitration Rules' (Oxford University Press 2014), Apêndices II e III.

[4] Bons ofícios, mediação e comissões internacionais de inquérito.

[5] *Radio Corporation of America c. Governo Nacional da República da China* (Contrato) (Convenção da Haia de 1907).

[6] Conforme se terá oportunidade de ver *infra* em mais pormenor, o TPA administrou uma arbitragem na qual o tribunal foi composto por sete membros. Cfr. Arbitragem *Indus Waters Kishenganga*, Paquistão c. Índia, Caso TPA nº 2011-1 (Tratado das Águas do Indo 1960).

[7] Para uma discussão acerca do papel crucial que a flexibilidade da estrutura e actividade do TPA têm desempenhado no desenvolvimento da instituição, cfr. João Vilhena Valério,

O TPA tem a seguinte estrutura tripartida:

(1) O *Conselho Administrativo* é composto por representantes dos 119 Estados-Membros[8] do TPA e é o órgão regulador do TPA. Em consulta com o Secretário-Geral, este determina a política da organização. A título de curiosidade, três dos nove Estados-Membros da Comunidade de Países de Língua Portuguesa ("**CPLP**") são Estados-Membros do TPA[9], tendo alguns deles recentemente recorrido aos serviços do TPA para administrar disputas internacionais[10].

(2) Os *Membros do Tribunal* são indivíduos nomeados pelos Estados-Membros do TPA para inclusão numa lista de potenciais árbitros[11]. As partes num litígio podem, querendo, selecionar árbitros desta lista para adjudicar as suas disputas. Os Membros do Tribunal, os quais formam o Grupo Nacional de cada Estado-Membro, têm também funções importantes na nomeação de candidatos para o Tribunal Internacional de Justiça, Tribunal Penal Internacional e Prémios Nobel da Paz[12].

(3) A *Secretaria Internacional*[13], liderada pelo Secretário-Geral, é composta por uma equipa de experientes juristas e pessoal administrativo de diversas nacionalidades. A sua principal função é prestar apoio aos tribunais arbitrais e às partes nos procedimentos administrados pelo TPA.

'The best of both worlds: how the Permanent Court of Arbitration combines permanence and flexibility', *Young Arbitration Review*, nº 18, julho 2015, pp. 7-17.

[8] Os mais recentes Estados-Membros são a Geórgia, Palestina e Djibouti.

[9] Portugal, Brasil e São Tomé e Príncipe.

[10] Os únicos casos cuja existência é pública envolvem Timor-Leste, São Tomé e Príncipe, e Cabo Verde. Cfr. Arbitragem *Timor Sea Treaty*, Timor-Leste c. Austrália (Tratado do Mar de Timor), https://pcacases.com/web/view/37; *Sterling Merchant Finance Ltd c. Governo da República de Cabo Verde* (Contrato) (Regulamento CNUDCI 2010), https://pcacases.com/web/view/110; Arbitragem *Duzgit Integrity*, Malta c. São Tomé e Príncipe, Caso TPA nº 2014-7 (CNUDM), https://pcacases.com/web/view/53. No passado, o TPA administrou também a arbitragem *Países Baixos c. Portugal*, relativa às fronteiras da Ilha de Timor.

[11] A lista atualizada pode ser consultada em https://pca-cpa.org/wp-content/uploads/sites/175/2016/01/Current-List-Annex-1-MC-updated-20160502.pdf.

[12] Cfr. Artigo 4º dos Estatutos do Tribunal Internacional de Justiça e artigo 36º, nº 4, alínea *a)*, sub-alínea *(ii)*, do Estatuto de Roma do Tribunal Penal Internacional. Os Estatutos da Fundação Nobel estabelecem que a nomeação é considerada válida se for apresentada por determinadas categorias de pessoas, incluindo Membros de tribunais internacionais.

[13] Na tradução para Português referida na nota de rodapé 4, *supra*, esta é referida como Repartição Internacional.

2. *Tipos de casos administrados pelo TPA*

O consentimento é a pedra angular de qualquer arbitragem voluntária. Nas arbitragens administradas pelo TPA, o consentimento das partes relativo à resolução de litígios por via de arbitragem pode ser prévio à disputa, tal sendo o caso das convenções de arbitragem incluídas em contratos – por exemplo, contratos de compra e venda, contratos de concessão, contratos de partilha de produção petrolífera, contratos de financiamento, construção e outros contratos de projecto e infraestrutura – , em convenções internacionais – tais como a Convenção das Nações Unidas sobre o Direito do Mar (“**CNUDM**”) –, em tratados bilaterais de investimento (“**TBI**”)[14] ou tratados multilaterais de investimento (“**TMI**”) – tais como o Tratado da Carta da Energia (“**TCE**”), o Acordo de Livre Comércio da América do Norte (“**NAFTA**”) ou o Acordo de Livre Comércio República Dominicana-América Central (“**DR-CAFTA**”) – ou em legislação doméstica relativa a investimento[15]. As partes podem também acordar em submeter uma disputa existente a arbitragem através de um compromisso arbitral.

Para que um caso seja administrado pelo TPA, a disputa deverá envolver pelo menos um Estado ou uma entidade pública[16]. Tal Estado não tem, porém, que ser parte da Convenção da Haia.

Ao longo dos anos, o TPA tem administrado **(i)** arbitragens entre Estados relativas a fronteiras terrestres e marítimas[17], interpretação de

[14] A maioria dos acordos bilaterais de investimento está catalogada na base de dados da Comissão das Nações Unidas sobre Comércio e Desenvolvimento (“**UNCTAD**”), disponível em http://investmentpolicyhub.unctad.org/IIA.

[15] Sobre este tema, veja-se, por exemplo, Makane Moïse Mbengue, *Consent to Arbitration Through National Investment Legislation*, disponível em https://www.iisd.org/itn/2012/07/19/consent-to-arbitration-through-national-investment-legislation/.

[16] O TPA tem administrado arbitragens exclusivamente entre partes privadas ao abrigo do seu Regulamento de Arbitragem de conflitos relativos ao Ambiente e Recursos Naturais, na medida em que tais conflitos envolvem significativo interesse público. O Artigo 1º, nº 4, do Regulamento de Arbitragem do TPA de 2012 prevê que o Regulamento pode ser utilizado em arbitragens exclusivamente envolvendo partes privadas. No entanto, caso a disputa não envolva nenhum Estado, entidade controlada por um Estado ou organização intergovernamental, o Secretário-Geral do TPA pode decidir limitar a intervenção do TPA à intervenção do Secretário-Geral como autoridade de nomeação.

[17] Ver, por exemplo, *Filipinas c. China*, Caso TPA nº 2013-19 (CNUDM); *Croácia c. Eslovénia*, Caso TPA nº 2012-4 (compromisso arbitral) (Regulamento TPA Estado-Estado); Arbitragem *ARA Libertad*, Argentina c. Gana, Caso TPA nº 2013-11 (CNUDM); *Bangladesh c. Índia*,

tratados[18], proteção ambiental[19] ou direito humanitário[20]; **(ii)** arbitragens de investimento ao abrigo de TBIs[21] e TMIs[22], legislação nacional[23] e

Caso TPA nº 2010-16 (CNUDM); *Guiana c. Suriname*, Caso TPA nº 2004-4 (CNUDM); *Barbados c. Trinidad e Tobago*, Caso TPA nº 2004-2 (CNUDM); Arbitragem *Railway Land*, Malásia c. Singapura (Compromisso Arbitral); Eritreia c. Iémen, Caso TPA nº 2004-4; *Comissão de Delimitação de Fronteiras Eritreia-Etiópia*, Caso TPA nº 2001-1 (regras de procedimento baseadas no Regulamento TPA Estado-Estado), Decisão sobre Delimitação de Fronteiras entre a Eritreia e Etiópia, 13 de abril de 2002; Decisões e documentos relativos à demarcação, 2002-2007; Arbitragem *Timor Sea Treaty*, Timor-Leste c. Austrália (Tratado do Mar de Timor). Algumas das decisões tomadas em arbitragens administradas pelo TPA e outra documentação relevante estão disponíveis no sítio do TPA na internet em www.pca-cpa.org.

[18] Ver, por exemplo, *Países Baixos c. França*, Caso TPA nº 2000-2, Decisão, 12 de março de 2004; *República do Equador c. Estados Unidos da América*, Caso TPA nº 2012-5 (TBI Estados Unidos da América-Equador) (Regulamento CNUDCI 1976); Arbitragem *Indus Waters Kishenganga*, Paquistão c. Índia, Caso TPA nº 2011-1 (Tratado das Águas do Indo 1960).

[19] Ver, por exemplo, Arbitragem *Iron Rhine Railway*, Países Baixos c. Bélgica, Caso TPA nº 2003-2 (Regulamento TPA Estado-Estado), Decisão, 24 de maio de 2005; Arbitragem *MOX Plant*, Irlanda c. Reino Unido, Caso TPA nº 2002-01 (CNUDM).

[20] Ver, por exemplo, *Comissão de Delimitação de Fronteiras Eritreia-Etiópia*, Caso TPA nº 2001-1 (regras de procedimento baseadas no Regulamento TPA Estado-Estado).

[21] Ver, por exemplo, *Philip Moris Asia Limited c. Austrália*, Caso TPA nº 2012-12 (TBI Hong Kong-Austrália) (Regulamento CNUDCI 2010); *OAO Gazprom c. República da Lituânia*, Caso TPA nº 2012-13 (TBI Rússia-Lituânia) (Regulamento CNUDCI 1976); *Guaracachi America Inc & Rurelec PLC c. Estado Plurinacional da Bolívia*, Caso TPA nº 2011-17 (TBI China-Mongólia) (Regulamento CNUDCI 2010); *1 Chevron Corporation e 2 Texaco Petroleum Company c. Equador*, Caso TPA nº 2009-23 (TBI Equador-Estados Unidos) (Regulamento CNUDCI 1976); *HICEE BV c. República Eslovaca*, Caso TPA nº 2009-11 (TBI Países Baixos-Eslováquia) (Regulamento CNUDCI 1976).

[22] Ver, por exemplo, *Detroit International Bridge Company c. Canadá*, Caso TPA nº 2012-25 (NAFTA) (Regulamento CNUDCI 2010); *Bilcon of Delaware c. Canadá*, Caso TPA nº 2009-4 (NAFTA) (Regulamento CNUDCI 1976); *1 TWC Group, Inc. 2 Dominican Energy Holdings LP c. República Dominicana*, Caso TPA nº 2008-6 (DR-CAFTA) (Regulamento CDUCI 1976); *Hulley Enterprises Limited (Chipre) c. Federação Russa*, Caso TPA nº AA226, *Yukos Universal Limited (Ilha de Man) c. Federação Russa*, Caso TPA nº AA227, e *Veteran Petroleum Limited (Chipre) c. Federação Russa*, Caso TPA nº AA228 (TCE) (Regulamento CNUDCI 1976); *Vito G Gallo c. Governo do Canadá*, Caso TPA nº 2008-3 (NAFTA) (Regulamento CNUDCI 1976); *Chemtura Corporation (previamente Crompton Corporation) c. Governo do Canadá*, Caso TPA nº 2008-1 (NAFTA) (Regulamento CNUDCI 1976); *Romak AS c. República do Uzbequistão*, Caso TPA nº 2007-7 (TBI Suíça-Uzbequistão) (Regulamento CNUDCI 1976).

[23] Ver, por exemplo, *Centerra Gold Inc & Kumtor Gold Co c. República do Quirguistão*, Caso TPA nº 2007-1 (Acordo de Investimento de 31 de dezembro de 2003 e Lei nº 66 sobre investimentos na República Quirguiz de 27 de março de 2003) (Regulamento CNUDCI 1976).

acordos de investimento entre investidores estrangeiros e Estados[24]; **(iii)** arbitragens entre Estados ou entidades controladas por Estados e partes privadas ao abrigo de contratos comerciais[25]; **(iv)** arbitragens entre Estados e organizações intergovernamentais ao abrigo das convenções fundadoras de organizações intergovernamentais ou de acordos de sede[26]; **(v)** arbitragens entre organizações intergovernamentais e partes privadas[27], ao abrigo de contratos de compras públicas ou contratos de trabalho; **(vi)** arbitragens intra-Estado, por exemplo entre um governo nacional e uma entidade política do mesmo Estado[28]; e **(vii)** arbitragens entre organizações internacionais.

Recentemente, o TPA tem experienciado um significativo aumento no número de casos, particularmente na sequência de um elevado número de arbitragens instauradas por investidores privados contra Estados ao abrigo de TBIs e TMIs[29].

3. *Serviços prestados pelo TPA*

Os serviços oferecidos pelo TPA no âmbito da administração de arbitragens incluem a criação de um canal oficial de comunicação; depósito

[24] Ver, por exemplo, *Centerra Gold Inc & Kumtor Gold Co c. República do Quirguistão*, Caso TPA nº 2007-1 (Acordo de Investimento de 31 de dezembro de 2003 e Lei nº 66 sobre investimentos na República Quirguiz de 27 de março de 2003) (Regulamento CNUDCI 1976).

[25] A maioria dos casos ao abrigo de contratos são confidenciais. Uma excepção é a Arbitragem *The Channel Tunnel Group Limited e France Manche AS c. Secretaria de Estado do Transporte do Governo do Reino Unido da Grã-Bretanha e da Irlanda do Norte e o Ministro do Equipamento, dos Transportes, do Ordenamento do Território, do Turismo e do Mar do Governo da República Francesa*, Caso TPA nº 2003-5, Decisão Parcial, 30 de janeiro de 2007.

[26] Ver, por exemplo, o Acordo entre o Governo da República Francesa e a Organização Internacional de Polícia Criminal (INTERPOL) relativo às suas instalações e aos privilégios e imunidades em território francês, de 1 de setembro de 2009, disponível em www.interpol.int, artigo 24º. Para uma lista dos instrumentos que fazem referência ao TPA ou aos Regulamentos de resolução de conflitos do TPA, cfr. https://pca-cpa.org/en/documents/instruments-referring-to-the-pca/.

[27] Ver, por exemplo, *Polis Fondi Immobiliari di Banche Popolare SGRpA c. Fundo Internacional para o Desenvolvimento Agrícola*, Caso TPA nº 2010-8 (Regulamento CNUDCI 1976).

[28] Ver, por exemplo, Arbitragem *Abyei*, Governo do Sudão/Movimento de Libertação do Povo do Sudão/Exército, Caso TPA nº 2008-7 (Compromisso Arbitral) (Regulamento TPA Estado-Não Estado), Decisão, 22 de julho de 2009.

[29] O TPA disponibiliza anualmente um relatório contendo uma resenha da sua actividade, incluindo informação não confidencial acerca dos casos que administra. Os Relatórios Anuais estão disponíveis em https://pca-cpa.org/en/documents/publications/.

dos documentos do processo; administração financeira; apoio logístico para reuniões e audiências; serviços de tradução e de interpretação; e apoio geral de secretariado. Digno de nota é o facto de que o TPA disponibiliza as suas instalações, no Palácio da Paz, de forma gratuita para efeitos de reuniões e audiências no âmbito dos procedimentos por si administrados[30]. Para além disso, os participantes nas arbitragens administradas pelo TPA gozam de um regime mais expedito no que concerne à emissão de vistos, e de imunidade ao abrigo do Acordo de Sede celebrado entre o TPA e o Reino dos Países Baixos em 1999 (“**Acordo de Sede**”) e na adenda concluída em 2012 (“**Adenda ao Acordo de Sede**”)[31].

Por regra, em cada caso administrado pelo TPA, um dos conselheiros jurídicos da Secretaria Internacional do TPA é nomeado como secretário arbitral. O secretário arbitral acompanha os procedimentos e exerce funções administrativas por conta do tribunal arbitral[32].

Para além da administração de arbitragens, o TPA, através do seu Secretário-Geral, é também frequentemente chamado a auxiliar na constituição de tribunais arbitrais ao abrigo do Regulamento de Arbitragem da Comissão das Nações Unidas para o Direito Comercial Internacional (“**CNUDCI**”). O Secretário-Geral do TPA pode actuar como autoridade designadora – designando a autoridade a quem caberá nomear o árbitro

[30] O TPA tem vindo a celebrar acordos de Sede com diversos Estados, os quais preveem a disponibilização de instalações para reuniões e audiências, algumas das quais também de forma gratuita. Até à data, foram celebrados Acordos de Sede com a República Argentina, a República Popular da China, a República do Chile, a República da Costa Rica, a República da Índia, a República de Maurício, a República de Singapura, a República da África do Sul e a República Socialista do Vietnam. De entre as instalações disponíveis, destacam-se o Tribunal Inter-Americano de Direitos Humanos, em San José, Costa Rica, Maxwell Chambers, em Singapura, ou o Centro Internacional para a Resolução de Diferendos relativos a Investimentos (“**CIRDI**”), em Washington D.C., em virtude de um Acordo de Cooperação celebrado com esta última organização.

[31] Disponível em Brooks W Daly, Evgeniya Goriatcheva, Hugh A Meighen, ‘A Guide to the PCA Arbitration Rules’ (Oxford University Press 2014), Apêndices IV e V. Tais imunidades são, em alguns casos, replicadas nos Acordos de Sede referidos na nota de rodapé anterior.

[32] Para mais informações acerca do papel desenvolvido pelos secretários arbitrais, cfr. Guia da *Young ICCA* sobre secretários arbitrais, disponível em http://www.arbitration-icca.org/media/1/14367757369690/icca_guide_on_arbitral_secretaries_-_portuguese_final_11032015.pdf.

ou árbitros – ou, se as partes assim o autorizarem, directamente como autoridade nomeadora. Estas funções podem ser exercidas no âmbito de conflitos puramente comerciais, sem que seja necessário estarem envolvidas entidades públicas.

É ainda digno de nota que o TPA dispõe de um Fundo de Assistência Financeira, o qual visa facilitar o recurso à arbitragem por parte de Estados ou por outras entidades detidas ou controladas por um de esses Estados. Para tal, é necessário que o Estado em causa (i) seja parte-contratante da Convenção da Haia de 1899 e/ou da Convenção da Haia de 1907, (ii) tenha concluído um acordo submetendo uma disputa, presente ou futura, a arbitragem sob os auspícios do TPA e (iii) esteja incluído, à data da apresentação do pedido de apoio financeiro, na 'Lista de Receptores de Auxílio do Comité de Ajuda ao Desenvolvimento' preparada pela Organização para a Cooperação e Desenvolvimento Económico (OCDE). O Fundo é financiado através de contribuições voluntárias de Estados, organizações, instituições nacionais, empresas e indivíduos, podendo as entidades em causa solicitar que as suas contribuições sejam afectas a uma arbitragem específica (*earmarking*)[33].

4. *Regras processuais aplicáveis nos casos administrados pelo TPA*

O TPA administra arbitragens ao abrigo de diferentes regulamentos. Apesar de ter regulamentos próprios, o TPA administra frequentemente arbitragens ao abrigo do Regulamento de Arbitragem da CNUDCI de 1976 ("**Regulamento CNUDCI 1976**") e da revisão do mesmo de 2010 ("**Regulamento CNUDCI 2010**"). O TPA tem também experiência na administração de arbitragens regidas por regimes processuais 'ad hoc' criados para efeitos de arbitragens ao abrigo do Anexo VII da CNUDM[34], entre outros instrumentos.

As Convenções da Haia de 1899 e de 1907 contêm disposições relativas à condução de diferentes mecanismos de resolução de conflitos entre Estados que se encontram desactualizadas. Nesse sentido, ao longo do

[33] Cfr. Judith Levine, 'The view from arbitration: the PCA's experience with finance, witnesses and unrepresented parties', *Commonwealth Law Bulletin*, Vol. 36, nº 3, setembro de 2010, p. 546.

[34] De acordo com o artigo 287, nº 3, da CNUDM, a arbitragem ao abrigo do Anexo VII da convenção é o método supletivo de resolução de disputas.

tempo, o Conselho Administrativo do TPA tem vindo a aprovar diferentes regulamentos de arbitragem visando diferentes constelações de partes processuais.

Em 1962, foi aprovado o Regulamento de Arbitragem e Conciliação para a Resolução de Conflitos Internacionais entre duas Partes das quais apenas uma é um Estado ("**Regulamento TPA 1962**").

Nos anos 90 p.p., foram aprovados os seguintes regulamentos: o Regulamento para Arbitragens entre Estados de 1992 ("**Regulamento TPA Estado-Estado**"), o Regulamento para Arbitragens nas quais apenas uma das Partes é um Estado de 1993 (o qual substituiu o Regulamento TPA 1962) ("**Regulamento TPA Estado-Não Estado**"), o Regulamento para Arbitragens envolvendo Organizações Internacionais e Estados, e o Regulamento para Arbitragens envolvendo Organizações Internacionais e Partes privadas, ambos de 1996. Estes últimos regulamentos procederam à adaptação do Regulamento CNUDCI 1976 tendo em atenção as características específicas dos procedimentos envolvendo entidades públicas.

Em 2001 e 2011, respectivamente, foram aprovados dois regulamentos dirigidos a áreas específicas de actividade económica: o Regulamento de Arbitragem no âmbito de disputas relativas ao Meio Ambiente e Recursos Naturais e o Regulamento de Arbitragem no âmbito de disputas relativas a actividades no Espaço Sideral.

Por fim, em 2012, o Conselho Administrativo aprovou o Regulamento de Arbitragem do TPA ("**Regulamento TPA 2012**"), o qual consolidou os Regulamentos aprovados nos anos 90, os quais se mantêm, todavia, em vigor. O Regulamento de 2012 tem por base o Regulamento CNUDCI 2010, adaptando-o de forma a (i) reflectir os elementos de direito internacional público que podem surgir no âmbito de arbitragens envolvendo Estados, entidades controladas por Estados e/ou Organizações Internacionais, (ii) identificar as funções a ser exercidas pelo Secretário-Geral e pela Secretaria Internacional do TPA, e (iii) enfatizar a flexibilidade do procedimento e a autonomia das partes.

B. A Produção de Prova no âmbito de arbitragens administradas pelo TPA

1. *Regras sobre Produção de Prova*

O Regulamento TPA 2012 contém as seguintes disposições com relevância para a produção de prova[35]:

Artigo 17º
Disposições Gerais

1. Sem prejuízo das disposições deste Regulamento, o tribunal arbitral pode conduzir a arbitragem da forma que considerar apropriada, contanto que as partes sejam tratadas em pé de igualdade e que no momento adequado do procedimento a cada uma seja dada uma possibilidade razoável de expor o seu caso. O tribunal arbitral, no exercício da sua discricionariedade, deverá conduzir o procedimento de forma a evitar atrasos e custos desnecessários e estabelecer um processo justo e eficiente para a resolução da disputa entre as partes.

2. Tão cedo quanto possível depois da sua constituição e depois de consultar as partes, o tribunal arbitral deverá definir um calendário provisório da arbitragem. O tribunal arbitral poderá a qualquer momento, depois de consultar as partes, prorrogar ou antecipar quaisquer prazos estabelecidos no presente Regulamento ou acordados pelas partes.

3. Se num momento apropriado do procedimento alguma das partes assim o solicitar, o tribunal arbitral deverá organizar audiências para a produção de prova testemunhal e pericial, ou para a exposição oral de argumentos. Na ausência de tal solicitação, o tribunal arbitral decidirá se alguma audiência deverá ter lugar ou se o processo deverá ser conduzido apenas com base em documentos ou outros materiais.

Artigo 20º, nº 4

A petição do demandante deverá, na medida do possível, ser acompanhada de todos os documentos e outros meios de prova nos quais o demandante fundamente o seu pedido, ou aos quais seja feita referência.

Artigos 21º, nºs 2 e 4

2. A contestação do demandado deverá, na medida do possível, ser acompanhada de todos os documentos e outros meios de prova nos quais o demandado fundamente a sua defesa, ou aos quais seja feita referência

[35] O Regulamento TPA 2012 está apenas disponível nos dois idiomas oficiais do TPA: Inglês e Francês. Cfr. https://pca-cpa.org/en/documents/pca-conventions-and-rules/.

4. As disposições do artigo 20º, nºs 2 a 4 são aplicáveis aos pedidos reconvencionais, aos pedidos ao abrigo do artigo 4º, nº 2, alínea *e)*, e a pedidos relativos a compensação.

Artigo 26º, nº 2, alínea *d)*

2. Uma medida provisória consiste em qualquer medida temporária através da qual, em qualquer momento anterior à prolação da decisão que ponha finalmente termo ao litígio, o tribunal arbitral ordene a uma das partes, por exemplo, que:

(d) preserve as provas que possam ser relevantes e materiais na resolução do litígio

Artigo 27º
Prova

1. Cada parte tem o ónus de provar os factos nos quais se fundamenta para sustentar o seu pedido ou defesa.

2. Pode participar como testemunha ou como perito, qualquer pessoa apresentada por uma das partes para depor perante o tribunal arbitral acerca de qualquer matéria factual ou pericial, ainda que essa pessoa seja parte na arbitragem ou esteja relacionada de alguma forma com uma das partes. A menos que o tribunal arbitral determine de forma diversa, os depoimentos de testemunhas e de peritos podem ser apresentados por escrito, caso em que devem ser assinados pelos mesmos.

3. Em qualquer momento do procedimento, o tribunal arbitral pode exigir que, dentro do prazo estabelecido pelo tribunal, as partes produzam documentos e outras provas. O tribunal arbitral pode também, consultadas as partes, efectuar visitas de inspecção.

4. O tribunal arbitral determinará a admissibilidade, relevância, materialidade e peso da prova produzida.

Artigo 28º
Audiências

1. Caso tenha lugar uma audiência, o tribunal arbitral avisará as partes com suficiente antecedência da respective data, horário e lugar.

2. As testemunhas e peritos poderão depor e ser interrogados da forma e nas condições estabelecidas pelo tribunal arbitral.

3. As audiências terão lugar à porta fechada, a menos que as partes acordem diversamente. O tribunal arbitral pode determinar que qualquer testemunha ou perito se retire durante o depoimento de outras testemunhas, excepto se tal testemunha ou perito for parte na arbitragem, caso em que, em princípio, não será pedido que se retire.

4. O tribunal arbitral poderá determinar que as testemunhas ou peritos sejam interrogados através de meios de telecomunicação que não exijam a sua presença física na audiência (nomeadamente através de vídeoconferência).

Artigo 29º
Peritos nomeados pelo tribunal

1. Consultadas as partes, o tribunal arbitral poderá nomear um ou mais peritos independentes para o informarem, por escrito, acerca de matérias concretas determinadas pelo tribunal arbitral. O tribunal arbitral comunicará às partes uma cópia dos termos de referência do perito.

2. O perito deverá, em princípio antes de aceitar a nomeação, enviar ao tribunal arbitral e às partes uma descrição das suas qualificações e uma declaração de imparcialidade e independência. No prazo estabelecido pelo tribunal arbitral, as partes deverão informar o tribunal arbitral tribunal se têm alguma objecção relativamente às qualificações, imparcialidade e independência do perito. O tribunal arbitral deverá decidir prontamente acerca da procedência de qualquer objecção. Após a nomeação do perito, qualquer objecção relativa às qualificações, imparcialidade e independência do perito apenas poderá ter por base fundamentos de que a parte em causa tenha tido conhecimento depois da nomeação. O tribunal arbitral decidirá prontamente que medidas tomar.

3. As partes deverão fornecer ao perito todas as informações e apresentar para inspecção todos os documentos e bens que o perito solicite. Qualquer disputa entre uma parte e o perito acerca da relevância da informação ou apresentação deverá ser dirimida pelo tribunal arbitral.

4. Uma vez recebido o relatório do perito, o tribunal arbitral comunicará uma cópia do mesmo às partes, concedendo-lhes a oportunidade de apresentar, por escrito, os comentários que tenham por convenientes a respeito de tal relatório. As partes terão direito a examinar qualquer documento invocado pelo perito no seu relatório.

5. Depois da entrega do relatório, caso uma das partes assim o solicite ou o tribunal o considere necessário, o perito participará na audiência, tendo as partes oportunidade para lhe colocar perguntas e apresentar peritos para depor acerca das matérias controvertidas. As disposições do artigo 28º serão aplicáveis a tal procedimento.

Artigo 30º
Revelia

1. Se, no prazo fixado no presente Regulamento ou pelo tribunal arbitral, sem invocar causa suficiente:

(a) O demandante não tiver apresentado a sua petição, o tribunal arbitral tribunal ordenará a conclusão do procedimento, a não ser que existam matérias por decidir e o tribunal arbitral considere oportuno fazê-lo;

(b) O demandado não tiver apresentado a sua resposta ao requerimento de arbitragem ou a sua contestação, o tribunal arbitral ordenará a continuação do procedimento, sem que tal omissão seja considerada por si só como confissão dos factos alegados pelo demandante; as disposições deste número são também aplicáveis à falta de apresentação pelo demandante de contestação ao pedido reconvencional ou de pedido para efeitos de compensação.

2. Se uma parte, devidamente citada nos termos do presente Regulamento, não comparece a uma audiência, sem invocar causa suficiente, o tribunal arbitral poderá prosseguir com a arbitragem.

3. Se uma parte, devidamente instada pelo tribunal arbitral a produzir documentos ou outras provas, não o faz dentro do prazo estabelecido para o efeito sem invocar causa suficiente, o tribunal arbitral pode proferir a sua decisão com base nas provas de que disponha.

O Regulamento TPA 2012 estabelece um regime destinado a regular as questões probatórias, sem, no entanto, submeter nenhuma das partes ou o tribunal a regras estritas. Neste âmbito, e desde que as partes sejam tratadas em pé de igualdade e que no momento adequado do procedimento a cada uma seja dada uma possibilidade razoável de expor o seu caso (tal como exigido no número 1 do artigo 17º do Regulamento[36]), o tribunal goza de discricionariedade para dirigir o processo da forma que considere mais conveniente.

Esta flexibilidade é importante, na medida em que permite que o processo arbitral se adapte às diversas expectativas de árbitros, advogados e partes, normalmente provenientes de distintas tradições jurídicas. Com efeito, a maioria dos tribunais arbitrais consulta as partes numa fase inicial do procedimento no sentido de entender quais são as suas expectativas relativamente ao modo de apresentação de provas e estabelece, na acta de constituição ou através de ordens processuais, algumas regras adicionais que, dentro do possível, tenham em consideração tais expectativas.

[36] Tal disposição está em linha com o disposto no artigo V(1)(b) da Convenção de Nova Iorque de 1958.

Nas arbitragens administradas pelo TPA que não sejam arbitragens entre Estados, as partes, por vezes, aceitam a aplicação das Regras da IBA (*International Bar Association*) sobre Produção de Prova em Arbitragem Comercial Internacional de 2010 ("**Regras da IBA**")[37]. Com maior frequência, e a fim de preservar a discricionariedade do tribunal, as Regras da IBA são adoptadas apenas como 'directrizes'[38].

Nas arbitragens entre Estados, normalmente existem regras específicas criadas por cada tribunal arbitral em matéria de prova[39].

2. *Três Exemplos*

2.1 *Perito para temas de confidencialidade*

No âmbito da fase de produção de documentos, caso à mesma haja lugar, é comum que as partes requeiram a produção de documentos à parte contrária com relevância para a prova de determinados factos. A respeito de tais pedidos a parte contrária pode invocar objecções, nomeadamente alegando que o documento em causa é confidencial.

[37] Disponíveis em http://www.ibanet.org/Publications/publications_IBA_guides_and_free_materials.aspx.

[38] Veja-se, por exemplo, *Bilcon of Delaware c. Canadá*, Caso TPA nº 2009-4 (NAFTA) (Regulamento CNUDCI 1976), Ordem Processual nº 2, 3 de junho de 2009, § 2.1 ("As questões probatórias regem-se pelos artigos pertinentes do Regulamento de Arbitragem CNUDCI (1976). As Regras da IBA sobre Produção de Prova em Arbitragem Comercial Internacional (1999) serão utilizadas como directrizes no âmbito do presente procedimento" [Tradução livre]; *Guaracachi America Inc & Rurelec PLC c. Estado Plurinacional da Bolívia*, Caso TPA nº 2011-17 (TBI China-Mongólia) (Regulamento CNUDCI 2010), Acta de Constituição e Ordem de Procedimento nº 1, § 14.3 ("As Regras da IBA sobre Produção de Prova em Arbitragem Comercial Internacional serão utilizadas como directrizes não obrigatórias pelo Tribunal e pelas Partes" [Tradução livre]).

[39] Ver, por exemplo, *Barbados c. Trinidad e Tobago* (CNUDM), Regras de Procedimento, 16 de fevereiro de 2004; *Arbitragem Bay of Bengal*, Bangladesh c. Índia, Caso TPA 2010-16 (CNUDM), cujas regras de procedimento estão disponíveis em https://pcacases.com/web/view/18. É interessante notar que o tribunal na Arbitragem *Indus Waters Kishenganga* consultou as partes acerca da possibilidade de adopção do Regulamento TPA Estado-Estado, tendo sido posteriormente definido que o mesmo deveria adoptar regras de procedimento semelhantes aos utilizados nos casos administrados pelo TPA por tribunais arbitrais constituídos ao abrigo do Anexo VII da CNUDM. Cfr. Arbitragem *Indus Waters Kishenganga*, Paquistão c. Índia, Caso TPA nº 2011-1 (Tratado das Águas do Indo 1960), Ordens Processuais nºs 1 e 2, referidas na Decisão Parcial de 18 de fevereiro de 2013, §§23 e 24.

Caso as partes não logrem chegar a acordo a esse respeito, o tribunal é chamado a decidir. Quando esteja em causa a confidencialidade de documentos, a decisão é, as mais das vezes, tomada com base em grelhas nas quais se descrevem os documentos, ou partes dos documentos que tenham sido omitidas, e os fundamentos de confidencialidade que subjazem à objecção apresentada pela parte que pretende obstar à produção, parcial ou total, dos documentos em causa (*privilege logs*). Contudo, caso tal mecanismo não seja, em concreto, suficiente para a tomada de uma decisão, poderá suceder que o tribunal tenha que tomar conhecimento do conteúdo do documento cuja confidencialidade é invocada, sem que a parte que solicitou a sua produção tenha acesso ao mesmo e possa exercer o contraditório. Tal situação é passível de causar problemas no que concerne à integridade do processo arbitral, principalmente na eventualidade de o tribunal, uma vez analisado o documento em causa e o regime de confidencialidade invocado, considerar que o mesmo não deve ser produzido. Nessa circunstância, o tribunal não poderá eliminar o facto de que tomou conhecimento do documento, não sendo possível determinar em que medida tal contacto com o documento é passível de influenciar o seu entendimento do caso.

Para evitar tais problemas, o tribunal pode decidir nomear um perito independente e imparcial, vinculado a deveres de confidencialidade, para analisar o documento e pronunciar-se a respeito da objecção invocada pela parte a quem a produção do documento foi solicitada.

Esta solução encontra-se prevista no artigo 3.8 das Regras da IBA, o qual dispõe o seguinte:

> Em circunstâncias excepcionais, se a procedência de uma objecção apenas puder ser determinada através da análise do Documento, o Tribunal Arbitral pode determinar que o mesmo não deverá analisar o Documento. Nesse caso, o Tribunal Arbitral pode, consultadas as Partes, nomear um perito independente e imparcial, vinculado a deveres de confidencialidade, para analisar o Documento e preparar um relatório relativo à objecção. Caso a objecção seja julgada procedente pelo Tribunal Arbitral, o perito não deverá divulgar o conteúdo do Documento analisado ao Tribunal Arbitral ou às outras Partes.[40]

[40] Tradução livre. O artigo 3.8 das Regras da IBA, na sua versão oficial em língua inglesa, dispõe o seguinte:

In exceptional circumstances, if the propriety of an objection can be determined only by review of the Document, the Arbitral Tribunal may determine that it should not review

De acordo com o comentário às Regras da IBA[41], esta disposição deve apenas ser aplicada em circunstâncias excepcionais, podendo o Tribunal decidir analisar o documento se, por exemplo, entender que a nomeação de um perito pode incrementar a duração ou os custos do processo. É também referido que a nomeação do perito não deve necessariamente obedecer às regras, estabelecidas no artigo 6º das Regras da IBA, para a nomeação de árbitros pelo Tribunal Arbitral. O perito deverá preparar um relatório relativo à objecção apresentada pela parte a quem o pedido de produção foi dirigido, salvaguardando naturalmente o carácter confidencial do documento, cabendo a decisão final quanto à admissão ou não da objecção invocada ao Tribunal Arbitral. Caso a objecção seja julgada procedente, o documento deverá ser devolvido à parte que apresentou a objecção. Caso seja julgada improcedente, o Tribunal deverá ordenar que o documento seja produzido. Qualquer que seja o caso, o perito deverá sempre manter a confidencialidade a respeito do documento analisado.

O TPA tem tido experiência na administração de casos nos quais foram nomeados peritos para lidar com temas de confidencialidade. O único acerca do qual existe informação publicamente disponível é o caso *Guiana c. Suriname*[42].

Nesta arbitragem, ao abrigo do Anexo VII da CNUDM, estava em causa a delimitação de fronteiras marítimas entre os dois Estados.

No âmbito da preparação do seu Memorial, a Guiana pretendeu ter acesso a documentos históricos constantes dos arquivos do Ministério dos Negócios Estrangeiros dos Países Baixos, antigo país colonizador do Suriname. O Suriname objectou a tal acesso, para o efeito referindo que o arquivo em causa não era público e que do mesmo constavam documen-

the Document. In that event, the Arbitral Tribunal may, after consultation with the Parties, appoint an independent and impartial expert, bound to confidentiality, to review any such Document and report on the objection. To the extent that the objection is upheld by the Arbitral Tribunal, the expert shall not disclose to the Arbitral Tribunal and to the other Parties the contents of the Document reviewed.

41 Disponível no site da IBA em http://www.ibanet.org/Publications/publications_IBA_guides_and_free_materials.aspx.

42 *Guiana c. Suriname*, Caso TPA No. 2004-4 (CNUDM). A decisão proferida neste caso ("**Decisão**") está publicada em Heather Clark e Lise Bosman (eds), 'The Guyana/Suriname Arbitration Award of 2007', *Permanent Court of Arbitration Award Series*, Volume 8 (© Permanent Court of Arbitration; Permanent Court of Arbitration 2012), pp. 23 – A-6.

tos relativos a matérias sensíveis, nomeadamente de segurança nacional e respeitantes a outras disputas territoriais.

Depois de diversas trocas de comunicações e de uma audiência de dois dias para a discussão do tema do acesso à documentação[43], o Tribunal Arbitral, através de uma ordem processual[44], decidiu que o mesmo deveria nomear um perito independente, fluente em Inglês e Holandês, para análise dos documentos abrangidos pela objecção do Suriname.

O Tribunal Arbitral fundamentou tal decisão nos princípios da igualdade de armas e da cooperação de boa fé no âmbito dos procedimentos de resolução de conflitos internacionais, com respaldo nos artigos 5º e 6º do Anexo VII da CNUDM e nas regras processuais aprovadas pelo próprio Tribunal Arbitral.

Mais determinou que o perito deveria, a pedido do Suriname, analisar qualquer proposta de recusa ou de edição de partes de documentos com base em fundamentos de confidencialidade ou outros de especial sensibilidade.

Após consultar as Partes relativamente ao papel a desempenhar pelo perito independente, ao conteúdo dos termos de referência que regulariam o desempenho das suas funções, e à identidade do mesmo, o Tribunal, através de nova ordem processual[45], nomeou o Professor Hans van Houtte[46] como perito independente e aprovou os respectivos termos de referência (**"Termos de Referência"**)[47].

Nos Termos de Referência, menciona-se que o perito assinou uma declaração de confidencialidade, na qual o mesmo se comprometeu a exercer as suas funções com imparcialidade e em consciência, abstendo-se de divulgar ou utilizar os documentos, ficheiros e informação fora do contexto do seu mandato[48].

[43] *Guiana c. Suriname*, Caso TPA No. 2004-4 (CNUDM), Decisão, §§45-46.

[44] *Guiana c. Suriname*, Caso TPA No. 2004-4 (CNUDM), Ordem Processual nº 1, de 18 de julho de 2005; Decisão, §47.

[45] *Guiana c. Suriname*, Caso TPA No. 2004-4 (CNUDM), Ordem Processual nº 3, de 12 de outubro de 2005; Decisão, §62.

[46] Um relato na primeira pessoa acerca desta experiência pode ser encontrado em Hans van Houte, 'The Document Production Master and the Experts' Facilitator: Two Possible Aides for na Efficient Arbitration' *in* Miguel Ángel Fernández-Ballesteros and David Arias (eds), *Liber Amicorum Bernardo Cremades* (© Wolters Kluwer España; La Ley 2010), em particular §10.

[47] Os Termos de Referência encontram-se reproduzidos nas pp. 42-45 da Decisão.

[48] Termos de Referência, §1.2.

Ficou estabelecido que o perito não deveria estar vinculado a regras estritas de prova e que o mesmo poderia analisar os documentos da forma que fosse permitida pelo Tribunal Arbitral, cabendo a este último, na sua decisão final, decidir relativamente à relevância e peso a ser atribuído aos documentos, ou parte deles, que viessem a ser produzidos e invocados pelas Partes em suporte das suas alegações[49].

Previu-se também que a Parte que pretendesse propor a não produção de um documento ou a produção do mesmo com porções editadas deveria enviar o documento em causa de forma completa e não editada ao perito independente para análise. Uma vez recebido o documento, o perito poderia solicitar a tal Parte que desenvolvesse as razões pelas quais a mesma entendia que o documento não deveria ser produzido ou, sendo-o, ser produzido sujeito a edição. No caso de solicitar tal explicação, o perito deveria convidar a outra Parte a exercer o contraditório[50].

Nos Termos de Referência, definiu-se ainda que o relatório do perito deveria ser comunicado às Partes e ao Tribunal Arbitral, preservando a natureza confidencial dos documentos em causa e contendo fundamentação para as suas conclusões. Após analisar o relatório, o Tribunal determinaria se a edição ou a não produção sugeridas deveriam considerar-se apropriadas[51].

O perito ficou também mandatado a auxiliar o Tribunal a determinar se os documentos objecto do pedido de produção eram relevantes *prima facie* e se haviam sido identificados com suficiente especificidade[52].

Por fim, ficou ainda consignado que o perito teria competência para decidir conflitos entre as Partes relativos ao incumprimento ou recusa de uma das partes na produção de documentos, desde que o mesmo concedesse a cada uma das mesmas a oportunidade para apresentar a sua posição e consultasse o Tribunal antes de comunicar a decisão às Partes[53].

Através de nova ordem processual[54], o Tribunal Arbitral determinou, entre outras matérias, que o perito deveria procurar apresentar o seu relatório com a brevidade possível.

[49] Termos de Referência, §2.0.

[50] Termos de Referência, §2.3.

[51] Termos de Referência, §2.4.

[52] Termos de Referência, §2.6.

[53] Termos de Referência, §§2.8-2.11.

[54] *Guiana c. Suriname*, Caso TPA No. 2004-4 (CNUDM), Ordem Processual nº 4, de 12 de outubro de 2005; Decisão, §63.

O perito apresentou o relatório em janeiro de 2006[55], no qual incluiu as suas conclusões e recomendações ao Tribunal após análise da documentação. Para além das suas recomendações relativamente à exclusão, produção completa ou edição de certos documentos, o perito recomendou ao tribunal que considerasse relevantes os documentos requeridos pela Guiana a respeito da posição e prática do Suriname no âmbito das suas fronteiras marítimas com a Guiana Francesa. O relatório foi depois comunicado às Partes. Ouvidas as Partes, o Tribunal veio a adoptar as recomendações do perito e, consequentemente ordenou que o Suriname as cumprisse "sem demora"[56].

Este caso demonstra que a nomeação de um perito independente para lidar com temas de confidencialidade e documentação alegadamente sensível por razões políticas ou de segurança nacional é uma forma eficiente de lidar com este tipo de objecções à produção de documentos[57]. Para além da eficiência, é ainda uma forma de preservar a integridade do procedimento arbitral, evitando que o tribunal corra o risco de tomar contacto com documentos passíveis de não vir a ser consultados por uma das partes[58].

[55] *Guiana c. Suriname*, Caso TPA No. 2004-4 (CNUDM), Decisão, §76.

[56] Decisão, §§84, 91, 95.

[57] Hans van Houte refere ainda que o processo teve tanto sucesso que o próprio Suriname, alterando o que havia sido acordado, enviou certos documentos para que o perito os editasse diretamente, sem necessidade de proposta prévia. Cfr. HANS VAN HOUTE, 'The Document Production Master and the Experts' Facilitator: Two Possible Aides for na Efficient Arbitration' *in* Miguel Ángel Fernández-Ballesteros and David Arias (eds), *Liber Amicorum Bernardo Cremades* (© Wolters Kluwer España; La Ley 2010), §10.

[58] No caso Arbitragem *Indus Waters Kishenganga*, Paquistão c. Índia, Caso TPA nº 2011-1 (Tratado das Águas do Indo 1960), o tribunal, confrontado com a recusa da Índia em produzir determinado documento de forma completa decidiu analisá-lo directamente antes de decidir acerca da produção do mesmo. A objecção invocada pela Índia estribava-se no facto de que as partes do documento que haviam sido omitidas se referiam a matérias irrelevantes para a disputa entre as partes e que o conhecimento das mesmas por parte do Paquistão poderia causar prejuízo à Índia. O tribunal, tendo em conta os interesses de ambas as partes, reviu o documento e decidiu que as porções omitidas não eram directamente relevantes para o objecto da causa tal como definido nos articulados das partes apresentados até à data nem impediam o Paquistão de contestar os argumentos apresentados pela Índia. Cfr. HEATHER CLARK, LISE BOSMAN (EDS), 'The Indus Waters Arbitration (Pakistan v. India): Record of Proceedings 2010-2013', *Permanent Court of Arbitration Award Series*, Volume 10 (© Permanent Court of Arbitration; Permanent Court of Arbitration 2014), §§89 et seq.

Importa, por fim, referir que a invocação de objecções à produção de documentos com base na alegada sensibilidade política ou de segurança nacional pode, por vezes, ser uma táctica abusiva utilizada por entidades públicas para evitar a produção de documentos que lhes são desfavoráveis. A nomeação de um perito independente poderá ser também uma forma de desincentivar tais práticas.

2.2 *Imunidade e protecção de testemunhas*

A natureza consensual da resolução de conflitos através de arbitragem e o facto de que, numa grande maioria dos casos, os procedimentos são confidenciais, criam geralmente condições para que os procedimentos sejam conduzidos de forma civilizada e com cooperação entre as partes.

No entanto, a generalização do recurso à arbitragem, o aumento dos valores em disputa e o envolvimento de novos intervenientes, entre outros factores, têm propiciado a ocorrência de alguns incidentes e a adopção de determinadas práticas e estratégias processuais, comummente designadas como tácticas de guerrilha[59]. Estas práticas visam, em grande medida, desestabilizar a condução e a integridade dos procedimentos e impedir ou atrasar a prolação de decisões potencialmente negativas.

Uma de tais práticas consiste na intimidação de testemunhas. Muito embora seja uma prática pouco frequente, esta prática não é inédita, nomeadamente no âmbito de arbitragens envolvendo entidades públicas, as quais estão normalmente numa posição de vantagem no que concerne ao acesso a certos mecanismos de coação. A intimidação pode revestir diversas formas: chantagem (por exemplo, recordando a testemunha de que a sua pensão é paga pelo Estado contra o qual a mesma pretende testemunhar; levando a cabo inspecções fiscais vexatórias, entre outros), corrupção (oferencendo determinadas vantagens para o caso de a testemunha desistir de prestar o seu depoimento), escutas, cancelamento de licenças, detenção, ou a apresentação de queixas-crime com base em factos não necessariamente conexos com a arbitragem[60].

[59] Por todos, veja-se Stephan Wilske and Günther J. Horvath (eds), 'Guerrilla Tactics in International Arbitration', International Arbitration Law Library, Volume 28 (© Kluwer Law International; Kluwer Law International 2013).

[60] Cfr. Stephan Wilske and Günther J. Horvath (eds), 'Guerrilla Tactics in International Arbitration', International Arbitration Law Library, Volume 28 (© Kluwer Law International; Kluwer Law International 2013), pp. 5-7. Os Autores fazem referência à Decisão sobre Jurisdição proferida em 1 de

Num dos casos mais emblemáticos administrados pelo TPA – a Arbitragem *Abyei*, envolvendo um conflito entre um Estado e um movimento de libertação nacional[61] – houve relatos de intimidação de testemunhas. Tais incidentes são narrados nos seguintes parágrafos da decisão[62]:

> 63. The GoS, by letter dated March 30, 2009 addressed to the PCA, informed the Tribunal that a news item on March 29, 2009 in the Sudanese daily newspaper Al-Ayam alleged that one of the Ngok Dinka witnesses for the GoS, [***], was threatened with being "physically eliminated" by members of the SPLM/A if he were to leave for The Hague to testify at the hearings. [***] [T]he GoS further claimed that, upon inquiry, its other Ngok Dinka witnesses, [***] admitted to being repeatedly harassed by SPLM/A members either to deter them from testifying at the hearings or to convince them to change their testimony.
>
> 64. The SPLM/A, by a letter of the same date addressed to the PCA, denied such allegations but nevertheless endeavored to investigate the allegations further and to inform the Tribunal as soon as relevant information became available.
>
> 65. On April 14, 2009, the SPLM/A issued a letter to the PCA stating that it had investigated the allegations reported by the Sudanese press and found these to be without basis. To substantiate its claim, the SPLM/A attached to its letter a report from [***] the Chief Executive Officer of the National Security and Intelligence Organ of the Abyei Security Unit who investigated the incident, and a letter from [***] Chief of the Bongo Chiefdom.
>
> 66. At the oral pleadings, a member of the Tribunal, H.E. Judge Awn Al-Khasawneh, asked four witnesses of the GoS to testify whether they were intimidated by agents of the SPLM/A. The witnesses [***] gave varying answers.[63]

agosto de 2013 na arbitragem 'ad hoc' *Arbitration Ruby Roz Agricol LLP c. República do Cazaquistão* (disponível em http://www.italaw.com/sites/default/files/case-documents/italaw1558.pdf). Nesta decisão, pode encontrar-se um relato desenvolvido de um incidente, no qual três das testemunhas principais da Demandada foram acusadas da prática do crime de homicídio pouco tempo antes da audiência na qual as mesmas deveriam depor (cfr. pp. 42-47).

[61] Arbitragem *Abyei*, Governo do Sudão/Movimento de Libertação do Povo do Sudão/Exército, Caso TPA nº 2008-7 (Compromisso Arbitral) (Regulamento TPA Estado-Não Estado), Decisão, 22 de julho de 2009.

[62] Heather Clark and Lise Bosman (eds), 'The Abyei Arbitration (The Government of Sudan / The Sudan People's Liberation Movement/Army) Final Award of 2009', *Permanent Court of Arbitration Award Series*, Volume 9 (© Permanent Court of Arbitration; Permanent Court of Arbitration 2012), pp. 74-75.

[63] Nas notas de rodapé 5 a 8 da Decisão, podem encontrar-se as respostas das testemunhas. A maioria das mesmas confirmou que havia sido intimidada ou sofrido ameaças.

O Acordo de Sede celebrado entre o TPA e o Reino dos Países Baixos[64] confere imunidade criminal, civil e administrativa às testemunhas, enquanto "participantes em procedimentos do TPA", relativamente aos actos praticados em cumprimento dos seus deveres no âmbito desses procedimentos[65].

A Adenda ao Acordo de Sede passou a prever uma mais vasta gama de privilégios, imunidades e facilidades, e densificou os procedimentos para assegurar a passagem segura de testemunhas, nomeadamente passando a abranger indivíduos sujeitos a investigação ou condenação prévias à sua entrada em território dos Países Baixos. Para a activação de tal regime, é necessário que o TPA emita um documento certificando que a comparência de determinada pessoa enquanto participante em procedimentos do TPA é requerida pelo mesmo.

Este procedimento foi já utilizado com sucesso no âmbito de uma audiência numa arbitragem administrada pelo TPA, permitindo a uma testemunha, que enfrentava acusações criminais num dos Estados envolvidos na arbitragem, depor na Haia sem correr o risco de detenção.

Importa notar que os privilégios e imunidades concedidos ao abrigo do Acordo de Sede e da Adenda ao mesmo visam promover a boa administração da justiça. Tendo em consideração que os casos administrados pelo TPA envolvem, por regra, pelo menos uma entidade pública e atentas as práticas, muito embora de ocorrência rara, a que se fez alusão acima, a concessão de privilégios e imunidades aos participantes nos procedimentos do TPA é um elemento de crucial relevância.

2.3 *Visitas de inspecção*

As visitas de inspecção permitem que os árbitros inspeccionem locais, projectos ou propriedades relacionados com a disputa em causa no processo arbitral. Tais visitas podem ser um mecanismo importante para a obtenção de prova ou de uma impressão visual e um melhor entendi-

[64] Brooks W Daly, Evgeniya Goriatcheva, Hugh A Meighen, 'A Guide to the PCA Arbitration Rules' (Oxford University Press 2014), Apêndice IV.

[65] A definição de 'participantes nos procedimentos do TPA' engloba testemunhas, peritos, advogados, partes, agentes e outros representantes das partes que participem em audiências, reuniões ou qualquer outra atividade conexa com os procedimentos administrados pelo TPA. Os árbitros dispõem das mesmas imunidades conferidas aos agentes diplomáticos nos termos da Convenção de Viena sobre Relações Diplomáticas de 18 de abril de 1961.

mento do caso por parte dos árbitros. As visitas de inspecção podem aumentar consideravelmente os custos e a duração do procedimento, pelo que caberá equacionar, caso a caso, se tais custos são suplantados pelos benefícios que das mesmas podem decorrer.

As vantagens das visitas de inspecção são particularmente visíveis nos casos relativos a delimitação de fronteiras terrestres ou marítimas. Nesse sentido, prevê-se no artigo 6º, alínea *b)*, da CNUDM que "as partes numa controvérsia devem facilitar o trabalho do tribunal arbitral e, de conformidade com a sua legislação e utilizando todos os meios à sua disposição, devem [...] permitir-lhe, quando necessário, [...] visitar os locais relacionados com a causa".

O Regulamento TPA 2012, de forma inovatória relativamente ao Regulamento CNUDCI 2010, prevê no seu artigo 27º, nº 3, que "[e]m qualquer momento do procedimento, o tribunal arbitral pode [...], consultadas as partes, efectuar visitas de inspecção".

Nas disposições supramencionadas não se refere qual o escopo das visitas de inspecção nem se preveem quaisquer dos aspectos logísticos que as mesmas implicam, sendo tal deixado na dependência do tribunal, após consulta com as partes. Na maioria dos casos entre Estados, as visitas não visam a recolha de prova, mas apenas permitir criar um melhor enquadramento da questão em disputa[66]. Todavia, nada impede que o tribunal arbitral e as partes configurem a visita de forma diversa[67]. Importa, todavia, notar que, caso a visita tenha um pendor probatório, um maior cuidado deverá ser observado na preparação do regime aplicável à mesma, nomeadamente no que concerne à forma de apresentação de prova, objecções, questões, contra-interrogatório e registo da prova produzida (por exemplo, através de registo em acta, meios audiovisuais, entre outros).

[66] Brooks W Daly, Evgeniya Goriatcheva, Hugh A Meighen, 'A Guide to the PCA Arbitration Rules' (Oxford University Press 2014), §5.115, p. 103. A prática é diferente no âmbito da arbitragem de investimento, nomeadamente no que respeita a arbitragens ao abrigo da Convenção CIRDI. Veja-se a esse respeito, Meg Kinnear and Randi Ayman, 'Site Visits in ICSID Arbitration' *in International Arbitration Under Review – Essays in Honour of John Beechey*, Andrea Carlevaris, Laurent Lévy, Alexis Mourre, Eric A. Schwartz (eds) (International Chamber of Commerce (ICC) 2015), p. 254.

[67] Isso mesmo aconteceu na *Arbitragem Bay of Bengal*, Bangladesh c. Índia, Caso TPA 2010-16 (CNUDM), na qual algumas fotografias e vídeos captados durante a visita foram inseridos como prova nos autos arbitrais. Cfr, Decisão de 7 de julho de 2014, §§18-26 (em particular, §24-26), disponível em https://pcacases.com/web/sendAttach/383.

O primeiro caso administrado pelo TPA no qual foi conduzida uma visita de inspecção foi a Arbitragem *Grisbådarna*, nos idos anos de 1909[68]. Mais recentemente, o TPA administrou uma arbitragem na qual o tribunal arbitral, composto por sete membros[69], conduziu duas visitas de inspecção às instalações das centrais hidroeléctricas situadas em Jammu e Caxemira, um território administrado parcialmente pela Índia, Paquistão e China. Nesta arbitragem instaurada pelo Paquistão contra a Índia – Arbitragem *Indus Waters Kishenganga*[70] –, o Paquistão alegou que o projecto que a Índia pretendia construir e operar nas margens do rio Kishenganga teria um impacto negativo no projecto operado pelo Paquistão a jusante de tal rio, no Vale de Neelum.

O tribunal decidiu levar a cabo duas visitas de inspecção –a primeira com presença de todos os membros do tribunal e a segunda com a presença de apenas dois – para constatar como a região se encontrava no período húmido e no período seco.

No respeitante à primeira visita, o tribunal, após consulta com as partes, estabeleceu determinadas regras para a sua condução, nomeada-

[68] Arbitragem *Grisbådarna*, Noruega c. Suécia, relativa à delimitação de uma parte da fronteira marítima entre os dois países. Na Decisão de 23 de outubro de 1909, disponível em https://pcacases.com/web/view/77, pode ler-se "after the Tribunal had visited the disputed region, examined the documents and maps submitted to it, and heard the pleas and the replies as well as the explanations provided at its request, the arguments were declared closed at the session of October 18, 1909".

[69] Foi a primeira vez na história do TPA que o mesmo administrou uma arbitragem com um tribunal composto por sete membros. Neste caso, para além dos quatro árbitros a ser nomeados pelas partes, o Tratado das Águas do Indo exigia que os restantes três árbitros fossem nomeados por três distintas autoridades de nomeação, cada uma com um foco particular: o *Lord Chief Justice* de Inglaterra e Gales para nomeação de uma pessoa "bem versada em direito internacional"; o Reitor do *Imperial College of Science and Technology*, de Londres para nomeação de um "engenheiro altamente qualificado", e o Secretário-Geral das Nações Unidas para nomeação de uma "pessoa de estatuto e reputação para ser o Presidente do Tribunal Arbitral", quer fosse um jurista internacional, engenheiro, ou outro. O Paquistão nomeou o Juiz do Tribunal Internacional de Justiça ("**TIJ**"), Bruno Simma, e o Professor Jan Paulsson, a Índia nomeou o Juiz do TIJ, Peter Tomka, e o Professor Lucius Caflisch, o *Lord Chief Justice* de Inglaterra e Gales nomeou Sir Franklin Berman KCMG QC, o Reitor do *Imperial College of Science and Technology* nomeou o Professor Howard S. Wheater FREng e, por fim, o Secretário-Geral das Nações Unidas nomeou o Juiz do TIJ, Stephen M. Schwebel, o qual exerceu as funções de Presidente do tribunal arbitral.

[70] Arbitragem *Indus Waters Kishenganga*, Paquistão c. Índia, Caso TPA nº 2011-1 (Tratado das Águas do Indo 1960).

mente o itinerário, a dimensão das delegações, aspectos relativos à confidencialidade da visita e a forma de alocação dos custos decorrentes da mesma. Veja-se, com interesse, o seguinte excerto da ordem processual[71]:

1. The Site Visit Program

1.1 The Court takes note of the Parties' agreement on the "broad outline of the itinerary", as follows:

DAY	DETAILS OF VISIT	PROPOSED DAY AND DATE	START TIME
Dayl	Arrival of members of [the Court] and Indian Delegation at Islamabad	Wednesday/Thursday, June 15/16, 2011	
Day 2	Visit to the Neelum Valley	Thursday, June 16, 2011	0800 hours
	Return to Hotel		1500 hours
Day 3	Visit to NJ Power House Sites	Friday, June 17, 2011	0800 hours
	Proceed to Chakothi Border on Muzaffarabad Srinagar Road, Crossing the [Line of Control] and immigration process		1300 hours
	Departure to Srinagar for night stay		1800 hours
Day 4	Visit to Dam Site of Kishenganga	Saturday, June 18, 2011	0800 hours
	Departure to Srinagar for night stay		1500 hours
Day 5	Visit to Kishenganga Power House Site	Sunday, June 19, 2011	0800 hours
	Departure to Srinagar for night stay		1530 hours
Day 6	Srinagar to Delhi, stay in New Delhi	Monday, June 20, 2011	1100-1400 hours
	Departure of members of [the Court] and Pakistan Delegation to their respective destinations		

[71] Ordem Processual nº 3, transcrita no §36 da Decisão Parcial de 18 de fevereiro de 2013, disponível em Heather Clark, Lise Bosman (eds), 'The Indus Waters Arbitration (Pakistan v. India): Record of Proceedings 2010-2013', *Permanent Court of Arbitration Award Series*, Volume 10 (© Permanent Court of Arbitration; Permanent Court of Arbitration 2014), pp. 108 et seq.

1.2 Having found the foregoing acceptable, the Court hereby adopts the outline of the itinerary proposed by the Parties on April 29, 2011.

2. Size of Delegations

2.1 The Court takes note of the Parties' agreement that their respective delegations (including the Agent, Co-Agents, counsel, and experts) each be limited to not more than 10 persons for logistical reasons.

2.2 The Court's delegation shall similarly be comprised of not more than 10 persons, including all the Members of the Court, the Registrar, and the members of the Secretariat involved in documentation and logistical support to the Court.

3. Confidentiality; Press Release

3.1 While both Parties have affirmed the importance of the rules on confidentiality in relation to the site visit, the Court takes note of the Parties' lack of agreement on whether a press release should be issued by the Court upon the conclusion of the visit. India has proposed that a press release whose text has been agreed between the Parties be issued by the Court at the end of the visit, while Pakistan maintains that confidentiality is necessary under the circumstances and does not wish the Court to issue such a press release.

3.2 Recalling the principles on confidentiality that govern this arbitration (including Paragraph 7 of Procedural Order No. 1) and taking into account the lack of agreement between the Parties, the Court considers that no public disclosure of the site visit, including any statement to the press emanating from the Court, can be made.

3.3 The Court hereby orders that:

(a) There shall be no advance public announcements of the fact that a site visit shall be conducted, nor of the dates and itineraries thereof. The Parties are enjoined to ensure the absolute confidentiality of all information relating to the site visit until the visit has been concluded.

(b) If both Parties agree at any point before or during the site visit, the Court may issue a press release in consultation with the Parties, to be issued only after the conclusion of the visit on June 21, 2011. However, if both Parties do not so agree, then no press release nor other public statement shall be issued by the Court.

4. Hospitality/Social Events

4.1 The Court takes note of the Parties' agreement that the site visit "be as discreet as possible without any social events", of India's suggestion that "this should not exclude any reasonable hospitality by Government authorities", and of Pakistan's request that India clarify the meaning of "reasonable hospitality".

4.2 Without limiting the Parties' freedom to reach agreement on this matter, the Court expresses its availability to attend any simple dinner event that a Party may wish to prepare, if that dinner includes and is restricted to the members of both delegations participating in the site visit.

5. Presentations During the Site Visit

5.1 The Court takes note of the Parties' agreement that any presentations made during the site visit be limited to objective, technical presentations made by experts (whether members of the official delegations or other experts), and that legal issues or arguments should not be discussed at any point during such presentations. The Court agrees with this approach and wishes to emphasize that presentations should be succinct and remain neutral in tone.

5.2 The Members of the Court shall be free to put questions at any time during a presentation. No member of any delegation shall be permitted to ask questions during or after a presentation. With the Chairman of the Court's leave, the non-presenting delegation may respond to a point made in a presentation, such response shall be limited strictly to technical or factual matters.

5.3 Any materials meant to be distributed during such presentations (including maps, plans, technical illustrations, and similar documents), shall be provided to the Court and the other Party no later than May 31, 2011.

5.4 For the avoidance of doubt, the site visit (including the presentations made therein) shall not be considered "oral hearings" or "oral submissions" within the meaning of Article 14 of the Supplemental Rules of Procedure.

6. Record of the Site Visit

6.1 The Court takes note of Pakistan's statement that "on the matter of record of the site visit, no doubt that members of the delegation would be taking notes; however, we are of the view that it would be useful to have a permanent record" of the presentations made during the site visit, and of its proposal that the PCA "make necessary arrangements for a video recording of the entire visit." For its part, India has suggested that "[e]ither side will arrange videography/photography on its side" while expressing that it is "open to any directions from the Court" on this point.

6.2 Within their respective delegations, the Parties are free to take their own notes. These need not be shared with the Court or the other Party.

6.3 The Members of the Court and its Secretariat shall be free to take notes and photographs for exclusive use in internal deliberations. The Secretariat shall also take charge of producing a video recording of all presentations made, and shall make a copy thereof for each Party.

7. Costs of the Site Visit

7.1 The Court takes note of the Parties' agreement that each Party shall bear all costs of the site visit within their respective territories, including hotel accommodations and internal transportation.

7.2 Pursuant to Article 21 of the Supplemental Rules of Procedure, all other expenses relating to the site visit shall be borne equally by the Parties.

8. Further Arrangements

8.1 The Court takes note of India's statement that "[i]f the proposed outline programme of the visit to India and Pakistan is generally acceptable to the Court, then we can mutually discuss the further details, including the logistics", and Pakistan's observation that the Parties have yet to "reach agreement on some of the modalities" of the site visit.

8.2 Within the framework of this Order, the Court invites the Parties to continue conferring on the remaining logistical issues, and to report back to the Court with further points of agreement no later

> than May 23, 2011. The logistical issues to be agreed upon should include but not necessarily be limited page "112" to the following: (a) arrangements to ensure the security of each member of the Court at all times; (b) a detailed (by-the-hour) itinerary, to the extent possible; (c) provisions for medical support; (d) lists of the Parties' delegations and experts that will address the Court during the site visit, (e) hotel arrangements, and (f) modes of internal transportation.

A segunda visita seguiu regras semelhantes, com a diferença de que apenas dois dos membros do tribunal – Sir Franklin Sir Franklin Berman KCMG QC e o Professor Howard S. Wheater FREng – se deslocaram ao Paquistão, acompanhados por um membro da Secretaria Internacional do TPA, o qual ficou responsável pelo registo fotográfico e audiovisual da visita. Na Ordem Processual nº 7, ficou estabelecido que os restantes membros do tribunal reveriam as fotografias e vídeos recolhidos, que os peritos que não fossem membros das delegações oficiais não poderiam fazer apresentações ou auxiliar as delegações no local e, bem assim, que no final da visita seria emitido um comunicado de imprensa aprovado pelas partes e pelo tribunal.

As visitas conduzidas neste caso foram consideradas importantes para permitir ao tribunal ter uma mais clara noção dos impactos concretos da decisão que lhe cabia tomar. Tanto assim é que, pouco tempo depois, outro tribunal arbitral funcionando sob os auspícios do TPA na *Arbitragem Bay of Bengal*[72], entre o Bangladesh e a Índia, conduziu também uma visita de inspecção.

Como referido *supra*, as visitas de inspecção podem aumentar consideravelmente os custos da arbitragem, pelo que deve ser levada a cabo uma cuidadosa análise de custo-benefício. No entanto, é indiscutível a vantagem de que o tribunal arbitral possa ter uma perspectiva clara do objecto mediato da disputa e das consequências de uma futura decisão antes de a proferir.

[72] *Arbitragem Bay of Bengal*, Bangladesh c. Índia, Caso TPA 2010-16 (CNUDM).

Considerações Finais

Cada arbitragem constitui uma oportunidade para a preparação de regras processuais 'feitas à medida', sem necessidade de impor ao tribunal e às partes um procedimento – principalmente no que diz respeito à produção de prova – mais complexo do que aquele que a disputa em causa exige.

Tal não afasta, todavia, a utilidade de se ter em consideração as experiências proporcionadas por outros casos aquando da preparação de tais regras processuais, as quais podem servir de inspiração, ponto de partida ou termo de comparação. Espera-se, com este artigo e com as referências à experiência de uma instituição como o TPA, singelamente contribuir nesse sentido.

Bibliografia sobre o TPA

BOSMAN, LISE, *The PCA's Contribution to International Dispute Resolution in Africa,* 25 Stellenbosch Law Review 2, 2014

BROWN SCOTT, JAMES, *The Hague Conventions and Declarations of 1899 and 1907 accompanied by Tables of Signatures, Ratifications and Adhesions of the Various Powers, and Texts of Reservations,* Oxford University Press, 1915

CANÇADO TRINDADE, ANTÔNIO AUGUSTO, *The Presence and Participation of Latin America at the Second Hague Peace Conference of 1907,* in Yves Daudet (ed.), Topicality of the 1907 Hague Peace Conference, the Second Peace Conference, Martinus Nijhoff Publishers, 2008, pp. 51-84

CRAWFORD, JAMES, *The Permanent Court of Arbitration and Mixed Arbitration,* Remarks of Professor James Crawford SC FBA LLD, University of Cambridge and Matrix Chambers on the occasion of a Celebration of the Centenary of the PCA, Haia, 18 de outubro de 2007, disponível em http://www.pca-cpa.org/ showpage.asp?pag_id=1044

DALY, BROOKS, *Permanent Court of Arbitration,* in "International Litigation in Practice – The Rules, Practice, and Jurisprudence of International Courts and Tribunals", Chiara Giorgetti (ed.), Martinus Nijhoff Publishers, 2012, pp. 37 et seq.

DALY, BROOKS; SARAH MELIKIAN, *Access to Justice in Dispute Resolution: Financial Assistance in International Arbitration,* in Poverty and the international economic legal system : duties to the world's poor, Cambridge University Press, 2013, pp. 211 et seq.

DALY, BROOKS, *The Permanent Court of Arbitration in Indian Treaties: Its Role, Potential Procedural Problems, and Drafting Solutions,* The Indian journal of international law: a quarterly, 2007, vol. 47, nº 3, pp. 359-376

DALY, BROOKS; EVGENIYA GORIATCHEVA, HUGH A MEIGHEN, *A Guide to PCA Arbitration Rules*, Oxford University Press Book, 2014

EYFFINGER, ARTHUR, *The 1907 Hague Peace Conference – "The Conscience of the Civilized World"*, Judi Cap, Haia, 2007

GUILLAUME, GILBERT, *The Contribution of the Permanent Court of Arbitration and its International Bureau to Arbitration between States*, remarks by H.E. Judge Gilbert Guillaume on the occasion of the celebration of the Centenary of the 1907 Convention, Haia, 18 de outubro de 2007, disponível em http://www.pca-cpa. org/showpage.asp?pag_id=1044

HAMILTON, P., REQUENA, H.C., SCHELTINGA, L. VAN, SHIFMAN, B., *The Permanent Court of Arbitration: International Arbitration and Dispute Resolution – Summaries of Awards, Settlement Agreements and Reports*, Kluwer Law International, Centenary Edition, 1999

HOLTZMANN, HOWARD M., *The Indispensable Role of Libraries in Developing International Law*, International Journal of Legal Information, Vol. 23, 1995, nºs 1-3

HOLTZMAN, HOWARD M., *ICCA – Permanent Court of Arbitration – Mutual Cooperation Agreement Between Permanent Court of Arbitration at the Hague and International Council for Commercial Arbitration 20 January 1989*, Yearbook of Commercial Arbitration, 1990, vol. XV, pp. 152-155

HOLTZMANN, HOWARD M., *The Permanent Court of Arbitration and the Evolution of a Worldwide Arbitration Culture*, keynote address delivered at the PCA Centennial Program, The Hague, May 17, 1999, *International Alternative Dispute Resolution: Past, Present and Future – The Permanent Court of Arbitration Centennial Papers*, Kluwer Law International, 2000

INDLEKOFER, MANUEL, *International Arbitration and the Permanent Court of Arbitration*, Kluwer Law International, 2013

JONKMAN, HANS, *The Permanent Court of Arbitration, the Legal Capital of the World, and the UNCITRAL Arbitration Rules*, International Law and The Hague's 750th Anniversary, 1999

JONKMAN, HANS, *The Role of the Permanent Court of Arbitration in International Dispute Resolution*, Addresses on 6 and 27 July 1999 at the Hague Academy of International Law, Peace Palace, The Hague, on the Occasion of the Centennial Celebration of the Permanent Court of Arbitration, Londres, Martinus Nijhoff, 2000, pp. 17-22

JONKMAN, HANS, *Regulation of Truncated Tribunals by the Permanent Court of Arbitration*, in Albert Jan van den Berg (ed), Improving the Efficiency of Arbitration and Awards: 40 Years of Application of the New York Convention, ICCA Congress Series, 1998 Paris Vol. 9, Kluwer Law International, 1999, pp. 319-323

Jonkman, Hans, *The Role of the Secretary-General of the Permanent Court of Arbitration Under the UNCITRAL Arbitration Rules*, Leiden Journal of international law, 1995, vol. 185

Jonkman, Hans, *Introduction by the Secretary-General of the Permanent Court of Arbitration*, in The Flame Rekindled, New Hopes for International Arbitration (edited by Sam Muller and Wim Mijs), special issue of the Leiden journal of international law, Martinus Nijhoff Publishers, 1994

Keith, Sir Kenneth, *Member of the Permanent Court of Arbitration* in Sir Ninian Stephen: A Tribute (TimothyL.H. McCormack & CherylSaunders, ed.), Miegunnyah Press, 2007

Kröner, Christiaan M.J., *Crossing the Mare Liberum*: The Settlement of Disputes in an Interconnected World, IV Conferencia Internacional Hugo Grocio de Arbitraje, Speech delivered at the Centro Internacional de Arbitraje, Mediación y Negociación (CIAMEN) Instituto Universitario de Estudios Europeos, Universidad CEU San Pablo, 15 de junho de 2011, CEU Ediciones, disponível em http://www.idee.ceu.es/Portals/0/Publicaciones/Doc1Hugo%20Grocio.pdf

Le Cannu, Paul-Jean, Drabkin, Daniel, *Assessing the Role of the Permanent Court of Arbitration in the Peaceful Settlement of International Disputes*, L'Observateur des Nations Unies, 2009-2, Vol. 27

Levine, Judith, *The View from Arbitration: the PCA's Experience with Finance, Witnesses and Unrepresented Parties*, Commonwealth Law Bulletin, 36:3, Apr-10, pp. 539 et seq.

Levine, Judith; Nicola Peart, *Environmental Disputes in Investor-State Arbitration: Procedural Issues" Environmental Disputes*, in K. Miles (ed.), Investor-State Arbitration: Procedural Issues, Cambridge University Press 2015

Macmahon, Belinda, Smith, Fedelma Claire (ed.), *Permanent Court of Arbitration Summaries of Awards 1999-2009*, T.M.C. Asser Press, 2010

Ng, Camille; Li, Yanyning, *The Permanent Court of Arbitration in 2012*, Hague Yearbook of International law, 2013

Ng, Camille, Li, Yanyning, *More in 2013 than Ever Before: Inter-State and Investor-State Arbitrations at the Permanent Court of Arbitration*, Hague Yearbook of International Law, 2014

Paulsson, Jan, *Confronting Global Challenges: From Gunboat Diplomacy to Investor--State Arbitration*, Keynote Address on the occasion of the celebration of the Peace Palace Centenary, Haia, 11 de outubro de 2013, disponível em http://www.pca-cpa.org/shownews.asp?nws_id=398&pag_id=1261&ac=view

Ratliff, Dane P., *The PCA Optional Rules for Arbitration of Disputes Relating to Natural Resources and/or the Environment*,Leiden Journal of international law, 2001, pp. 887-896

ROSENNE, SHABTAI, *The Hague Peace Conferences of 1899 and 1907 and International Arbitration – Reports and Documents*, T.M.C. Asser Press, 2001

SANDS, PHILIPPE, *Remarks of Professor Philippe Sands QC University College London and Matrix Chambers on the occasion of a Celebration of the Centenary of the PCA*, Haia, 18 de outubro de 2007, disponível em http://www.pca-cpa.org/showpage.asp?pag_id=1044

SHIFMAN, BETTE E., *The Revitalization of the Permanent Court of Arbitration*, International Journal of Legal Information, Vol. 23, 1995, nºs 1-3, pp. 284-292

SMITH, FEDELMA CLAIRE, *The Permanent Court of Arbitration's Presence in Africa: Mauritius*, Magazine International du Droit des Affaires en Afrique (MIDA), 2, 2013

SMITH, FEDELMA CLAIRE, *The Permanent Court of Arbitration*, VN Forum "Magazine of the UN Association of the Netherlands", 2013

VAN DEN HOUT, TJACO T., *The Permanent Court of Arbitration: Responding to a Century of Globalization*, International Law FORUM du droit international, Vol. 2, nº 4, dezembro 2000, pp. 235-241

VAN DEN HOUT, TJACO T., *La Cour Permanente d'Arbitrage: Un État des Lieux*, Journal du Droit International, 2008

VAN DEN HOUT, TJACO T., *Resolution of International Disputes: The Role of the Permanent Court of Arbitration*, Reflections on the Centenary of the 1907 Convention for the Pacific Settlement of International Disputes, 2008

VAN DEN HOUT, TJACO T., *The Permanent Court of Arbitration: Responding to a Century of Globalization*, International Law FORUM du droit international, Vol. 2, nº 4, dezembro 2000

VAN HAERSOLTE-VAN HOF, JACOMIJN J., *The Revitalization of the Permanent Court of Arbitration*, Netherlands International Law Review, 54, 2007, pp. 395-413

VILHENA VALÉRIO, JOÃO, *The best of both worlds: how the Permanent Court of Arbitration combines permanence and flexibility*, Young Arbitration Review, nº 18, julho 2015, pp. 7-17

UNCTAD, *Dispute Settlement, General Topics, 1.3 Permanent Court of Arbitration*, 2003, available at: http://unctad.org/en/docs/edmmisc232add26_en.pdf

Para mais bibliografia relativa ao TPA, consultar o sítio na internet da Biblioteca do Palácio da Paz em http://www.peacepalacelibrary.nl/ ou o sítio na internet do *Project on International Courts and Tribunals* em http://www.worldlii.org/int/other/PICTRes/2004/8.html.

CONTRIBUTOS DAS REGRAS DA IBA SOBRE PRODUÇÃO DE PROVA – EM ESPECIAL DA PRODUÇÃO DE DOCUMENTOS EM PODER DA CONTRAPARTE

PEDRO METELLO DE NÁPOLES

INTRODUÇÃO

Este texto corresponde em linhas gerais à apresentação levada a cabo no IX Congresso do Centro de Arbitragem Comercial da Câmara de Comércio e Indústria Portuguesa no âmbito de um painel subordinado ao tema "*A Obtenção de Provas em Matéria de Arbitragem Internacional: Ponto da Situação*". Não pretende ser uma análise crítica às regras sobre produção de prova elaboradas pela *International Bar Association* (IBA), mas apenas uma introdução às mesmas, onde se procura chamar a atenção para alguns aspectos que, acredita-se, poderiam beneficiar a prática arbitral em Portugal. Em particular, dá-se atenção especial à possibilidade de requerer a produção de documentos em poder da parte contrária.

As atuais Regras sobre Produção de Prova em Arbitragem Internacional datam de 2010,[1] sendo uma revisão das Regras de 1999. Estas por sua vez tinham vindo substituir as "*Regras sobre Apresentação e Recepção de Prova em Arbitragem Comercial Internacional*" de 1983.

Embora apresentadas como um corpo de regras, elas não têm carácter obrigatório, tendo sido pensadas como diretrizes. O parágrafo 1.2 do Preâmbulo das Regras é claro em afirmar que as partes são livres de adotar as Regras, no todo ou em parte, podendo adaptá-las como entenderem. Na experiência do signatário, se é frequente os Tribunais remeterem para estas Regras, raros foram os casos em que o fizeram como escolha de um corpo de normas a que o processo ficava sujeito. Na maioria dos casos, o Tribunal limitou-se a consignar que se guiaria pelas Regras, embora sem

[1] O texto das Regras pode ser descarregado em www.ibanet.org. Ainda não existe versão Portuguesa.

se considerar sujeito à aplicação das mesmas (e, em alguns casos, fazendo referência apenas a algumas Regras).

COMPATIBILIDADE DAS REGRAS COM A TRADIÇÃO NACIONAL

É frequente deparar-me com preconceitos sobre as Regras, que são estrangeirismos, alheios à prática Portuguesa e que como tal devem ser liminarmente rejeitados. O problema (para os paladinos da tradição nacional) é que numa arbitragem internacional – e internacionais são-no cada vez mais – a probabilidade de as partes acordarem num modelo de processo «nacional» (e, já agora, com referências expressas à lei de processo civil) é cada vez menor. Ora, é precisamente nesses casos, em que é preciso encontrar algum terreno comum para partes com expectativas diferentes, que as Regras têm maior campo de aplicação.

De qualquer modo, há muitos aspetos das Regras da IBA que são úteis às arbitragens nacionais e há outros que mais não são do que operacionalizações de princípios e regras há muito existentes em Portugal. Aliás, no caso de arbitragens puramente nacionais, tenho alguma dificuldade em compreender quem opta pela arbitragem para fugir do formalismo dos tribunais judiciais e no momento seguinte pretende, por via das regras processuais escolhidas, adotar precisamente esse mesmo formalismo. Temos a ganhar com internacionalizar a nossa prática doméstica: Usar o que de bom vem do estrangeiro em vez de (tentar) exportar o que de mau tem a nossa prática.

Antes de mais cumpre ter em conta que se as Regras da IBA têm alguma dose de estrangeirismo, têm-no em todas as jurisdições. Com efeito, elas foram pensadas como um compromisso entre a *Common Law* e a *Civil Law*, sendo portanto um produto híbrido. Em todo o caso, esta distinção entre sistemas a que tantas vezes recorremos tem um alcance muito mais limitado quando olhamos aos detalhes: Basta ver que a nossa tradição de oralidade nos tribunais está muito mais próxima do que se passa no Reino Unido do que, por exemplo, em França.

Voltando ao texto das Regras, pretenderam as mesmas fazer a ponte entre as duas principais tradições de direito, afastando os extremos de cada uma e procurando terreno comum. E se a nós nos parecem em alguns casos estranhas e distantes, são-no ainda mas para um advogado Norte-Americano, na medida em que, por exemplo, não contemplam a denominada *pre-trial discovery*, que é a base do processo civil Norte-Americano.

Por outro lado, e muito mais importante, não conflituam em nada com a nossa tradição:

- As modalidades de prova que contemplam são, com maior ou menor proximidade, as da nossa tradição processual;
- Se é verdade que eram a exceção em Portugal, os depoimentos escritos não são estranhos ao nosso ordenamento, que os prevê em determinadas circunstâncias;
- Da mesma forma, há muito que o papel das partes tem vindo a ser flexibilizado e, na atual versão da lei processual, deixou de haver entraves significativos ao depoimento das partes;
- Também em matéria de condução da audiência e de ponderação da prova não trazem as Regras nenhuma revolução;
- Finalmente, e como adiante se verá com mais detalhe, em matéria de produção de documentos em poder da parte contrária, não vão as Regras muito além do que prevê o artigo 429º do Código de Processo Civil (ainda que este preceito, na prática, não seja aplicado com o alcance que a letra lhe dá).

Há uma distinção importante em matéria de prova pericial, na medida em que as Regras distinguem a prova pericial apresentada pelas Partes (por testemunhas-perito, que apresentam o seu depoimento escrito e poderão ser chamadas a depor), da promovida pelo Tribunal (em que o Tribunal dirige efetivamente a atividade do perito). O modelo é, na minha opinião, muito mais interessante que o sistema da perícia previsto na legislação processual civil nacional. Em qualquer caso, se me parece que ainda estamos longe de perícias determinadas pelo Tribunal nos moldes previstos nas Regras, a figura das testemunhas-perito afigura-se cada vez mais consensual, mesmo nos Tribunais Judiciais.

Em qualquer caso, as Regras não têm de ser aplicadas tal como estão escritas. Podem ser adaptadas e ajustadas àquela que se creia ser a melhor solução para um processo em especial. Como se refere no parágrafo 1.2 do Preâmbulo das Regras, elas "*não visam limitar a flexibilidade que é inerente, e uma vantagem, da arbitragem internacional, e as Partes e os Tribunais Arbitrais são livres de as adaptar às circunstâncias particulares de cada arbitragem*".[2]

[2] "The Rules are not intended to limit the flexibility that is inherent in, and an advantage of, international arbitration, and Parties and Arbitral Tribunals are free to adapt them to the particular circumstances of each arbitration."

Por último, e para quem critica o estrangeirismo, é importante não esquecer que, face ao critério previsto na nossa lei e em resultado do fenómeno da globalização, as arbitragens internacionais serão cada vez mais frequentes e, nessas, salvo acordo dos das partes e dos árbitros, não vai ser a tradição nacional a prevalecer.

EFICIÊNCIA, ECONOMIA E EQUILÍBRIO DE INTERESSES

Atualmente, a generalidade dos corpos de regras aplicáveis à arbitragem manifesta preocupação com o tema dos custos e gestão eficiente do processo. A este fenómeno não é alheio o do aumento da complexidade dos processos arbitrais e, consequentemente, dos custos envolvidos nos mesmos. No que respeita ao equilíbrio de interesses, ele é obviamente um objectivo fundamental de um conjunto de regras que se consideram, mais do que transacionais, aplicáveis a partes de qualquer nacionalidade.

Começando pelo aspecto da eficiência, as Regras impõem aos Tribunais Arbitrais o dever de consultarem e discutirem com as partes a matéria da produção de prova, ou seja, o âmbito, momento e forma de produção de prova (*"scope, timing and manner of the taking of evidence"*). Mais do que isso, referem que o Tribunal Arbitral deverá dar às partes a possibilidade de elas próprias discutirem e acordarem a forma de produção de prova (artigo 2.1 das Regras).

Não será um convite absoluto, em que o Tribunal se declara antecipadamente sujeito a qualquer coisa que as partes entendam acordar, mas é uma evidência clara de um princípio com cada vez mais aceitação na prática internacional, que é o de que o processo é das partes, pelo que cabe antes de mais (e sempre dentro de limites) a elas regular os termos em que o mesmo se desenrolará.

Esta consulta com as partes deverá ter lugar o mais depressa possível, ou seja, idealmente antes de qualquer produção de prova, o que é o mesmo que dizer, antes da primeira troca de articulados. De facto, é nessa altura que fará sentido definir quais os meios de prova admissíveis, quando deverão ser produzidos, como podem ser produzidos, em que termos o devem ser, etc.. É de fundamental importância para uma parte Demandada saber qual é a última oportunidade que o Demandante e ela própria têm, por exemplo, para juntar documentos, da mesma forma que é imprescindível que cada parte (e o Tribunal) saiba com o que pode contar na audiência.

Na arbitragem internacional não deve haver nem surpresas processuais, nem imprevistos. O processo deve ser programado e o programa deve ser cumprido.

É cada vez mais frequente[3] na arbitragem internacional que numa fase inicial do processo, e depois de discussão com as partes, seja emitido aquilo que normalmente se designa por "*Procedural Order No 1*". Trata-se de uma regulamentação relativamente detalhadas do que se vai passar no processo, contemplando normalmente um calendário processual definido as datas em que cada ato virá a ser praticado.

Não se trata obviamente de um documento de fácil elaboração e frequentemente é difícil projetar tudo o que pode vir a acontecer numa arbitragem, mas dele depende em muito a possibilidade de um processo eficiente.

Quanto à economia e contenção de custos, ocorrerá ou não em função da forma mais ou menos eficiente como o processo se desenrolará. O Tribunal deverá procurar evitar diligências que se lhe afigurem inúteis ou excessivamente onerosas (nomeadamente face aos interesses em disputa), mas sem esquecer que o processo é das partes. Em contrapartida, é importante notar que o Tribunal não tem o dever de procurar a forma "mais barata" de conduzir o processo, ou seja, o Tribunal não deverá sacrificar aquela que considere a melhor forma de conduzir o processo em prol de metodologias alternativas que permitam alguma economia (por exemplo, limitar o tempo de audiência, ou prever que o processo se fará apenas com base em documentos).

Finalmente, e no que respeita ao equilíbrio de interesses, é fácil perceber que é no momento da definição dos meios de prova admissíveis e da programação do processo de produção de prova que será necessário balancear os interesses envolvidos. Porém, quando falamos de arbitragem internacional, o problema vai muito para além da simples discussão de opções processuais e métodos de trabalho ou de formas mais ou menos sofisticadas de produção da prova. É aqui que entram em jogo as expectativas de cada parte.

Não será surpresa para ninguém que se diga que, por exemplo, quando duas partes, uma Portuguesa e outra Norte-Americana, iniciam

[3] Tão frequente é e tão parecidas são as ordens, que também já há quem critique este tipo de hiper-regulamentação.

uma arbitragem, têm expectativas muito diferentes sobre a forma como o processo vai ser conduzido.

E mesmo quando as partes não vêm de geografias tão distantes ou de culturas jurídicas tão diversas, as expectativas (ou as preferências) são frequentemente diferentes. Basta pensar no seguinte:

- Quando e até quando é que se juntam documentos?
- A prova testemunhal deverá ser exclusivamente oral ou pode ter por base depoimentos escritos?
- A haver depoimentos escritos, quem é que é ouvido em Tribunal? E ouvem-se (instam-se) primeiro as testemunhas da Demandante ou da Demandada?
- Quem é que pode testemunhar? As partes? Os peritos?
- Quem é que pode assistir à audiência?

Qualquer dúvida quanto a qualquer um destes aspectos vai criar entraves ao normal andamento do processo e, no limite, comprometer o calendário processual.

Assim, o artigo 2.2 das Regras estabelece que a discussão com as partes sobre o âmbito, momento e forma de produção de prova poderá, designadamente, abranger:

- A preparação de depoimentos escritos e relatórios periciais;
- Os depoimentos orais e a audiência de produção de prova;
- Os requisitos aplicáveis aos pedidos de produção de documentos (cfr. infra);
- O nível de confidencialidade a que a prova produzida fica sujeita;
- A promoção da eficiência, economia e preservação de recursos em relação com a produção de prova.

A lista acima não é obviamente exaustiva e, para além daquele tipo de problemas, outros há que não dependem apenas da vontade das partes e que, se não forem considerados, poderão criar dificuldades ainda maiores. Refiro-me em particular às diferenças que há entre ordenamentos relativamente ao nível de proteção da informação e ao segredo profissional:

Uma multinacional Norte-Americana, habituada ao sistema de *pre-trial discovery*, tem procedimentos implementados destinados por um lado a assegurar que determinada documentação é devidamente arquivada e, por outro, a evitar conteúdos potencialmente comprometedores, nomeadamente ao nível da troca interna de emails.

Por essa razão, tal empresa estará perfeitamente à vontade para disponibilizar sem reservas todo o seu arquivo, em contrapartida do acesso ao arquivo da contraparte. Será isto equilibrado? Nomeadamente quando a contraparte (sendo por exemplo Portuguesa) nunca contemplou a possibilidade de ter de fazer esse tipo de produção?

Tendemos a ver o segredo profissional como uma realidade transnacional, mas o facto é que o nível de proteção dos documentos varia enormemente. Com efeito, o *legal privilege* anglo-saxónico é substancialmente diferente do nosso sigilo profissional. O *legal privilege* está relacionado com o documento em si e não com a qualidade do autor ou do destinatário, sendo em princípio renunciável. Nada disto se aplica ao segredo profissional, que é definido em função da qualidade das partes envolvidas no documento e que incide sobre os Advogados, independentemente da vontade dos clientes.

Por outro lado, e embora o problema não se ponha nos mesmos moldes em Portugal, em alguns ordenamentos Europeus os advogados que exercem a profissão em regime de subordinação (os *in-house counsel*) não estão cobertos pelo sigilo profissional.

Ora, variando as regras de sigilo de País para País, é fácil conceber uma situação em que uma parte está livre de usar um conjunto de documentos e a parte contrária impossibilitada de juntar documentos semelhantes, sob pena de violar as regras deontológicas do seu país.

A estas questões é dedicado o artigo 9.3 das Regras, que prevê um conjunto de aspectos que deverão ser considerados pelo Tribunal Arbitral e cujo princípio fundamental é enunciado na al. e): "*A necessidade de manter o equilíbrio e a igualdade das partes, em especial se estiverem sujeitas a regras legais ou éticas diferentes*".[4]

Por último, estabelece o artigo 3.2 das Regras que o Tribunal deverá, logo que o considere possível, identificar

- as questões que considere relevantes e com impacto na decisão a proferir;
- as questões que possam ser conhecidas antecipadamente.

[4] "the need to maintain fairness and equality as between the Parties, particularly if they are subject to different legal or ethical rules."

Não se trata de fazer um Saneador e de organizar temas da prova.[5] O propósito destes elencos não é tanto o de delimitar a matéria em discussão,[6] mas sim de chamar a atenção das partes para o que o Tribunal considera relevante. Por regra os Tribunais têm o cuidado de consignar que o elenco de questões não é exaustivo, de molde a não limitar os direitos das partes a fazer prova sobre o que entenderem.

Essa delimitação pode por um lado ajudar as partes a organizar melhor a sua prova (e todos teremos conhecimento de situações em que as partes se sentiram obrigadas a produzir prova exaustiva sobre questões irrelevantes ou assentes, pelo receio que se não o fizessem, tal pudesse ser entendido como uma forma de admissão), mas pode também possibilitar às partes aperceber-se de questões que possam não estar a ser bem apreendidas pelo Tribunal.

No que respeita às questões que podem ser conhecidas antecipadamente, o objectivo não é obviamente o de enunciar exceções para depois concluir que têm de ser conhecidas a final. Pelo contrário, o que se pretende é saber se há questões que possam de imediato pôr termo ao processo e, na afirmativa, resolvê-las. Do ponto de vista da eficiência e da economia de custos, é absurdo levar um processo até ao fim para depois matá-lo, por exemplo, pela prescrição ou caducidade. Pode fazer sentido dividir o processo em dois – bifurcá-lo – apresentando-se peças escritas e, inclusivamente, realizando-se audiência, para conhecer das questões que podem pôr termo ao processo e, só em caso de improcedência destas, fazer seguir o processo para decisão sobre o mérito.

A mesma lógica pode-se aplicar aos casos de responsabilidade em que, para além da questão da responsabilidade, o dano seja difícil de liquidar. Aí pode fazer sentido aferir primeiro da obrigação de indemnizar e, só depois de verificada esta, avançar para a liquidação. Note-se todavia que esta solução relação alguma tem com a figura da liquidação em execução de sentença, em que o Tribunal se demite da sua função.[7] É o mesmo

[5] Embora não haja dúvidas que o legislador processual civil se tem vindo progressivamente a aproximar de formulações próximas com as usadas na arbitragem.

[6] Aliás, é frequente os Tribunais Arbitrais quererem evitar este tipo de delimitações, numa fase ainda inicial do processo.

[7] A este respeito, entendo que – salvo se for essa a vontade das partes – um Tribunal que relegue a liquidação para outra sede não cumpre cabalmente mandato que lhe foi conferido.

Tribunal que apurará da responsabilidade e do dano, apenas o fazendo em duas partes.

Como é óbvio, o Tribunal só deverá optar por esta bifurcação depois de ouvidas as partes e se estiver convencido de que há uma hipótese real de o processo terminar (ou de alguns pedidos ficarem resolvidos) no fim da primeira fase. Se assim não for, só há vantagem para quem queira demorar o processo.

DA PROVA DOCUMENTAL

O artigo 3 das Regras (o mais extenso, com 14 parágrafos) é dedicado à prova documental. Todavia, o cerne do mesmo é a produção de documentos em poder de parte contrária (e de terceiro):

O artigo 3.1 estabelece a regra geral de que a totalidade dos documentos deverá produzida dentro dos prazos estabelecidos pelo Tribunal. Parece uma disposição absurda, mas se pensarmos na nossa tradição de junção de documentos em plena audiência final (com ou sem o pagamento de uma multa irrisória), já não o será.

O artigo 3.11 prevê uma exceção a esta regra, admitindo que as partes possam juntar mais tarde documentos que tenham passado a ser relevantes na sequência da produção de outros documentos pela contraparte ou em função do teor de depoimentos escritos, relatórios periciais ou requerimentos da contraparte. Esta noção de superveniência também não nos é estranha, mas tem limitações. Na prática, depois da troca de articulados, de depoimentos de testemunhas e relatórios periciais é frequente estabelecer-se um prazo no qual se podem juntar documentos adicionais e uma data de corte, a partir da qual não é possível a junção de quaisquer documentos.

Como é óbvio, esta data de corte não pode ser absoluta, já que se pode dar o caso de surgir um documento relevante e verdadeiramente superveniente. Porém, nestes casos é frequente estabelecerem-se regras específicas que evitem o facto consumado (o nosso "*mesmo que seja desentranhado, o juiz já leu*") prevendo que a parte interessada na junção o requeira ao Tribunal, descrevendo o documento, a sua relevância e superveniência, mas sem que o próprio documento seja exibido.

O artigo 3.12 trata da forma da apresentação dos documentos, das cópias e dos originais, e da apresentação de documentos em formato electrónico.

O artigo 3.13 trata da confidencialidade dos documentos juntos, estabelecendo a regra supletiva da confidencialidade. Qualquer documento que as partes entendam ter natureza confidencial, deverá manter-se como tal, só podendo ser usado para efeitos da arbitragem processo. Sem prejuízo desse dever genérico, o Tribunal pode sempre proferir decisões destinadas a acautelar situações específicas.

DA PRODUÇÃO DE DOCUMENTOS EM PODER DA CONTRAPARTE

Como acima referido, o cerne deste artigo são as disposições sobre a produção de documentos em poder da contraparte ou de terceiros e disso tratam os nºs 2 a 11.

Antes de mais, cumpre começar por referir que nada do que se prevê neste preceito é estranho ao ordenamento Português. Desde a sua génese que o Código de Processo Civil contempla a possibilidade de requerer a produção de documentos em poder da contraparte e de terceiro (atualmente nos artigos 429 a 435). Ainda que a utilização efetiva de tal mecanismo seja muito limitada nos nossos Tribunais, o âmbito teórico de tais preceitos é muito abrangente. Aliás, e como adiante se verá, o texto da nossa lei (ainda que não necessariamente a prática) vai bastante mais adiante que as Regras quando trata das consequências da não junção.

De notar também que todo este regime traduz uma tentativa de compatibilizar dois sistemas que encerram uma divergência fundamental: Caricaturalmente, o sistema anglo-saxónico, onde os advogados das partes têm o dever de produzir tudo o que for relevante para o processo, ainda que prejudicial para a parte que representam, e o sistema continental, onde a função dos advogados é a de apresentar aquilo que favoreça o caso da sua parte e, *a contrario*, esconder tudo o que seja prejudicial.

Passando ao regime previsto nas Regras, importa notar desde logo que é pressuposto (cfr. artigo 3.2 das Regras) que, desde o primeiro momento (ou seja, desde o momento em que pela primeira vez o tribunal discute com as partes a produção de prova, como acima se viu), se preveja uma fase processual para troca de requerimentos de produção de documentos.

Não há momento pré-definido para o fazer, mas faz sentido que tal fase ocorra num momento em que já haja alguma informação sobre o processo e num momento em que ambas as partes ainda disponham da possibilidade de apresentar articulados. Dito isto, em processos em que se prevejam duas rondas de articulados é comum estabelecer que, entre as duas rondas, haverá uma fase para troca de requerimentos de produção, mas também acontece que esses requerimentos sejam trocados durante o prazo para apresentação de articulados.

Não é impossível que essa fase tenha lugar antes dos articulados, mas querendo as Regras fugir do modelo Norte-Americano do *pre-trail discovery* (em que é possível pedir tudo) e obrigando a especificar a utilidade dos documentos requeridos, torna-se difícil ao Tribunal, que pouco conhece do caso nessa data, aferir da razoabilidade do requerido ou das objeções suscitadas.

Em determinadas situações poderá fazer sentido relegar esta fase para depois dos articulados, quando o propósito da mesma seja o de obter prova sobre pontos muito específicos, mas salvo em situações pontuais, a utilidade de documentos juntos num momento tão tardio pode perder-se se não existir um articulado que os relacione com o remanescente da prova e das alegações feitas no processo.

Passando ao artigo 3.3, determina que a parte interessada em obter documentos da contraparte deverá fazer um requerimento de onde conste

- uma descrição de cada Documento pretendido, suficiente para o identificar, <u>ou</u>
- uma descrição suficientemente detalhada, incluindo o assunto de que tratam, de uma específica e limitada categoria de Documentos que razoavelmente a parte creia existir

Quer isto dizer que <u>não</u> é requisito que a parte possa afirmar que o documento existe (porque o viu ou porque indiretamente teve prova da sua existência); é pois legítimo pedir a junção de atas de reuniões de um Conselho de Administração que tenham tratado do assunto x ou y num determinado horizonte temporal, sem que se tenha de identificar as reuniões em que isso sucedeu ou quais os termos em que o assunto foi tratado.

No entanto, o preceito é muito claro em afirmar que o âmbito desse pedido não pode ser ilimitado. Pode referir-se a uma categoria de documentos, desde que seja limitada e específica (*narrow and specific*). O que é que quer que isto signifique no caso concreto caberá a cada Tribunal determinar, mas o propósito foi claramente o de limitar as chamadas *fishing expeditions*, onde uma parte pretende ter acesso a tudo o que está em poder da parte contrária, na esperança de encontrar alguma coisa comprometedora.

A generalização dos arquivos digitais (e a redução dos custos associados à sua gestão e conservação) e o crescimento exponencial do correio electrónico como meio de comunicação preferencial nas empresas veio a permitir a detecção de informação que, noutras épocas, ou não estaria sequer escrita, ou estaria perdida no meio de toneladas de papel, apenas pesquisáveis manualmente. A acrescer a isto, os sistemas de arquivo passaram não só a guardar os documentos em forma final, mas a serem capazes de conservar todo o historial de cada documento, desde quem o elaborou e alterou a, em concreto, que alterações foram feitas em cada momento. A simplicidade e versatilidade do correio electrónico fez com que o número de comunicações sobre qualquer coisa fosse multiplicado quase ao infinito, misturando-se comunicações importantes com comentários laterais e discussões de assuntos não relacionados.

Toda esta informação – e possivelmente muitos não terão noção dos milhares de documentos que produzem por ano – pode estar disponível muitos anos depois nos servidores (ou nos *backups*) de uma qualquer empresa. Ao mesmo tempo que se desenvolveram os sistemas de arquivo, o mesmo aconteceu com os sistemas de pesquisa, existindo variado *software* de pesquisa (de custo reduzido), capaz de encontrar rápida e facilmente documentos que tratam de assuntos determinados, em que tenham intervindo determinadas pessoas, ou que tenham sido criados ou editados em determinado período. Toda esta informação é, portanto, em teoria, passível de ser pedida num processo arbitral.

As Regras tentam limitar o âmbito destes pedidos, estabelecendo que quando se trate de informação em arquivo digital, a parte identifique ficheiros específicos, termos de pesquisa ou outras formas de busca. O enfoque é claramente no sentido da limitação de âmbito, mas ainda assim, o campo de aplicação é vasto.

Além da identificação do Documento – nos termos amplos que acabámos de ver – as Regras estabelecem dois outros requisitos. O primeiro deles é que a parte que requer o Documento deverá explicar em que medida o documento é relevante para o processo e para o resultado material do mesmo.[8] Não basta o documento tenha relação com o processo, é preciso que releve para a decisão do mesmo. Uma vez mais o objetivo é o

[8] "how the Documents requested are relevant to the case and material to its outcome"

de limitar *fishing expeditions*. A parte tem de saber do que está realmente à procura e o que é que através dele pretende demonstrar.

O segundo requisito diz respeito à explicação das razões pelas quais o documento não está em poder da parte que o requer – até aqui nada de novo – ou das razões pelas quais a obtenção dos mesmos por essa parte traduziria um esforço desproporcionado. Este segmento final é particularmente relevante, já que é frequente as partes – seja por laxismo, falta de tempo, ou apenas para sobrecarregar a parte contrária – pretenderem obter documentos que têm ao seu alcance. Nesses casos a parte não tem o direito de pedir o Documento de terceiro. Tal só será legítimo se e na medida em que demonstre que a obtenção desse documento, pelo tempo que levará, pelos recursos a alocar ou pelo esforço envolvido, deve ser considerada incomportável.

Relativamente à forma como se processa o pedido de produção, como acima referido, é normal estabelecer um momento determinado no calendário processual para isso ter lugar. Quanto à forma propriamente dita, é cada vez mais comum – para arrepio da prática nacional, que gosta que tudo se processe à frente do Tribunal – que os requerimentos de produção sejam trocados sem envolvimento do Tribunal. Só relativamente aos casos em que os documentos não sejam juntos e a parte requerente não esteja satisfeita com a justificação dada pela contraparte é que se apelará ao Tribunal. As Regras – artigo 3.4 – permitem qualquer uma das abordagens.

Este sistema tem várias vantagens:

- não envolver o Tribunal numa – frequentemente longa – troca de requerimentos (e por vezes mais estratégica que material)
- não inundar o Tribunal de documentos, muitas vezes absolutamente irrelevantes
- assegurar (quando aplicável) que os documentos «novos» serão juntos com o articulado seguinte e deviamente nele enquadrados
- dar à parte que requereu a produção de cada Documento a possibilidade de decidir ou não juntá-lo

No entanto acontece muitas vezes as partes gostarem de envolver o Tribunal em todas as fases, com o fito de demonstrar a «má-fé processual» da contraparte. A experiência mostra todavia que na maioria dos casos isso apenas serve para agastar o Tribunal, a quem frequentemente escapam as subtilezas da «má-fé» que uma parte está convencida que resultam da conduta da contraparte.

De qualquer forma, mesmo quando os pedidos de produção são trocados à margem do Tribunal, é pressuposto dos mesmos que, em caso de recusa de produção, toda a correspondência trocada possa ser presente ao Tribunal.

Os artigos 3.5 a 3.7 tratam das objeções à produção de documentos. Explicam as Regras que uma parte contra quem é dirigido um pedido de produção pode objetar (i) alegando que algum dos requisitos listados no artigo 3.3 não está cumprido ou (ii) invocando algum dos fundamentos previstos no artigo 9.2 das Regras.

O artigo 9 trata da valoração da prova, em geral, e parágrafo 2 lista um conjunto de situações em que o Tribunal deverá recusar a produção de prova e que são:

a) não serem relevantes para o processo ou para o resultado material do mesmo;
b) estarem cobertos por alguma forma de sigilo que o Tribunal considere relevante;
c) a sua produção envolver um esforço desrazoável;
d) ser demonstrado, com verosimilhança, que o Documento se perdeu ou foi destruído;
e) confidencialidade técnica ou comercial, que o Tribunal considere ser de manter;
f) sensibilidade política ou institucional (nomeadamente quando o documento tenha sido classificado como confidencial por um governo ou uma instituição pública internacional);
g) razões de economia processual, proporcionalidade, justiça e igualdade das partes.

Estes fundamentos são autoexplicativos, embora faça sentido sublinhar alguns aspetos:

Ignorando a ordem dos parágrafos, nota-se em primeiro lugar que é fundamento de recusa o facto de a produção do documento constituir um esforço desrazoável (9.2.c): pode não ser razoável deste ponto de vista pedir a produção de milhares (ou milhões, no caso de correio electrónico) de Documentos, ou de informação que requeira muito tempo de preparação pela contraparte (por exemplo, apresentação de dados económicos ou financeiros num formato não usado por a parte a quem é requerida a informação)

O segundo dos aspetos a destacar é o da questão do sigilo (9.2.b). Como houve oportunidade de referir acima, a noção de sigilo está longe de ser comum a todos os países, podendo variar substancialmente a definição daquilo que está e não está sujeito a sigilo. Por essa razão, o artigo 9.3 lista um conjunto de circunstâncias que o Tribunal deverá levar em conta ao analisar qualquer objeção formulada nos termos do artigo 9.2.b):

- a necessidade de assegurar a confidencialidade de Documentos criado com o objetivo de obter aconselhamento legal (aquilo que nos EUA se designa por attorney-client privilege);
- a necessidade de assegurar a confidencialidade de Documentos criados para efeitos de negociação de um acordo;
- as expectativas que as partes pudessem ter relativamente ao nível de proteção de determinados documentos (documentos preparados por um in-house counsel, num país em que estejam cobertos por sigilo);
- a renúncia que possa ter havido a essa proteção (nos países anglo-saxónicos, o sigilo profissional pode ser objeto de renúncia pelo cliente, ao contrário do que sucede, por exemplo, entre nós);
- a necessidade de manter a justiça e a igualdade das partes, principalmente quando estão sujeitas a diferentes regras legais ou éticas.

Por último, a al. g) do artigo 9.2 fala de razões de economia processual, proporcionalidade, justiça e igualdade das partes. É obviamente uma cláusula de escape, permitindo ao Tribunal considerar as concretas circunstâncias do processo, nomeadamente quando as partes litigam pela produção de documentos que o Tribunal considera irrelevantes, ou quando uma parte pretenda esmagar outra (pelo esforço ou pelo custo envolvido) com a dimensão dos pedidos formulados.

Voltando ao artigo 3, acabámos de ver que o leque de fundamentos para uma parte se opor ao pedido de produção é, apesar de tudo, vasto e, muito frequentemente (embora muitas vezes por razões de pura estratégia processual) as divergências das partes sobre o que deve ou não ser junto acabam por ter de ser presentes ao Tribunal.

É o Tribunal que, ouvidas as partes, o irá decidir, ponderando todos os factores que se acabaram de analisar e determinando ou não a produção.

As Regras, no artigo 3.8, preveem uma particularidade que merece ser aqui referida, que diz respeito aos casos em que a verificação do fundamento da objeção depende da análise do próprio documento.

Essa análise poderia em teoria ser feita pelo Tribunal. Com efeito, e embora se trate de prova presente ao Tribunal sem ser sujeita a contraditório, só se manterá nessa situação se não for admitida. Nesse caso, não vai ser considerada, pelo que o princípio do contraditório não seria posto em causa.

No entanto, trata-se de tema potencialmente muito sensível: por um lado, a parte quer poder decidir se junta os documentos cuja produção requereu e, por outro, não aprecia – compreensivelmente – a ideia de o Tribunal ter acesso a Documentos que ela não conhece. Por essa razão as Regras preveem que o Tribunal possa nomear um perito com o único propósito de analisar o documento (que se manterá desconhecido do Tribunal e da parte que requereu a junção) e decidir da validade da objeção apresentada. Se o perito julgar válida a objeção, o documento não é junto (ficando o perito obrigado a sigilo). Se decidir o contrário, é-o e só nessa altura será conhecido pela parte e, se esta assim o decidir, pelo Tribunal.

No que respeita aos documentos a produzir por terceiros, o que acima se disse sobre os requisitos dos documentos a juntar aplica-se *mutatis mutandis* (artigo 3.9), podendo a parte:

- pedir ao Tribunal que tome as medidas necessárias para obter o Documento
- pedir autorização para tomar diretamente as medidas necessárias à obtenção do Documento.

Nas "medidas necessárias", em qualquer dos casos, está incluída a possibilidade de pedir a colaboração dos Tribunais locais. A possibilidade de o Tribunal o fazer diretamente dependerá da lei aplicável à arbitragem (entre nós, o texto do artigo 38 da LAV parece impedi-lo), mas ainda assim é uma das possibilidades. Outra possibilidade é a de o Tribunal pedir a outra parte que não a requerente que tome as medidas necessárias à obtenção do documento (por exemplo, se se tratar de documentação relativa a sociedades relacionadas com essa parte).

Embora seja normal estabelecerem-se momentos processuais próprios para a troca de pedidos de produção e subsequente junção, o artigo 3.10 esclarece que o Tribunal tem liberdade de, a todo o momento e antes de concluído o processo, requerer às partes que juntem documentos ou ordenar-lhes que diligenciem pela obtenção dos mesmos de terceiros.

Finalmente, o artigo 3.11 ressalva a situação dos documentos cuja junção se tornou necessária em função de outros documentos juntos, do teor de depoimentos escritos ou de relatórios periciais e de que já acima se falou.

Relativamente às consequências da recusa em proceder à junção de documentos ordenada pelo Tribunal ou relativamente à qual a parte não objectou em tempo, estabelece o artigo 9.5 que o Tribunal poderá inferir que esse documento seria contrário aos interesses dessa parte. Tratam-se das famosas "inferências negativas", que são um tema que vai para além do âmbito deste texto, mas que parece não haver qualquer problema em enquadrar este tipo de regras nas convenções sobre a prova a que alude o artigo 345º do Código Civil.

Não deixa no entanto de ser curioso notar que o nº 2 do artigo 344º do nosso Código Civil parece ir bastante mais além, prevendo uma verdadeira inversão do ónus da prova. Porém, essa inversão só sucede se a prova se tornar "impossível", sendo que a nossa jurisprudência tem sublinhado muito a noção de impossibilidade de prova, limitando, na prática, a aplicação do preceito.

Apesar da aparente gravidade da sanção potenciada pelo artigo 9.5, parece particularmente óbvio que, salvo situações excepcionais, nenhum Tribunal Arbitral irá correr o risco de resolver um processo invocando este preceito, da mesma forma que raras vezes um Tribunal Judicial declarará invertido o ónus da prova. Não obstante, e na prática, o princípio subjacente ao artigo 9.5 é frequentemente aplicado e necessariamente influenciará a maneira como o julgador apreciará a matéria de facto.

A terminar, o artigo 9.7 das Regras prevê a possibilidade de o Tribunal, ao distribuir na sentença os custos da arbitragem (em sentido amplo, incluindo os custos com advogados), levar em consideração o comportamento das partes na produção de prova. Este preceito não porá termo a práticas dilatórias, mas considerando os custos atualmente envolvidos em muitos processos arbitrais, poderá servir de travão a algumas práticas mais abusivas.

O REDFERN SCHEDULE

Como referido acima, a evolução do volume de comunicações, dos meios de arquivo e de pesquisa veio multiplicar os pedidos de produção de documentos, que passaram a ser uma fase praticamente obrigatória (e longa) das arbitragens internacionais.

Mesmo não envolvendo o Tribunal na troca de pedidos entre as partes, o potencial para acumulação de pedidos e de respostas é enorme, dificultando muito a tarefa do Tribunal quando é chamado a pronunciar-se sobre o assunto.

Este problema levou Alan Redfern[9] a propor que esta troca de posições entre as partes fosse registada numa tabela, a ser preenchida pelas partes, da forma mais sumária possível. Na sua versão original, a tabela teria quatro colunas:

- Coluna 1 – Descrição do documento com detalhe suficiente para o permitir identificar ou da categoria de documentos que razoavelmente se creia existir (a preencher pela parte que requer a junção);
- Coluna 2 – Explicação da relevância do documento para a decisão da causa (normalmente com indicação do parágrafo do articulado onde o facto a provar é alegado) (a preencher pela parte que requer a junção);
- Coluna 3 – Posição da contraparte quanto ao pedido e, no caso de recusa, explicação sumária da razão de ser das objeções (a preencher pela parte a quem a junção é requerida);
- Coluna 4 – Em branco, para a Decisão do Tribunal.

O processo é repetido para cada documento.

Na medida em que a parte requerente responda às objeções da parte requerida, essa resposta pode ser acrescentada na coluna 2 (ou poder ser criada para o efeito uma nova coluna 4).

Este sistema pode ser adaptado e é comum haver versões com mais colunas, nomeadamente com uma nova coluna 3 para a parte requerente explicar as razões pelas quais não tem acesso ao documento e crê que a parte contrária possa ter.

[9] Nigel Blackaby and Constantine Partasides with Alan Redfern and Martin Huner, Redfern and Hunter on International Arbitration, 5th Edition, Oxford, 2009, page 396-397.

Exemplificando:[10]

Documento ou categoria de Documentos	Relevância e materialidade	Custódia do Documento	Objeções da contraparte	Decisão do Tribunal
A ata da reunião de Junho de 2012 da Comissão Executiva da Demandada onde se discutiu a previsão de resultados da sociedade alvo.	A defesa da Demandada assenta (em parte) na alegação de que tomou as medidas necessárias para fazer uma previsão de resultados razoável. A ata da Comissão Executiva poderá esclarecer em que medida a Demandada acreditava na viabilidade da previsão de resultados antes da assinatura do Contrato.	Foi feita referência a esta reunião na carta X. É muito provável que tenha sido feita uma ata dessa reunião. O Documento não está em poder da Demandante.	A ata da reunião de Junho de 2012 da Comissão Executiva da Demandada não tem relevância para os assuntos em discussão neste processo. A ata trata de outros assuntos de governo da sociedade, que são comercialmente sensíveis e confidenciais. Em consequência a Demanda objecta com base: - Falta de relevância para o processo e para o resultado material do mesmo (artigo 9.2.a) das Regras da IBA) - Confidencialidade comer-cial (artigo 9.2.e) das Regras da IBA)	????

As vantagens deste sistema são várias: reúne toda a discussão num único documento, obriga as partes a ser concisas e facilita o trabalho do Tribunal.

Uma advertência final: Embora se trate de um sistema que, com diversas variantes, é frequentemente usado, é apenas um formulário: Não é uma regra, não tem conteúdo obrigatório e a sua utilização depende do acordo das partes e do Tribunal.

EM CONCLUSÃO

O propósito da apresentação feita no IX Congresso do Centro de Arbitragem Comercial da Câmara de Comércio e Indústria Portuguesa não era – tal como não é o deste texto – o de convencer o leitor a render-se às modas do estrangeiro ("*Cesse tudo o que a Musa antiga canta, Que outro*

[10] Tradução de um exemplo dado por PETER ROSHER, The art of the Redfern Schedule: A closer look at standards of relevance and materiality of evidence and the law applicable to privilege, apresentação feita no 58º Congresso da UIA, 2014.

valor mais alto se alevanta"). Pretende-se tão só chamar a atenção para um conjunto de regras que são cada vez mais usadas (ou pelo menos referenciadas) a nível internacional e que, não sendo verdadeiramente inovadoras nem alheias à nossa tradição, tratam com detalhe problemas práticos das arbitragens e, nessa medida, podem dar um contributo relevante à nossa prática nacional.

EXPERT EVIDENCE IN INTERNATIONAL ARBITRATION – LISBON 2 JULY 2015

Drafting an expert report and interrogation of expert witnesses

BY HENRIK FIEBER
Partner at Roschier, Stockholm, Sweden

Introduction

Technical and financial experts are becoming increasingly important in the world of international arbitration. Having a well drafted expert report can be a key component in winning your case. Similarly, the method of interrogating the expert can be crucial. I will briefly discuss these issues below. In doing so, I will take the party-appointed expert perspective, since this is where most of my own experience lies.

Drafting an expert report

Done correctly, an expert report could help win your case. Done incorrectly, it may do more harm than good. This is the difference between a comprehensible and persuasive report, on the one hand, and a muddled, overly-complicated report without clear conclusions, on the other.

What are the formal requirements for drafting an expert report?

One could say that there is not a right way and a wrong way to draft an expert report. However, in the realm of international arbitration, there are some formal requirements to consider. I will not go through them in any detail, but merely briefly allude to their existence.

The IBA Rules on the Taking of Evidence in International Arbitration (the "IBA Rules") are increasingly becoming the standard for how to conduct an international arbitration. Article 5(2) of the IBA Rules deals with party appointed experts while tribunal appointed experts are dealt with in article 6(4). In most instances, these IBA guidelines are likely to be perceived as best practice in international arbitration. They prescribe that an expert opinion should contain the following information:

- o Disclosure of the expert's relationship with counsel, parties and tribunal.
- o A statement of the expert's independence.
- o A statement of the facts upon which the expert opinion is based.
- o The opinions and conclusions reached by the expert.

Similarly, the Chartered Institute of Arbitrators (CIArb) have developed a protocol for the use of party-appointed expert witnesses in international arbitration. In addition to the issues listed in the IBA Rules, the Chartered Institute lists some additional items to be included in the report:

- o The basis for the remuneration of the expert.
- o A statement on matters on which the expert has *not* been able to reach an opinion on; and
- o A statement as to which matters (if any) are outside the expert's area of expertise.

The CIArb Protocol also sets out that the expert report shall (i) be as brief as reasonably possible and (ii) not annex more documents than what is reasonably necessary to support the opinion.

What makes a good expert report?

Ok, let us say that a good expert report should be clear, comprehensive and persuasive. How would one go about achieving this?

In my humble view, the report should contain at least the following parts.

First of all, the expert report should explain who the expert is. In other words, what are the qualifications of the expert that allows him or her to opine on the topic of the expert report? It is advisable to attach a CV, but the report should also include an explanation of the expert's qualifications, since a CV may not always be very easy to read. Furthermore, arbitrators are busy and may simply not read the expert's CV.

Second, the report should set out the underlying facts and assumptions on which the report relies, including the documents reviewed.

Third, the expert report should explain what methodologies are available and the reasons why the expert has chosen to rely on a particular methodology (or methodologies). For example, when doing a valuation of a company, there are several methods available. If the expert chooses to rely on one methodology but not another, the report must contain the reasons for this choice.

Fourth, the expert should apply the facts and assumptions to the chosen methodology, which will lead up to the report's conclusion.

Finally, I personally like to have an executive summary in the expert report.

What is listed above are the basic components of the expert report. However, I will also take this opportunity to levy some additional advice. You should make sure that you are able to follow the reasoning of the report without finding logical wholes. The report should also show that the expert is independent, and not unduly influenced by a party or party's counsel. A lack of perceived independence is the quickest way to render an expert report useless.

So, to summarize, a good report:

- Is as brief as possible, while still being comprehensive, and drafted in such a way as to be understood by the arbitrators.
- Contains the facts, assumptions and documents on which it is based.
- Sets out the methodology and reasoning which logically leads to the conclusions included in the report.
- Demonstrates that the expert is credible and independent. (It is not necessary that the expert is *de facto* independent (experts seldom are), but if the expert is *perceived* as being biased, this will influence his or her credibility in the eyes of the arbitrators.)

What are common mistakes when drafting expert reports?

Expert reports are not always very good. It is fairly easy to identify some common mistakes that constitute the key causes for this unfortunate situation.

Some expert reports too openly advocate the appointing party's case. The expert's role is to supply an expert opinion. Conversely, the expert's role is *not* to argue the party's case. That is for counsel to do. It is also much too common that the expert leaves out the facts submitted by the other party, thereby making the report overly one-sided. That is a gift that can be easily exploited by the other party's counsel in cross-examination.

This said, it is ok for the expert to highlight points that support the position of the party that appointed him or her. But the expert's main role is to argue for his or her own conclusions and how he or she got there.

Another common mistake is that the expert report is unclear. Just because the person appointed is an expert in his or her field, this is no excuse for ignoring basic principles of communication. There is simply nothing more frustrating than a good expert who is unable to explain his or her findings.

Some expert reports contain disclaimers by the expert that can weaken the impact of a report. This is especially common with financial experts. Such disclaimers are also readily used by opposing counsel in cross-examination.

Another sad occurrence is that the expert ignores previous opinions that he or she has rendered. This may not be the first time that the expert testifies on a particular issue. The expert may even have written books or articles on the topic. An expert report that ignores these previous views can be detrimental for the expert's credibility, to say the least. If there are such discrepancies, they will surely be found by opposing counsel. A simple Google search can be very effective in tracking an expert's previous opinions. Preferably, such research should be carried out prior to appointing the expert.

How much should counsel be involved in drafting the expert report?

So should the expert be left to independently draft the report, or should counsel get involved? This is not an easy question to answer, not least because it contains both ethical and practical implications. From an ethical perspective, counsel should not influence the expert to write something that is contrary to the expert's opinion. Conversely, an expert should refuse to write anything that does not represent his or her opinion. Nevertheless, from a practical perspective, an expert report that does not properly address the relevant issues in a clear and persuasive manner is useless.

But what do you do if you get a bad expert report? What if, for example, the report fails to take important facts into account? Or what if you feel that the expert as such supports your case, but that the report is incomprehensible? And what if, at that time, there simply is not enough time to find another expert or to let the expert re-write the report?

From my own experience, there would appear to be a widely held view in international arbitration that some collaboration between counsel and expert is perfectly acceptable. In my view you would not be doing your job as counsel if you do not work with the expert during the drafting of the report. But these contacts have to be ethical. Hence, counsel may point out inaccuracies in the facts set out by the expert. Counsel may also ask the expert to consider arguments he or she has not considered – i.e. counsel can play the devil's advocate. It should also be acceptable for counsel to make suggestions on how the expert can make his or her conclusions clearer. If parts of the report go beyond the instructions given to the expert, counsel can request the expert to exclude these parts. Similarly, counsel can ask the expert to take out parts of the report that are not relevant to the case.

However, counsel should avoid engaging in contacts with the expert that counsel would not be comfortable having disclosed in the proceedings. Most often, these communications between counsel and experts are privileged, but the instructions to the expert may be discoverable in the proceedings. Most importantly, the expert should only adopt changes proposed by counsel on which he or she agrees.

Interrogation of experts

Even where the expert report itself is pure gold, if the performance of the expert at the oral hearing is less than satisfactory the value of the expert report could be severely limited. Hence, next I turn to the interrogation of experts

Interrogation by the tribunal vs. by the counsel (incl. cross examination)?

Back in the day, there were only two alternatives for interrogating experts. Under the first alternative, only questions from the arbitral tribunal was allowed. The second alternative would only include examination of the expert by party counsel, i.e. examination in chief followed by cross-examination.

In order to effectively cross-examine an expert, counsel must know the expert report as well as – if not better than – the expert. It can often be a good idea to use your own expert to help identify weak points in the opposing party's expert evidence, in order to be able to formulate the most effective line of questioning. As pointed out earlier, a Google search can also be helpful in order to identify earlier, and possibly conflicting, opinions by the same expert.

Hot-tubbing/witness conferencing

So called hot-tubbing or witness conferencing is increasingly being used by tribunals in order to deal with some of the perceived disadvantages with party-appointed experts, which can be seen as hired guns biased in favor of one of the parties.

There are different definitions of hot-tubbing. Sometimes this term is used to describe a process where the experts meet without involvement of counsel. At the meeting, the experts discuss their respective opinions in order to identify points of agreements and disagreements. Sometimes this meeting may even lead to the production of joint report that is presented to the arbitral tribunal (cf. art 5(4) of the IBA Rules). The term hot-tubbing can also be used in the context that the experts are heard together in front of the tribunal. The tribunal will lead a discussion between the experts in order to find out where they agree and disagree. This is also commonly referred to as expert conferencing (cf. Art 8(2)(f) of the IBA Rules). These two procedures are sometimes used in combination. Personally, I like the second approach, but I am distrustful of the first. As counsel, I do not like losing control of my own evidence.

An advantage of hot-tubbing is that the experts are forced to address the same issues using similar assumptions, which encourages a frank and open discussion. Experts will more often concede points on which there is agreement, thus narrowing the issues and making it easier to focus on the key issues. Hot-tubbing/witness conferencing can also be helpful in order to avoid confusion, which is especially useful for cases that include complex findings. It is also more difficult for experts to be biased when they are faced with another expert in his or her field. They may also be more comfortable in a collegial setting, compared to being assaulted by opposing counsel. As a result, the strongest arguments may prevail.

That having been said, hot-tubbing may also come with disadvantages. First of all, it may be very time consuming. Furthermore, the strongest arguments will not necessarily prevail. Instead, it may rather become a battle of experts, where the most silver tongued expert wins. It is therefore important to consider how your expert will stand up to another expert. Does he or she have the knowledge and ability to impose his or her view under fire? In other words, is the expert able to offer a convincing presentation of his or her argument to a non-expert audience? The hot-tubbing procedure also entails a risk of delegation of decision making power from the tribunal to the experts. As a result, counsel should always insist on being given the opportunity to cross-examine the experts after the witness conferencing is completed.

CONTRA-INTERROGATÓRIO – MANUAL BÁSICO DE SOBREVIVÊNCIA PARA OS ADVOGADOS DE CIVIL LAW

*"Prova testemunhal/pericial e arbitragem: o que fazer e o que não fazer; armadilhas. O drama do advogado de litigância português: a necessidade de esquecer a antiga musa."**

FRANCISCO CORTEZ**

Sumário: I. *Qual o papel do advogado na "preparação" das testemunhas: na elaboração do depoimento escrito e na preparação para uma cross-examination?*; *a. Identificação e alcance do problema; b. Análise de Direito Comparado; c. A evolução das regras da International Bar Association (IBA) e o contributo do London Court of International Arbitration (LCIA); d. E em Portugal?;* ***II. Qual o papel do advogado na cross-examination de testemunhas e peritos indicados pela outra parte? Algumas questões.****; a. Originalidades da arbitragem na produção de prova testemunhal e pericial; b. Preparação da cross-examination de testemunhas e peritos; c. As dificuldades da Cross-examination dos peritos; d. Limites da Cross-examination com ou sem depoimento escrito; e. Cross-examination de testemunhas hostis?; f. Crime de falsidade de testemunho?; g. Limites do advogado na cross-examination: Tudo é permitido? Quando deve o tribunal interferir?;* ***III. Conclusões.***

* O presente artigo foi elaborado com base nas notas escritas para a intervenção no IX Congresso de Centro de Arbitragem Comercial da Câmara de Comércio e Indústria Portuguesa, que teve lugar em Lisboa, a 2 e 3 de Julho de 2015, num debate moderado pelo Dr. Nuno Pena (CMS – Rui Pena & Arnaut), com as ilustres intervenções do Dr. Jorge Mattamouros (King & Spalding, Houston) e o Dr. Todd Wetmore (Three Crowns, Paris), sobre o tema provocatório que serve de título ao presente artigo, proposto pela organização do Congresso. Agradeço a ajuda paciente e sábia dos meus colegas de escritório António Sampaio Caramelo, Filipe Vaz Pinto, Sofia Vaz Sampaio, Rita Nunes dos Santos, Ricardo Nascimento Ferreira, Joana Galvão Teles e Joana Neto Mestre, que foram comigo debatendo os temas, sem que nada do que consta deste artigo os responsabilize de alguma forma.

** Advogado. Sócio da *Morais Leitão, Galvão Teles, Soares da Silva & Associados, Sociedade de Advogados, R.L.*

> *"Preparing a witness to testify is one of the most demanding labors in which lawyers engage. The lawyer who takes the trouble to do it well serves the best interests of the witness, the client and the administration of the justice"*(Robert S. Rifkind, *"Take the witness: Cross-Examination in International Arbitration"*, 2010, p. 146).

> *"Os advogados anglo-saxónicos estão habituados a estes métodos de trabalho e não seria coerente não os fazer nossos"* (Resolução da *Ordre de Avocats de Paris*, de 26.02.2008, que autoriza os advogados franceses a preparar testemunhas nas arbitragens internacionais).

I. QUAL O PAPEL DO ADVOGADO NA "PREPARAÇÃO" DAS TESTEMUNHAS: NA ELABORAÇÃO DO DEPOIMENTO ESCRITO E NA PREPARAÇÃO PARA UMA *CROSS-EXAMINATION*?

a. Identificação e alcance do problema

§ 1. A questão principal é conhecida, muito pertinente e atual: numa arbitragem internacional, com partes e advogados de diferentes nacionalidades e culturas, estando os advogados sujeitos a diferentes regras deontológicas e tendo diferentes tradições forenses, nomeadamente sobre a intervenção dos advogados na preparação das testemunhas, como pode ser assegurado o respeito pelo processo justo, a igualdade de tratamento das partes e até, no limite, princípios de ordem pública que eventualmente proíbam a preparação e, sobretudo, o treino ("*coaching*") das testemunhas?

Com efeito, em causa pode estar a própria validade da decisão arbitral: uma desigualdade relevante entre as partes na produção de prova não permite um processo arbitral justo e, por conseguinte, uma decisão arbitral válida[1].

[1] Alexis Mourre, *"L'administration de la prevue orale dans l'arbitrage international: État actuel de la pratique et perspectives d'évolution"*, in *"Les Arbitres Internationaux"*, Colloque du 4 février 2005, Centre Français de Droit Comparé, Volume 8, p. 153: *"Qu'une partie n'ait pas disposé de toutes les opportunités auxquelles elle s'estimait fondée à recourir pour établir telle ou telle de ses demandes, et elle considèrera volontiers que le procès dans son ensemble n'a pas été equitable, privant la sentence de toute légitimité à ses yeux. Que cette même partie ait été surprise par une procedure étrangère à ses traditions et provenant du système de droit dont l'autre partie est originaire, et elle reprochera facilement à l'arbitre d'avoir manqué à son devoir de traiter les parties sur un pied d'égalité. C'est dire l'importance du role de*

A questão tem sido largamente tratada pela doutrina internacional[2] e nacional[3] e a solução tem evoluído no sentido da criação de um consenso em torno da ideia de que os contactos entre o advogado e a testemunha são genericamente permitidos, mas sujeitos à limitação da proibição da manipulação da prova e da falsidade do depoimento.

Com maior ousadia e controvérsia, os códigos deontológicos dos advogados de alguns países de *civil law* deram um passo em frente, introduzindo normas especiais mais permissivas para os advogados que participam em diligências internacionais, com vista à melhor defesa do interesse do cliente e à promoção da igualdade das partes.

b. Análise de Direito Comparado

§ 2. Nos Estados Unidos e em algumas outras jurisdições de *common-law* (como é o caso do Canadá), os advogados preparam e treinam as testemunhas. Mais do que uma prática, é um dever do advogado. Seria considerada falta de diligência inaceitável que o advogado não preparasse devidamente uma testemunha para um julgamento[4].

l'arbitre, qui doit trouver dans l'organisation de la procédure un point d'équilibre entre traditions, attentes, et exigences différentes".

[2] Robert S. Rifkind, *"Preparing the witness for cross-examination"* in *"Take the witness: Cross-Examination in International Arbitration"*, 2010; Hans van Houtte, *"Counsel-witness relations and professional misconduct in civil law systems"*, Dossiers ICC *"Arbitration and oral evidence"*, 2005, pp. 109-110; Alexis Mourre, *"L'administration de la prevue orale dans l'arbitrage international: État actuel de la pratique et perspectives d'évolution"*, in *"Les Arbitres Internationaux"*, Colloque du 4 février 2005, Centre Français de Droit Comparé, Volume 8, pp. 153-164.

[3] José Miguel Júdice, *"Produção de Prova"*, Setembro de 2008, disponível em www.josemigueljudice-arbitration.com; Também Manuel Pereira Barrocas, in *"A prova no Processo Arbitral"*, disponível em www.josemigueljudice-arbitration.com, p. 24: *"Em Portugal são conhecidas as limitações legais e ético-profissionais nesta matéria. Na maioria do países analisados (incluindo França, Alemanha, Holanda, EUA e Inglaterra), o advogado, em matéria cível ou comercial (mas não em direito criminal), pode conferenciar com as testemunhas indicadas pelo seu constituinte para lhe dar a conhecer o objecto do litígio, os factos pertinentes, etc., mas não pode influenciar o seu conhecimento dos factos ou induzir o seu depoimento"*.

[4] Robert Rifkind, in *"Arbitration and Oral Evidence"*, *"Practices of the horseshed"* da *"ICC – The world business organization"*, Janeiro de 2005, pp 55 e seguintes, refere que *"In the world in which I have practiced law the failure of counsel adequately to prepare the witness both for direct and for cross-examination would be regarded as serious dereliction of professional duty"*.

Concretamente, um advogado americano pode treinar ("*coaching*")[5] a testemunha, incluindo sugerir a resposta que a testemunha pode usar na inquirição com vista a obter o melhor resultado para o seu cliente e treinar a resposta até esta ser dada na perfeição. Com alguns limites, naturalmente. Nessa atividade, o advogado americano está sujeito às regras da *American Bar Association*, que determinam que o advogado não pode (i) oferecer prova que sabe ser falsa (Rule 3.3), (ii) falsificar prova, aconselhar, assistir uma testemunha para testemunhar falsamente, ou (iii) oferecer incentivos à testemunha que não sejam permitidos por lei (Rule 3.4)[6].

Na Europa, estas práticas de preparação e de treino das testemunhas são tradicionalmente proibidas, condenadas no plano ético e até no plano criminal. Uma proibição com diferentes graus, evoluções e exceções, quer na prática forense doméstica, nos tribunais judiciais, quer na prática da arbitragem, inclusive internacional[7].

Mas a linha que separa os vários tipos de resposta à questão nem sempre coincide com a fronteira entre os territórios de *civil law* e de *commow-law*.

§ 3. Em Inglaterra, no reino da *common-law*, os advogados estão impedidos pelas suas regras éticas e deontológicas de "treinar" ("*training or coaching*") as testemunhas, apenas podendo dar "*general advice on how to*

[5] Nas palavras de Ian Meredith e Huassain Khan, in "*Witness preparation in international arbitration – A cross cultural Minefield*", Mealey's International Arbitration Report, Setembro de 2011, p. 1 "*Intensive interaction between counsel and the witness and include a detailed exploration of the specific facts of the dispute so as to rehearse with the witness the answers to the questions that the witness may reasonably be expected to be asked by opposing counsel and/or the tribunal*".

[6] Ian Meredith e Huassain Khan, op. cit., "*offer evidence that the lawyer knowns to be false*" (Rule 3.3), "*falsify evidence, counsel or assist a witness to testify falsely, or offer an inducement to a witness that is prohibited by law*" (Rule 3.4).

[7] Sobre a evolução recente e também sobre o estado atual dos regimes legais e deontológicos relativos à questão da relação entre advogados e testemunhas: Ian Meredith e Huassain Khan, in "*Witness preparation in international arbitration – A cross cultural Minefield*", Mealey's International Arbitration Report, Setembro de 2011; William W. Park, "*A fair fight: Professional Guidelines in International Arbitration*", in "*Arbitration International – The Journal of the London Court of International Arbitration*", Volume 30, Number 3, 2014; "*General Report*" de 21.05.2014,"*Ethics and Role of Counsel in International Arbitration*", Prague, 2014 (AIJA – International Association of Young Lawyers).

answer questions, to test the witness' recollection, and to discuss the issues that may arise in cross-examination"[8].

Quer os códigos de conduta dos advogados ingleses (*barristers* e *solicitors*), quer a jurisprudência dos tribunais ingleses, são claros na proibição do treino das testemunhas, aceite e praticada noutras jurisdições de *common-law*[9]. Estas regras de conduta são aplicáveis à atuação dos advogados ingleses nos tribunais e na arbitragem, sendo que, no caso de arbitragem internacional no estrangeiro, ficam também sujeitos às regras de conduta da jurisdição em que a arbitragem tenha lugar.

Para a interpretação destas regras de conduta são especialmente relevantes as "*Guidance on Witness Preparation*", aprovadas em 2008 pelo *Professional Standards Committee* (PSC) do Bar Council, para assistir os advogados na resolução das difíceis questões relativas ao "*witness coaching*" à luz da recente decisão do *Court of Appeal* no caso "Regina – v Momodou and Limani [2005] EWCA Crim 177"[10], que concluiu que "*There is no place for witness training in our country. It is unlawful*".

[8] Benson and Charlie Lightfoot, "*Wanted: An Ethical Compass*", Global Arbitration Review, vol. 1, issue 3, Junho de 2006.

[9] "Ultraframe (UK) ltd vs Fielding & Others" e "R. vs Momodou and Limani, ambos de 2005: "*The risk that training or coaching may adversely affect the accuracy of the evidence of the individual witness is constant*".

[10] *1. This guidance applies simply to the issues surrounding witness preparation and should be read in conjunction with the relevant provisions of the Code of Conduct (notably paragraph 705) and the Written Standards for the Conduct of Professional Work (notably Section 6 on Witnesses). The guidance is not intended to affect the barrister's ability to discuss the merits of the case with his lay client.*
2. Barristers play a significant role in the preparation and presentation of witness evidence. They have a duty to ensure that the evidence in support of their client's case is presented to best effect. It is also the responsibility of a barrister to ensure that those facing unfamiliar court procedures are put at ease as much as possible, especially when the witness is nervous, vulnerable or apparently the victim of criminal or similar conduct: see the Bar Council's Written Standards for the Conduct of Professional Work (para. 6.1.4). Barristers are being asked to prepare witnesses or potential witnesses for the experience of giving oral evidence in criminal and civil proceedings. The purpose of this guidance is to clarify what is and what is not permissible by way of witness preparation, in whatever form it is conducted.
3. The rules which define and regulate the barrister's functions in relation to the preparation of evidence and contact with witnesses are set out in paragraphs 704-708 of the Code of Conduct. The fundamental prohibition regarding the preparation of witness evidence is expressed in paragraph 705(a) of the Code: a barrister must not rehearse, practise or coach a witness in relation to his/her evidence. However, the line between (a) the legitimate preparation of a witness and his/her evidence for a current or forthcoming trial or hearing and (b) impermissible rehearsing or coaching of a witness, may not always be understood. (...)

Civil Cases

10. Civil proceedings differ from criminal proceedings in the form of witness evidence and the process of its preparation. The Civil Procedure Rules provide that witness evidence is to be adduced by way of witness statements and expert reports exchanged before trial, which are to stand as the evidence-in-chief of the witness in question unless the court orders otherwise: CPR Part 32.4(2) and 32.5.

11. The principles set out in Momodou apply in criminal proceedings. However, there is currently no authority on these matters in relation to civil proceedings. Until such authority emerges, it would be prudent to proceed on the basis that the general principles set out in Momodou also apply to civil proceedings. Thus while witness coaching is prohibited, a process of witness familiarisation is permissible in order to prevent witnesses from being disadvantaged by ignorance of the process or taken by surprise at the way it which it works.

Witness Familiarisation

12. The following guidance should be observed in relation to any witness familiarisation process for the purpose of civil proceedings:

(1) Any witness familiarisation process should normally be supervised or conducted by a solicitor or barrister.

(2) In any discussions with witnesses regarding the process of giving evidence, great care must be taken not to do or say anything which could be interpreted as suggesting what the witness should say, or how he or she should express himself or herself in the witness box – that would be coaching.

(3) If a witness familiarisation course is conducted by an outside agency:

(a) It should, if possible, be an organisation accredited for the purpose by the Bar Council and Law Society;

(b) Records should be maintained of all those present and the identity of those responsible for the programme, whenever it takes place.

(c) The programme should be retained, together with all the written material (or appropriate copies) used during the sessions.

(d) None of the material used should bear any similarity whatever to the issues in the current or forthcoming civil proceedings in which the participants are or are likely to be witnesses.

(e) If discussion of the civil proceedings in question begins, it should be stopped.

(4) Barristers should only approve or take part in a mock examination-in-chief, cross-examination or re-examination of witnesses who are to give oral evidence in the proceedings in question if, and only if:

(a) its purpose is simply to give a witness greater familiarity with and confidence in the process of giving oral evidence; and

(b) there is no risk that it might enable a witness to add a specious quality to his or her evidence; and

(c) the barrister who is asked to approve or participate in a mock examination-in-chief, cross-examination or re-examination has taken all necessary steps to satisfy himself or herself that the exercise is not based on facts which are the same as or similar to those of any current or impending trial, hearing or proceedings at which a participant is or is likely to be a witness; and

(d) In conducting any such mock exercises, the barrister does not rehearse, practise or coach a witness in relation to his/her evidence: see para.705(a) of the Code. Where there is any reason to suspect that a mock examination-in-chief, cross-examination or re-examination would or might involve a breach of the Code, a barrister should not approve or take part in it.

§ 4. Na generalidade dos países da Europa continental (com excepção da Holanda[11]), como a Alemanha[12], França, Bélgica[13], Itália, Suíça, Espanha, a regra geral é a da proibição de treino ("*coaching*") da testemunha pelo advogado, variando o grau de flexibilidade quanto à possibilidade de contacto entre o advogado e a testemunha, quer na fase inicial, de elaboração dos articulados – em que as futuras testemunhas são, por regra, uma fonte essencial de informação sobre os factos para o advogado –, quer na fase de produção de prova, em que para o advogado pode (ou não e, se sim, em que medida) ser essencial esse contacto na preparação da participação da testemunha no processo, tanto na elaboração do depoimento escrito, como na inquirição em julgamento.

Alguma coisa mudou, porém, nas últimas duas décadas e mais rapidamente nos últimos anos, no que respeita especificamente à arbitragem internacional, por força da necessidade imperiosa de respeitar a igualdade das partes, através da igualdade de armas entre os respetivos advogados: "*Cross-border arbitration may appear rigged against advocates that respect procedures not observed by the other side*"[14].

Na Suíça, o *Code Suisse de Déontologie*, de 10.06.2005, no seu artigo 7º, depois de estabelecer como regra geral que o advogado se deve abster de influenciar as testemunhas e os peritos, ressalva, no seu número dois, as regras particulares dos processos arbitrais e dos processos que decorram nos tribunais supranacionais[15].

Em França, o Conselho da Ordem de Advogados de Paris, através de uma importante resolução de 26.02.2008, tomada por unanimidade,

[11] Hans van Houtte, op. cit., p. 109.

[12] Na Alemanha não existe uma regra deontológica expressa que permita ou proíba o contacto e a preparação da testemunha pelo advogado. O Código Penal alemão prevê e pune o falso testemunho, com e sem juramento prévio (artigos 153º e 154º), que não são considerados como aplicáveis ao testemunho na arbitragem. Aparentemente, só o crime de fraude no depoimento (artigo 263º do Código Penal) é considerado como aplicável à arbitragem.

[13] Artigo 7.16 do "*Code de Déontologie de l' Avocat*": "*L'avocat s'abstient de tout contact avec un tiers appelé ou susceptible d'être appelé à témoingner dans une cause dont il est chargé*".

[14] William W. Park, "*A fair fight: Professional Guidelines in International Arbitration*", in "*Arbitration International – The Journal of the London Court of International Arbitration*", Volume 30, Number 3, 2014, p. 410.

[15] "Article 7 – Contact avec les témoins

1. L'avocat s'abstient d'influencer les témoins et experts.

2. Demeurent réservées les règles particulières des procédures d'arbitrage et des procédures devant les Tribunaux supranationaux."

veio admitir aos advogados franceses a prática de preparação das testemunhas nos processos arbitrais internacionais, situados em França ou no estrangeiro. Essa preparação visa "*explicar às testemunhas o funcionamento da jurisdição e ajudá-las a exprimir o mais utilmente possível a sua verdade na audiência e as suas respostas às questões colocadas*". De acordo com a referida resolução, "*a preparação da testemunha pelo advogado antes da sua audição não viola os princípios essenciais da profissão do advogado e inscreve-se numa prática comummente admitida em que o advogado deve poder exercer plenamente o seu papel de defensor*"[16].

Na Bélgica, em 2013, com a alteração (em vigor desde 01.10.2013) do artigo 7.18 do *Code de Deontologie de l'Avocat*, foi introduzida uma importante exceção à proibição de contacto entre o advogado e a testemunha, nos casos de procedimentos de resolução de conflitos com fundamento contratual, como a mediação e a arbitragem, ou procedimentos estran-

[16] In "*Le Bulletin du Barreau de Paris*", 04.03.2008, nº 9, pp. 45 e 46: "*Or, s'il n'est pas question de permettre à une partie de suborner un témoin ou de l'influencer, il doit être possible aux avocats de recevoir les sachants en mesure d'éclairer les arbitres, pour leur expliquer le fonctionnement de la juridiction et les aider à exprimer le plus utilement possible leur vérité à l'audience et leurs réponses aux questions posées. Les avocats anglo-saxons sont rompus à ces méthodes de travail et il serait inconséquent de ne pas les faire nôtres.*
C'est pourquoi, à l'issue du rapport, le conseil de l'Ordre, à l'unanimité, a adopté la résolution suivante: «Dans le cadre des procédures arbitrales internationales, situées en France ou, à l'étranger, il entre dans la mission de l'avocat de mesurer la pertinence et le sérieux des témoignages produits au soutien des prétentions de son client, en s'adaptant aux règles de procédure applicables.
Dans cet esprit, la préparation du témoin par l'avocat avant son audition ne porte pas atteinte aux principes essentiels de la profession d'avocat et s'inscrit dans une pratique communément admise où l'avocat doit pouvoir exercer pleinement son rôle de défenseur».
(Pela sua importância, registe-se a tradução : «*Ora, se não está em causa permitir a uma parte subornar uma testemunha ou influenciá-la, deve ser permitido aos advogados receberem as pessoas que são conhecedoras de matéria que pode esclarecer os árbitros, para lhes explicar o funcionamento da jurisdição e ajudá-las a exprimir da forma mais útil possível a sua verdade na audiência e as suas respostas às questões colocadas.*
Os advogados anglo-saxónicos estão habituados a estes métodos de trabalho e não seria coerente não os fazer nossos.
Foi por essa razão que, no final do relatório, o conselho da Ordem, por unanimidade, adotou a resolução seguinte: "No quadro de procedimentos arbitrais internacionais, situados em França ou no estrangeiro, está compreendido na missão do advogado avaliar a pertinência e a seriedade dos testemunhos produzidos em suporte das pretensões do seu cliente, adaptando-se às regras de procedimento aplicável.
Neste espírito, a preparação da testemunha pelo advogado antes da sua audição não viola os princípios essenciais da profissão do advogado e inscreve-se numa prática comummente admitida em que o advogado deve poder exercer plenamente o seu papel de defensor").

geiros ou internacionais sujeitos a outras regras processuais, casos em que "*o advogado pode ter contacto com uma testemunha com o fim de a assistir na preparação de um depoimento escrito ou de uma audição*", devendo, no entanto, respeitar os princípios fundamentais da profissão, de respeito pela verdade e, concretamente, abster-se de comportamentos suscetíveis – ou que pareçam ser suscetíveis – de influenciar a testemunha[17] [18] [19].

Esta abertura verificada em França e na Bélgica é muito significativa e tem sido vista como uma forma de promover a arbitragem internacional nesses países, como notou o Relatório da "*International Association of Young Lawyers*", de Maio de 2014: "*It should be noted that, France and Belgium, where witness preparation is forbidden in judicial proceedings, found it a crucial issue to authorize such preparation in international proceedings, in order to develop the attractiveness of their arbitration forum*"[20].

Em Itália, finalmente, o artigo 3º do *Codice Deontologico Forense*, aprovado em 31.01.2014, veio introduzir novas regras para as situações em que um advogado italiano atue em jurisdições com regras deontológicas diferentes das italianas – norma que os autores entendem aplicável à arbitragem internacional – prevendo a prevalência das regras deontoló-

[17] Article 7.18 (Réègl. 27.05.2013 – M.B 19.06.2013 — E.E.V. 01.10.2013)
«*Dans le cadre des modes de règlement des conflits qui ont un fondement contractuel, tels que l'arbitrage, la médiation, la conciliation (autre que judiciaire) ou la tierce décision obligatoire ou dans certaines procédures étrangères ou internationales soumises à d'autres règles procédurales, il peut entrer dans la mission de l'avocat de mesurer la pertinence et le sérieux des témoignages produits au soutien des prétentions de son client, en s'adaptant aux règles de procédure convenues entre les parties ou applicables à ces procédures.*
Dans ce cas, l'avocat peut avoir des contacts préparatoires avec un témoin pressenti afin de l'assister, s'il y a lieu, dans la préparation d'une attestation écrite ou d'une audition.
Lors de tels contacts préparatoires, l'avocat respecte les principes essentiels de sa profession ainsi que la perception que le témoin a de la vérité.
Ii s'abstient, ici aussi, de tout comportement ou de toute appréciation susceptible d'influencer le témoignage ou pouvant paraître l'avoir influencé.»

[18] José Miguel Júdice, in "*Produção de Prova*", de Setembro de 2008, disponível em *www.josemigueljudice-arbitration.com*, refere o facto de as "*Regras Profissionais dos Advogados Flamengos de Bruxelas*" preverem uma exceção (Secção 16) para a proibição de contacto entre os advogados e as testemunhas que "*não se aplica aos processos estrangeiros ou transnacionais ou às arbitragens no âmbito dos quais esses contactos forem autorizados pelas normas processuais aplicáveis*" (Nota 63).

[19] Hans van Houtte, *op. cit. p. 109*, sobre o Código Deontológico dos Advogados de Bruxelas.

[20] "*Ethics and Role of Counsel in International Arbitration*", Relatório da "*International Association of Young Lawyers*", 31 de Maio de 2014, p. 18.

gicas do país estrangeiro, caso sejam diferentes das regras italianas, "*desde que não conflituem com o interesse público no exercício adequado da sua atividade profissional*"[21].

§ 5. É possível detetar, pela evolução verificada nestes sistemas jurídicos, um movimento de abertura dos códigos deontológicos nacionais à consagração de uma regra *específica* para a prática da arbitragem internacional, permitindo assim aos advogados a preparação de testemunhas nos processos arbitrais, sobretudo as que decorrem no plano transnacional, com uma amplitude superior à permitida em processos de outra natureza, designadamente os que decorrem no plano interno e, por conseguinte, reduzindo os riscos de a atuação do advogado poder ser censurada no plano deontológico.

Por essa razão, este movimento possibilita ou facilita a harmonização das regras deontológicas suscetíveis de influenciar o decurso de um processo arbitral em que convivem advogados provenientes de diferentes sistemas jurídicos, assegurando o respeito pelo princípio basilar da igualdade de armas entre as partes e salvaguardando assim a validade da decisão arbitral.

c. A evolução das regras da *International Bar Association* (IBA) e o contributo do *London Court of International Arbitration* (LCIA)

§ 6. A consagração expressa pela IBA da permissão de contacto entre o advogado e a testemunha e, sobretudo – de forma mais clara a partir de

[21] *Articolo 3 –Attività all'estero e attività in Italia dello straniero*
1. Nell'esercizio di attività professionale all'estero l'avvocato italiano deve rispettare le norme deontologiche interne, nonché quelle del Paese in cui viene svolta l'attività.
2. In caso di contrasto fra le due normative prevale quella del Paese ospitante, purché non confliggente con l'interesse pubblico al corretto esercizio dell'attività professionale.
3. L'avvocato straniero, nell'esercizio dell'attività professionale in Italia, è tenuto al rispetto delle norme deontologiche italiane.
(Artigo 3 – Atividade no estrangeiro por parte de advogado italiano e atividade em Itália por parte de advogado estrangeiro
1. No exercício da sua atividade profissional no estrangeiro, o advogado italiano deve respeitar as normas deontológicas internas, bem como as normas do país onde desenvolve a sua atividade profissional.
2. Em caso de conflito entre as duas leis/disposições prevalecerá a lei/disposição do país de acolhimento, desde que não conflituem com o interesse público no exercício adequado da sua atividade profissional.
3. No exercício da sua atividade profissional em Itália, o advogado estrangeiro é obrigado a respeitar as normas deontológicas italianas).

2010 –, de que esse contacto pode ter como finalidade discutir o futuro depoimento da testemunha, contribuiu seguramente para o movimento de abertura dos referidos códigos deontológicos. Um movimento a que José Miguel Júdice já chamava, em 2008, de "*interdependência entre o desenvolvimento da prática da arbitragem internacional e as regras da IBA*"[22].

Concretizando, o artigo 4.3 das "*IBA Rules on the Taking of Evidence in International Commercial Arbitration*" (Regras IBA em matéria de produção de prova na Arbitragem Comercial Internacional), na atual versão de 29.05.2010 dispõe que:

"*It shall not be improper for a Party, its officers, employees, legal advisors or other representatives to interview its witness or potential witnesses and to discuss their prospective testimony with them*" ("*Não será considerado impróprio que a Parte, os seus administradores, funcionários, assessores legais ou outros representantes, entreviste as suas testemunhas ou potenciais testemunhas e discuta com elas o seu futuro depoimento*").

Esta regra da IBA é perentória, mas intencionalmente aberta. O advogado pode discutir com a testemunha o seu futuro depoimento. Fica claro que o contacto é permitido e, mais ainda, que é permitida a discussão sobre o depoimento. Mas em que termos, qual a natureza e profundidade dessa discussão? Apenas sobre a forma do depoimento ou também sobre o seu conteúdo? Poder "*discutir o depoimento*" significa que o advogado pode preparar a testemunha para o depoimento ou também que pode treinar o depoimento da testemunha?

Algumas respostas foram dadas, em 25.05.2013, quando foram publicadas as "*IBA Guidelines on Party Representation in International Arbitration*", que recomendam o seguinte sobre a relação entre advogados, por um lado e as testemunhas e os peritos, por outro[23]:

[22] José Miguel Júdice, "*Produção de Prova*", Setembro de 2008, disponível em *www.josemigueljudice-arbitration.com*, p. 20; As primeiras regras da IBA sobre o tema são de 1983 ("*IBA Supplemantary Rules Governing The Presentation of Evidence in International Commercial Arbitration*"); Em 1999 foram publicadas as Regras da IBA sobre a Produção de Prova em Arbitragem Comercial, que foram substituídas pelas publicadas em 29.05.2010. Sobre as principais alterações introduzidas por esta ultima versão, Pedro Metello de Nápoles, "*As novas regras da IBA sobre produção de prova em arbitragem internacional*", in *Revista Internacional de Arbitragem*, Ano III, 2010, pp. 105 e seguintes.

[23] Tradução não oficial de Eduardo Damião Gonçalves e Daniel Aun para a IBA, disponível em *www.ibanet.org*.

> *"20. O Representante da Parte*[24] *pode auxiliar as Testemunhas na elaboração das Declarações de Testemunhas e os Peritos na elaboração de seus Laudos Periciais.*
> *21. O Representante da Parte deve procurar garantir que a Declaração da Testemunha reflita a perspetiva da própria Testemunha acerca dos fatos pertinentes, eventos e circunstâncias.*
> *22. O Representante da Parte deve procurar garantir que o Laudo Pericial elaborado traduza a análise e opinião do próprio Perito.*
> *23. O Representante da Parte não deve propor que a Testemunha preste ou incentivá-la a prestar falso depoimento.*
> *24. O Representante da Parte pode se encontrar ou interagir com Testemunhas e Peritos a fim de discutir e preparar seus futuros depoimentos, levando-se em consideração o princípio de que a Prova produzida deve refletir a perspetiva da Testemunha acerca dos fatos pertinentes, eventos ou circunstâncias, ou a análise e opinião do Perito.*
> *25. O Representante da Parte pode efetuar o pagamento, oferecer-se para pagar, ou concordar com o pagamento de:*
> *(a) despesas razoavelmente incorridas por uma Testemunha ou Perito na preparação para depor ou no depoimento em uma audiência;*
> *(b) compensação razoável pelo tempo despendido pela Testemunha para depor e para se preparar para tanto; e*
> *c) honorários razoáveis decorrentes dos serviços profissionais prestados pelo Perito nomeado pela Parte".*

Estas Diretrizes de 2013, publicadas pela IBA, foram acompanhadas de um importante comentário (*Comments to Guidelines 18–25*):

> *"Muitos profissionais atuantes em arbitragens internacionais almejam maior transparência e previsibilidade das regras de conduta referentes às relações com Testemunhas e Peritos, a fim de promover o princípio da igualdade de tratamento entre as Partes. Práticas díspares entre diferentes jurisdições podem gerar desigualdade e ameaçar a integridade do procedimento arbitral.*

[24] Segundo as mesmas "*Guidelines on Party Representation in International Arbitration*", *«'Party Representative' or 'Representative' means any person, including a Party's employee, who appears in an arbitration on behalf of a Party and makes submissions, arguments or representations to the Arbitral Tribunal on behalf of such Party, other than in the capacity as a Witness or Expert, and whether or not legally qualified or admitted to a Domestic Bar»* (*"Representante da Parte" ou "Representante" é definido como qualquer pessoa, incluindo um empregado de uma Parte, que participa de um procedimento arbitral em nome de uma Parte e apresenta manifestações, argumentos ou declarações ao Tribunal Arbitral em nome de referida Parte, em função diversa à de uma Testemunha ou Perito, sendo ou não qualificado ou admitido legalmente por uma Associação Local de Advogados*").

As Diretrizes se destinam a refletir melhores práticas da arbitragem internacional no que diz respeito à preparação de Testemunhas e Peritos.

No momento em que o Representante da Parte entra em contacto com uma possível Testemunha, deve divulgar sua identidade e o motivo do contacto antes mesmo de tentar obter qualquer informação (Diretriz 18). O Representante da Parte deve, ainda, informar a possível Testemunha sobre seu direito de informar ou instruir o seu próprio advogado sobre o contacto e de envolvê-lo em qualquer futura comunicação (Diretriz 19).

Regras domésticas de conduta profissional podem, em algumas jurisdições, exigir padrões mais rigorosos no que diz respeito a contactos com possíveis Testemunhas que são sabidamente representadas por um advogado. Por exemplo, algumas jurisdições de common law proíbem que advogados contactem qualquer potencial Testemunha que saibam ser representada na arbitragem em questão.

O Representante da Parte que julgue estar sujeito a um padrão de conduta mais rigoroso do que aquele determinado nestas Diretrizes pode abordar tal situação com a outra Parte e/ou o Tribunal Arbitral.

Conforme previsto na Diretriz 20, o Representante da Parte poderá auxiliar na elaboração da Declaração de Testemunhas e Laudos Periciais, mas deverá assegurar que a Declaração de Testemunha reflita a versão da própria testemunha acerca dos fatos pertinentes, eventos e circunstâncias (Diretriz 21), e que qualquer Laudo Pericial reflita os entendimentos, análises e conclusões do próprio Perito (Diretriz 22).

O Representante da Parte não deverá propor ou incentivar a Testemunha a prestar falso depoimento. (Diretriz 23).

Como parte da fase de preparação dos depoimentos para a arbitragem, o Representante da Parte poderá reunir-se com as Testemunhas e os Peritos (ou possíveis Testemunhas e Peritos) a fim de discutir futuros depoimentos. O Representante da Parte poderá, ainda, auxiliar a Testemunha ou Perito na preparação de sua Declaração de Testemunha ou de seu Laudo Pericial, respectivamente. Além disso, o Representante da Parte poderá auxiliar a Testemunha na preparação de seu depoimento nos casos de inquirição direta, pelo seu próprio representante, ou cruzada, pelo representante da parte contrária, inclusive por meio de perguntas e respostas preparatórias (Diretriz 24). Essa preparação poderá incluir uma revisão dos procedimentos nos quais a testemunha será demandada e a preparação de testemunhos para inquirição direta ou cruzada. Tais contactos não devem, contudo, alterar a autenticidade da Prova testemunhal ou pericial, a qual deverá sempre refletir a perspetiva das Testemunhas acerca dos fatos pertinentes, eventos ou circunstâncias, ou a análise e opinião do próprio Perito"[25]

[25] Versão original em inglês:
"Many international arbitration practitioners desire more transparent and predictable standards of conduct with respect to relations with Witnesses and Experts in order to promote the principle of equal

(tradução não oficial de Eduardo Damião Gonçalves e Daniel Aun para a IBA, disponível em www.ibanet.org).

Em suma, de acordo com as Diretrizes atuais da IBA, o advogado pode reunir com a testemunha ou perito e preparar o seu depoimento "*inclusive por meio de perguntas e respostas*" preparatórias, mas esses contactos não devem "*alterar a autenticidade da prova testemunhal ou pericial*".

§ 7. Por último, desde 01.01.1998 que está em vigor o Regulamento do LCIA (London Court of International Arbitration) – LCIA Arbitration Rules – cuja versão de 01.10.2014, no seu Artigo 20.5 estabelece uma solução considerada de compromisso:

> "*Subject to the mandatory provisions of any applicable law, rules of law and any order of the Arbitral Tribunal otherwise, it shall not be improper for any party or its legal*

treatment among Parties. Disparate practises among jurisdictions may create inequality and threaten the integrity of the arbitral proceedings.
The Guidelines are intended to reflect best international arbitration practice with respect to the preparation of Witness and Expert testimony.
Domestic professional conduct norms in some jurisdictions require higher standards with respect to contacts with potential Witnesses who are known to be represented by counsel. For example, some common law jurisdictions maintain a prohibition against contact by counsel with any potential Witness whom counsel knows to be represented in respect of the particular arbitration.
If a Party Representative determines that he or she is subject to a higher standard than the standard prescribed in these Guidelines, he or she may address the situation with the other Party and/or the Arbitral Tribunal.
As provided by Guideline 20, a Party Representative may assist in the preparation of Witness Statements and Expert Reports, but should seek to ensure that a Witness Statement reflects the Witness's own account of relevant facts, events and circumstances (Guideline 21), and that any Expert Report reflects the Expert's own views, analysis and conclusions (Guideline 22).
A Party Representative should not invite or encourage a Witness to give false evidence (Guideline 23).
As part of the preparation of testimony for the arbitration, a Party Representative may meet with Witnesses and Experts (or potential Witnesses and Experts) to discuss their prospective testimony. A Party Representative may also help a Witness in preparing his or her own Witness Statement or Expert Report.
Further, a Party Representative may assist a Witness in preparing for their testimony in direct and cross-examination, including through practice questions and answers (Guideline 24). This preparation may include a review of the procedures through which testimony will be elicited and preparation of both direct testimony and cross-examination. Such contacts should however not alter the genuineness of the Witness or Expert evidence, which should always reflect the Witness's own account of relevant facts, events or circumstances, or the Expert's own analysis or opinion".

representatives to interview any potential witness for the purpose of presenting his or her testimony in written form to the Arbitral Tribunal or producing such person as an oral witness at any hearing".

Em suma, o advogado pode entrevistar a testemunha com o objetivo de preparar o seu depoimento escrito ou presencial. Obviamente, se não for impedido por lei imperativa, regulamento aplicável ou ordem do tribunal arbitral.

d. E em Portugal?

§ 8. Durante muitos anos, ao longo de décadas e décadas, não existiu regra expressa sobre o tema no código deontológico dos advogados. O contacto entre o advogado e as testemunhas sempre foi considerado como uma prática imoral e altamente censurável do ponto de vista deontológico e, assim, proibida de acordo com os usos e costumes da profissão, sendo expressamente condenada pelas decisões disciplinares do Conselho Superior da Ordem dos Advogados[26].

No virar do século, sobretudo a partir de 2003, ainda que de forma muito controversa e com decisões disciplinares contraditórias, assistiu-se a uma importante mudança de entendimento, no sentido de que "*as conversações entre o advogado e a testemunha*" são ilícitas se forem prejudiciais para a descoberta da verdade, mas são admissíveis "*desde que delas não resulte qualquer alteração do futuro depoimento*"[27] da testemunha.

Em suma, como afirmou o Conselho Superior da Ordem em 2003: "*O não falar com testemunhas é uma forma simplificada de expressão. O que é,*

[26] Decisão do Conselho Geral da Ordem dos Advogados, de 18.02.2000, para aprovação do Parecer nº E-9/99:
"*1º – A proibição dos advogado contactar ou ouvir testemunhas é um valor ético fundamental para o prestígio e dignidade da classe, a tal ponto que constitui um dado adquirido da consciência da classe e dos profissionais do foro;*
2º – Tal proibição resulta da praxe forense, fonte de direito deontológico, nos termos do artigo 76º, nº 3 do EOA, e da deliberação solene do 1º Congresso dos Advogados Portugueses de 1972;
3º – Este princípio deontológico não deve sofrer qualquer restrição, nem nos casos específicos em que as testemunhas sejam gerentes ou empregados de empresas patrocinadas pelo advogado."

[27] Decisão do Conselho Geral da Ordem dos Advogados, de 18.02.2000, para aprovação do Parecer nº E-9/99.

e sempre foi vedado é influenciar o depoimento de uma testemunha, o alterar, por qualquer forma, a prova a apresentar em tribunal"[28].

Foi este o entendimento que deu origem ao artigo 104º do anterior Estatuto da Ordem dos Advogados, em vigor de 2005 a 2015, que dispunha o seguinte:

> "*Relação com as testemunhas*
> *É vedado a advogado estabelecer contactos com testemunhas ou demais intervenientes processuais com a finalidade de instruir, influenciar ou, por qualquer outro meio, alterar o depoimento das mesmas, prejudicando, desta forma, a descoberta da verdade*".

Assim sendo, desde 2005, o código deontológico dos advogados portugueses permite o contacto entre o advogado e a testemunha ou o perito, mas proíbe expressamente que esse contacto tenha por fim a instrução da testemunha ou perito, ou seja, a alteração do respetivo depoimento.

Este estatuto foi objeto de revisão, prevendo o atual artigo 109º do Estatuto da Ordem dos Advogados (Lei nº 145/2015, de 9 de Setembro) o seguinte:

> "*É vedado ao advogado, <u>por si ou por interposta pessoa</u>, estabelecer contactos com testemunhas ou demais intervenientes processuais com a finalidade de instruir, influenciar ou, por qualquer outro meio, alterar o depoimento das mesmas, prejudicando, desta forma, a descoberta da verdade*" (sublinhado nosso).

[28] Acórdão do Conselho Superior da Ordem dos Advogados de 17.10.2003:
"*É costume e praxe profissional antigo o de os advogados não falarem com as testemunhas.*
Esta obrigação não consta expressamente da Lei, mas, porque é uso e costume, é igualmente de cumprimento obrigatório.
Há abundante jurisprudência dos órgãos da Ordem dos Advogados, alguma dos Tribunais, e vários pareceres, sobre esta matéria. O não falar com as testemunhas é uma forma simplificada de expressão. O que é, e sempre foi vedado é influenciar o depoimento da testemunha, o alterar, por qualquer forma, a prova a apresentar em Tribunal.
Nunca foi vedado ao advogado falar com pessoas que são testemunhas num processo. Se o advogado conhece uma pessoa que vem a ser arrolada como testemunha num processo em que intervém não está obrigado a interromper os contactos sociais que com ela mantém. O advogado que trabalha numa empresa mantém diariamente contacto com os que aí trabalham, muitos dos quais serão testemunhas quase habituais de certos processos (por exemplo incumprimento de contratos).
Mesmo que venha a existir uma conversa entre advogado e futura testemunha, sobre a matéria que virá a ser objecto de um processo judicial, tal só constituirá infracção disciplinar se o Advogado influenciar, ou tentar influenciar, o depoimento da testemunha. Se esta se limitar a dar uma informação ao advogado (por exemplo que o devedor deve isto ou aquilo, que foi interpelado por escrito uma ou mais vezes, etc.) daqui não resulta qualquer ilícito".

A alteração introduzida pela Lei nº 145/2015 (introduzindo a expressão *"por si ou por interposta pessoa"*) não tem especial relevância para o tema. Com efeito, para a discussão, que está longe de estar encerrada[29], não interessa se o contacto do advogado com a testemunha é direto ou indireto; interessa a finalidade desse contacto, sendo proibido, não qualquer contacto entre advogado e testemunhas, mas apenas o que seja efetuado com a finalidade de alterar o depoimento da testemunha, prejudicando assim a descoberta da verdade. Mas fica claro que o advogado também não pode instruir a testemunha ou perito através de um terceiro, por exemplo, o seu cliente.

§ 9. Não existe em Portugal qualquer disposição legal que estabeleça um regime especial para a atuação dos advogados portugueses em arbitragens internacionais - quer no Estatuto da Ordem dos Advogados, quer na Lei de Arbitragem Voluntária - como não se conhece qualquer decisão da Ordem dos Advogados portuguesa que trate especificamente este tema.

Importa, no entanto, ter presente o "Código de Deontologia dos Advogados Europeus" (CCBE Code of Condut"), em vigor em Portugal desde 01.01.2008, cuja versão oficial em língua portuguesa foi aprovada pelo Conselho Geral da Ordem dos Advogados e publicada em Diário da República em 2007[30], aplicável aos advogados portugueses nas suas *"acti-*

[29] António Arnaut (in *"Iniciação à Advocacia"* - Janeiro de 2014, pág. 100), continuava a defender - com o devido respeito, a nosso ver, mal - que o artigo 104º do EOA consagrava estatutariamente o dever de não contactar testemunhas, *"fundado na tradição forense"*, defendendo que quando seja necessário ao advogado obter informações necessárias ao patrocínio e que só possam ser dadas por pessoas que venham a ser testemunhas, *"deve ser outrem a obter tais informações, de modo a que não seja o mesmo advogado a falar com a testemunha e a interrogá-la em tribunal"*, com vista a evitar *"riscos e suspeitas"*. Uma posição difícil de defender face à letra e ao espírito do antigo artigo 104º do EOA e que atualmente nos parece indefensável em face da alteração legislativa introduzida em 2015, com a redação dada ao atual artigo 109º do EOA.

[30] Deliberação nº 2511/2007 OA (2ª série), de 27 de Dezembro de 2007/Ordem dos Advogados, Conselho Geral. Aprova a tradução na língua portuguesa do Código de Deontologia dos Advogados Europeus, originalmente adotado na sessão plenária do *Conseil des Barreaux européens* (CCBE) de 28 de Outubro de 1988 e subsequentemente alterado nas sessões plenárias do CCBE de 28 de Novembro de 1998, de 6 de Dezembro de 2002 e de 19 de Maio de 2006. Revoga o Regulamento nº 25/2001, de 22 de Novembro. Diário da República. - S.2-E n.249 (27 Dezembro 2007).

vidades transfronteiriças (...) no interior da União Europeia e do Espaço Económico Europeu", designadamente "*Toda a relação profissional de um advogado de um Estado-Membro estabelecida com advogados de outro Estado-Membro*", bem como "*As actividades profissionais de um advogado num Estado-Membro diferente do seu, mesmo que o advogado aí não se desloque*".

O artigo 4.5 deste Código Deontológico determina que os deveres deontológicos previstos para os advogados nas suas "*relações com os tribunais*" os vinculam nas arbitragens internacionais em que participem advogados portugueses: "*As regras aplicáveis às relações do advogado com os Tribunais aplicam-se igualmente às relações do advogado com árbitros, peritos ou com qualquer outra pessoa que exerça funções jurisdicionais ou quase-jurisdicionais, ainda que a título ocasional*".

Estão em causa quatro regras, nenhuma delas proibindo, autorizando ou regulando diretamente a relação entre o advogado e a testemunha ou o perito, a saber: (i) o advogado que se apresente ou participe num procedimento perante uma autoridade judicial ou Tribunal, terá de observar as regras deontológicas aplicáveis nessa jurisdição; (ii) o advogado deve, em todas as circunstâncias, observar o princípio da boa fé e da lealdade processual e o caráter contraditório dos debates; (iii) salvaguardando o respeito e a urbanidade devidos ao Tribunal, o advogado defenderá o seu cliente honradamente e sem medo, abstraindo-se dos seus próprios interesses e de quaisquer consequências que possam resultar para si ou qualquer outra pessoa; e (iv) em momento algum deve o advogado, conscientemente, fornecer ao Tribunal uma informação falsa ou suscetível de o induzir em erro[31].

[31] "*4. RELATIONS WITH THE COURTS*
4.1. Rules of Conduct in Court
A lawyer who appears, or takes part in a case, before a court or tribunal must comply with the rules of conduct applied before that court or tribunal.
4.2. Fair Conduct of Proceedings
A lawyer must always have due regard for the fair conduct of proceedings.
4.3. Demeanour in Court
A lawyer shall while maintaining due respect and courtesy towards the court defend the interests of the client honourably and fearlessly without regard to the lawyer's own interests or to any consequences to him- or herself or to any other person.
False or Misleading Information
A lawyer shall never knowingly give false or misleading information to the court.
4.5. Extension to Arbitrators etc.

Em suma, deste Código Deontológico dos Advogados Europeus, em matéria de relação entre o advogado e a testemunha ou o perito, não resulta qualquer proibição de contacto, ou qualquer limite específico a essa interação, mas é legítimo concluir que o dever de atuação com lealdade processual e a proibição expressa de o advogado fornecer ao Tribunal "*uma informação falsa ou suscetível de o induzir em erro*" reforça o dever de o advogado não instruir a testemunha para alterar o seu depoimento com prejuízo da descoberta da verdade, que resultava do antigo artigo 104º e resulta do atual artigo 109º do Estatuto da Ordem dos Advogados.

§ 10. Neste quadro, que concluímos sobre o que pode ou não fazer um advogado de *civil law*, português, na preparação de uma arbitragem (internacional), no que respeita à sua relação com as testemunhas? O que fazer e/ou não fazer?

Em primeiro lugar, cremos que é conforme com as regras deontológicas atualmente aplicáveis a prática de um advogado português que participe numa arbitragem, doméstica ou internacional, de contactar e reunir com testemunhas, ou pessoas que podem vir a ser testemunhas, com vista à recolha de informações e documentos relevantes para a defesa do cliente, nomeadamente com vista à elaboração dos articulados.

Mas podemos e devemos ir mais longe. É dever do advogado promover esse contacto e obter diretamente essas informações, conscientemente, de tal forma que o advogado que não o faça viola o seu dever de defesa do interesse do cliente (artigo 97º, nº 2, do Estatuto da Ordem dos Advogados[32]).

Em segundo lugar, quanto à participação do advogado na elaboração dos depoimentos escritos das testemunhas, somos da opinião de que atua conforme com as regras deontológicas da profissão atualmente em vigor em Portugal o advogado que realiza reuniões com a testemunha e participa na elaboração do depoimento escrito.

The rules governing a lawyer's relations with the courts apply also to the lawyer's relations with arbitrators and any other persons exercising judicial or quasi-judicial functions, even on an occasional basis".

[32] Nos termos do artigo 97º, nº 2 do Estatuto da Ordem dos Advogados "*O advogado tem o dever de agir de forma a defender os interesses legítimos do cliente, sem prejuízo do cumprimento das normas legais e deontológicas*".

Essa participação pode consistir na revisão do depoimento originalmente escrito pela testemunha ou pode mesmo consistir, em certos casos, na própria redação pelo advogado do depoimento que lhe é transmitido pela testemunha[33], devendo os termos dessa participação constar expressamente do texto do depoimento escrito.

Ultrapassada a dúvida deontológica, a questão parece colocar-se mais num plano estratégico, havendo quem defenda que esta não será a prática mais aconselhável, por retirar genuinidade e espontaneidade ao depoimento.

Como refere Robert S. Rifkind[34] de forma impressiva, o advogado deve resistir aos pedidos das testemunhas para escrever o depoimento, sobretudo dos executivos "*com pouco tempo e habituados a dar ordens*". A testemunha deve perceber que o depoimento escrito é o seu depoimento, que tem que participar ativamente na sua elaboração e que está totalmente segura e satisfeita com cada palavra do depoimento. O "*truque do ventríloquo*" será facilmente desmascarado na *cross-examination*[35]. Mas o advogado também não é um mero estenógrafo. "*He is not the author of the script, but he is the director of the play*", ou seja, não é o compositor, mas é o maestro. Para este autor e experiente advogado americano, compete ao advogado definir os factos que devem ser explicados com detalhe, a ordem dos factos, que exemplos devem ser dados, que documentos devem ser citados, que considerações devem ser eliminadas, e mais ainda, deve aconselhar sobre o estilo, o tom, o vocabulário e os sublinhados.

[33] "*É hoje entendimento pacífico na comunidade internacional que os depoimentos não têm de ser necessariamente escritos pelo punho das testemunhas, podendo ser preparados com a ajuda de advogados*" refere Pedro Metello de Nápoles, in "*As novas regras da IBA sobre produção de prova em arbitragem internacional*", in *Revista Internacional de Arbitragem*, Ano III, 2010, p. 112.

[34] Robert S. Rifkind, in "*Preparing the witness for Cross-Examination*", "*Take the witness: Cross-Examination in International Arbitration*", 2010, p. 141

[35] Alexis Mourre, in "*L'administration de la prevue orale dans l'arbitrage international: État actuel de la pratique et perspectives d'évolution*", in "*Les Arbitres Internationaux*", Colloque du 4 février 2005, Centre Français de Droit Comparé, Volume 8, p. 158, salient que: "*Ces declarations écrites étant souvent rédigées par les conseils eux-mêmes, une telle situation conduit à diminuer encore la crédibilité du témoignage. Le cross-examination est en revanche toujours préparé avec beaucoup de soin. Lorsqu'il aura été bien mené, celui-ci peut conduire un témoin à se mettre en contraditction avec lui-même ou avec les thèses de la partie qui l'a présenté, ce à quoi les arbitres attacheront alors une certaine importance*".

Como se referiu, é pacificamente considerada boa prática fazer constar expressamente do depoimento escrito quem foi o advogado que participou na elaboração do depoimento e em que é que consistiu essa participação[36], nomeadamente se consistiu na revisão do texto elaborado pela testemunha ou na própria elaboração do texto com base na entrevista tida com a testemunha e nas informações fornecidas pela mesma.

Estas duas práticas têm, porém, um limite absolutamente intransponível, sob pena de responsabilidade disciplinar por violação do artigo 109º do Estatuto da Ordem dos Advogados: o advogado não pode de forma alguma alterar ou falsear o depoimento da testemunha, influenciá-la para alterar o seu depoimento contra a verdade, isto é, em sentido diferente da memória que a testemunha tem dos factos.

Em terceiro lugar, podemos concluir que um advogado português que participe numa arbitragem, doméstica ou internacional, pode reunir com uma testemunha, na preparação do interrogatório presencial da testemunha em julgamento – e nesse caso, também com o perito – que será feito pelo mesmo advogado (ou outro da sua equipa), pelo advogado da outra parte (*cross-examination*) ou pelo próprio Tribunal Arbitral. Com o mesmo limite intransponível, o respeito pela verdade, sob pena de infração disciplinar por violação do artigo 109º do EOA.

§ 11. Mas, então, em que pode consistir essa preparação para o *cross-examination*? A questão é melindrosa e de difícil resposta. Entre uma sessão de preparação de uma inquirição entre o advogado e a testemunha ou perito e uma sessão de treino ("*coaching*") da testemunha, existe um mundo tão grande como aquele que sempre existiu entre o simples *contacto* com as testemunhas e a *instrução* das testemunhas.

Antes de prosseguir, é importante recordar brevemente as vantagens e desvantagens assinaladas ao contacto entre o advogado e a testemunha: por um lado, esse contacto é imprescindível para o advogado conhecer os factos, preparar o pedido ou defesa; confere eficácia à produção de prova, porque as testemunhas sabem com precisão sobre o que vão depor

[36] V. V. Veeder (Barrister, United Kingdom), in "*Introduction*", "*Arbitration and Oral Evidence*", ICC, January 2005, p. 9: "*off all developments (of international arbitration), the most important is transparency: if the witness has been assisted by others in producing his or her witness written statement, then the witness should be required to disclose in the statement their names and professions, the time taken and the form of assistance provided by them*".

e conhecem os documentos relevantes; mas, por outro lado, existe sempre sério risco de manipulação da testemunha, de alteração do seu depoimento em benefício da posição do cliente, prejudicando a "*descoberta da verdade*".

Assim sendo, o advogado pode, naturalmente, explicar à testemunha o procedimento de inquirição, ou seja, quem vai estar presente, a disposição da sala, quem a vai inquirir, qual o estilo do inquiridor. E dar-lhe os conselhos básicos, universais e clássicos sobre como se deve comportar na inquirição:

1. responder com verdade, que é simultaneamente um dever e um porto seguro;
2. ouvir cada questão com cuidado assegurando-se que a compreendeu antes de responder, pedindo para a pergunta ser repetida até a entender;
3. responder de acordo com a própria memória e conhecimento, sem especulações ou palpites, devendo referir o grau de incerteza, se for o caso;
4. se não souber ou não se recordar sobre o que lhe é perguntado, deve simplesmente responder que não sabe, ou não se recorda;
5. não responder a questões hipotéticas, nem dar opiniões, a não ser que seja uma testemunha-perito;
6. se quiser, pode fundamentar bem as suas respostas, não podendo ser limitado a uma resposta de sim ou não;
7. nunca se intimidar, nem discutir com o advogado ou com o tribunal, nem demonstrar qualquer tipo de irritação ou enfado;
8. evitar o mais possível o exagero, o subentendido, a ironia, o sarcasmo, a arrogância e qualquer tentativa de humor;
9. só responder a questões colocadas e não tomar iniciativa de falar sobre o que não foi perguntado;
10. manter uma atitude igual perante as questões colocadas pelos advogados das duas partes, não revelando qualquer parcialidade[37].

[37] Inspirado, entre outros, em Robert S. Rifkind, in "*Preparing the witness for cross-examination*", "*Take the witness: Cross-Examination in International Arbitration*", 2010, p. 144: "*The witness must be told that to testify is not to chat or to chatter, that his words when spoken and recorded cannot readily be withdrawn or modified, and that each answer must be framed in his mind before it is uttered. He must be told to listen carefully to each question to be sure that he understands it and to have it repeated or explained if he doesn't understand it. He must be told that his answer is to be*

São sempre bons conselhos, clássicos e bem conhecidos, sejam ou não apresentados como uma espécie de "10 mandamentos das testemunhas".

O advogado pode também informar a testemunha, com rigor e cuidado, sobre todos os temas, os factos que vão ser objeto da inquirição, mostrar-lhe todos os documentos relevantes do processo para a sua inquirição e informá-la que pode levar consigo para o seu depoimento os documentos que entender ou as suas notas pessoais (sem prejuízo de a testemunha os poder ter que revelar, por ordem do tribunal).

E pode igualmente informar a testemunha sobre quais as questões que prevê que lhe serão colocadas, em face das matérias em causa[38].

Toda esta prática, pensamos, cumpre rigorosamente o limite traçado pelo artigo 109º do Estatuto da Ordem dos Advogados e pela recente prática forense e jurisprudência portuguesas.

based only on his own knowledge and his own memory that if he does not know the answer to a question he must in truth say so, and that if his memory is uncertain, he should indicate the degree of uncertainty. He should be told that his answers must not be based on speculation, guesses, or assumptions. It should be pointed out to the witness that he only knows what he sees or hears and, particularly, that he should not claim to know what someone else intends or has in mind. Unless he is an expert witness, he should not answer hypothetical questions or offer his opinions. He is entitled to explain his answers and need not be confirmed to a yes or no. He should not be intimidated by the tone or style of cross-examining counsel or of the Tribunal, but he should not engage in argument, nor loose his temper. He should avoid hyperbole and understatement, sarcasm, arrogance, and attempts at humor. And he should be reminded yet again that truth is both his duty and his safe harbor."; Robert S. Rifkind, in "*Practices of the horseshed: The preparation of witness by counsel in America*" (Dossiers ICC Institute of World Business Law"), p. 61: "*There is a long litany of things that one normally tells a witness at this point. He must be told to listen carefully to the question asked, be sure he understands it and have it repeated or explained if he doesn't understand it. His answer must be based on his own knowledge and his own memory. If his memory is uncertain, he should indicate his degree of uncertainty. His answer must not be based on speculation, guesses, or assumptions. Unless he is an expert-witness, he should not answer hypothetical questions or offer his opinions. He is entitled to explain his answer. He need not be confined to a yes or no. He should, as a rule, only respond to the question put and not volunteer what has not been asked for*".

[38] Alexis Mourre, in "*L'administration de la prevue orale dans l'arbitrage international: État actuel de la pratique et perspectives d'évolution*", in "*Les Arbitres Internationaux*", Colloque du 4 février 2005, Centre Français de Droit Comparé, Volume 8, p. 157, defende que "*Cette «préparation» des témoins est considérée comme un des aspects les plus délicats et le plus importants de la defense des intérêts d'une partie dans une procedure d'arbitrage international. Cette activité comprend la definition avez le témoin des question sur lesquelles son témoignage pourra server les intérêts de la partir qui le presente, l'examen des repondes qui pourront être apportées aux questions probables des conseils de l'autre partie*". E, acrescenta o mesmo autor, "*Cette activité comprend même parfois un simulacre d'interrogatoire et de contre interrogatoire auquel il poourra être soumis, avec l'examen des réponses qui pourront être apportées aux questions probables des conseils de l'autre partie*".

§ 12. Para lá desse limite, entramos no campo do treino ("*coaching*") da testemunha, que não deve ser permitido. Pode o advogado – ou um seu colega de equipa, por razões estratégicas – ensaiar a inquirição da testemunha, até obter as respostas satisfatórias ("*mock trials*")? Pode sugerir à testemunha as respostas adequadas a essas perguntas, de acordo com o interesse do seu cliente? Pode treinar essas respostas? Pode ensaiar, repetir (e até filmar) este exercício até que as respostas certas sejam dadas, com segurança e naturalidade?

Cremos que não, pois essa prática é suscetível de influenciar e alterar o depoimento da testemunha, podendo assim prejudicar o depoimento verdadeiro e promover o falso testemunho, em violação do dever imposto pelo artigo 109º do Estatuto da Ordem dos Advogados.

Em conclusão, o advogado português que participa numa arbitragem, doméstica ou internacional, cumpre os deveres deontológicos a que está vinculado quando reúne com a testemunha, na preparação do depoimento escrito e do depoimento presencial, mas viola os seus deveres se treina ("*coach*") a testemunha, alterando as respostas e viciando a seu depoimento genuíno e verdadeiro sobre os factos.

§ 13. Assim sendo, pode existir, de facto, uma situação de potencial desigualdade que deve ser acautelada e resolvida.

Numa arbitragem internacional, em que uma parte e o seu advogado portugueses (ou de outra nacionalidade com um regime semelhante ao de Portugal) defrontem partes e advogados dos EUA e até eventualmente de alguns países da Europa continental, como a França, Bélgica e Suíça – com regras deontológicas excecionais, permitindo expressamente uma atuação mais liberal dos respetivos advogados nas arbitragens internacionais – pode existir uma situação de desvantagem dos primeiros no que respeita à preparação da produção de prova testemunhal, por força da limitação deontológica a que estão sujeitos esses advogados.

Esta situação está perfeitamente identificada pela doutrina especializada: "*Sem uma adaptação da praxe forense às modernas exigências de preparação da prova – sublinhe-se, preparação da prova e não fabrico da prova – o advogado português poderá ficar em desvantagem competitiva naquele mercado*"[39].

[39] José Miguel Júdice, in "*Produção de Prova*", de Setembro de 2008, disponível em www.josemigueljudice-arbitration.com, p. 28 (sublinhado nosso).

Qual a solução que se impõe? Nestes casos, deve o Tribunal Arbitral, por sua iniciativa ou a solicitação da parte, definir regras processuais sobre o tema, que se impõem a todas as partes em condições de igualdade, o que significa que todos os advogados passarão a estar sujeitos ao regime nacional que se mostre mais exigente em matéria de contacto e preparação de testemunhas.

É essa a resposta que decorre das Notas da UNCITRAL, de 2012, segundo as quais "*in order to avoid misunderstandings, the arbitral tribunal may consider it useful to clarify what kind of contacts a party is permitted to have with a witness in the preparations for hearings". (...) "In some legal systems, parties or their representatives are permitted to interview witness, prior to their appearance at the hearing, as to such matters as their recollection of the relevant events, their experience, qualifications or relation with participant in the proceedings. In those legal systems such contacts are usually not permitted once the witness's oral testimony has begun. In other systems such contacts with witnesses are considered improper*".

Também as IBA Rules de 2010 dispõem que o Tribunal Arbitral deve, o mais cedo possível, consultar as partes para acordarem nas regras sobre a produção de prova, incluindo expressamente sobre a preparação dos depoimentos escritos e os depoimentos presenciais das testemunhas (artigo 2. nºs 1 e 2, alíneas a) e b) das IBA Rules)[40], quem deve testemunhar e a relevância da prova, a admissibilidade ou a sua exclusão, considerando nomeadamente, entre outros fatores *"the need to maintain fairness and equality between the Parties, particularly if they are subject to different legal and ethical rules"* (artigo 9. nº 3, alínea b) das IBA Rules).

Pode ainda o Tribunal Arbitral, nesse caso, impor às partes e aos seus advogados um dever de revelação sobre o "*âmbito e natureza*" dos contactos que vierem a ser estabelecidos entre os advogados e as testemunhas (e peritos, se existirem)[41].

[40] Article 2 – Consultation on Evidentiary Issues
1. "*The Arbitral Tribunal shall consult the Parties at the earliest appropriate time in the proceedings and invite them to consult each other with a view to agreeing on an efficient, economical and fair process for the taking of evidence. 2. The consultation on evidentiary issues may address the scope, timing and manner of the taking of evidence, including:(a) the preparation and submission of Witness Statements and Expert Reports; (b) the taking of oral testimony at any Evidentiary Hearing*".

[41] José Miguel Júdice, in "*Produção de Prova*", de Setembro de 2008, disponível em www.josemigueljudice-arbitration.com, p. 26: "*A introdução (nas regras da IBA) de uma obrigação de revelação (disclosure) do âmbito e natureza de tais contactos (...) parece-nos igualmente de aplaudir,*

Dependendo, naturalmente, da lei aplicável à arbitragem, caso o Tribunal Arbitral se recuse a definir as regras processuais nesses termos, existe um risco de a decisão arbitral poder vir a ser anulada, pois em causa está seguramente a potencial violação de um princípio basilar do processo arbitral: a igualdade no tratamento das partes.

Sendo-lhe aplicável a Lei da Arbitragem Voluntária, Lei nº 63/2011, de 14 de Dezembro, o processo arbitral deve necessariamente respeitar o princípio fundamental do tratamento das partes com igualdade (artigo 30º, nº 1, alínea b), da Lei da Arbitragem Voluntária), o que significa que as regras processuais – acordadas pelas partes, até a aceitação do primeiro árbitro, ou definidas pelo Tribunal Arbitral, depois desse momento – terão que respeitar esse princípio.

Nos termos do mesmo artigo 30º da Lei da Arbitragem Voluntária, números 3 e 4, o Tribunal Arbitral tem poderes para "*conduzir a arbitragem do modo que considerar adequado*", podendo definir as regras processuais e determinar quais as provas admissíveis e o seu valor, pelo que o Tribunal tem obviamente poderes para definir as regras que deverão ser cumpridas pelas partes e pelos seus mandatários no contacto e na preparação das testemunhas. Não se trata de transformar o Tribunal Arbitral num polícia de costumes, mas de garantir um processo justo, equitativo, e bem assim de assegurar a validade da sentença arbitral.

Caso o Tribunal Arbitral, confrontado pela parte que se considere prejudicada, por verificar uma situação de desigualdade, se recuse a definir essas regras, a sentença arbitral pode ser impugnada, nos termos do artigo 46º, nº 3, alínea a), subalínea ii), da Lei da Arbitragem Voluntária, desde que essa violação do princípio do tratamento igual das partes tenha tido "*influência decisiva na resolução do litígio*". Tal pode não ser fácil de provar, mas essa é outra questão[42] [43].

podendo funcionar como instrumento de aprofundamento dos princípios da igualdade das partes e da boa fé processual".

[42] Neste sentido, ainda que mais genericamente sobre a produção de prova, PEDRO METELLO DE NÁPOLES, in "*As novas regras da IBA sobre produção de prova em arbitragem internacional*", Revista Internacional de Arbitragem, Ano III, 2010, p. 108: "*Um dos obstáculos frequentemente encontrados em arbitragens internacionais resulta da diferença de culturas e, consequentemente, da diversidade de expectativas das partes quanto à forma de desenvolvimento do processo. Tais diferenças, se detectadas tardiamente, podem causar óbvias dificuldades, já que o tribunal se verá confrontado com ter de optar entre promover o andamento do processo e o seu próprio entendimento sobre as regras aplicáveis,*

Nesse contexto, será também possível defender que as regras imperativas sobre a atuação dos advogados, nomeadamente no que respeita à produção de prova, incluindo o contacto e a preparação das testemunhas, integram a ordem pública (internacional) do Estado português, pelo que uma sentença arbitral fundada em prova produzida em violação dessas regras – nomeadamente, através do "*coaching*" sistemático das testemunhas – poderá também ser objeto de impugnação com esse fundamento (cfr. artigo 46º, nº 3, alínea b), subalínea ii), da Lei da Arbitragem Voluntária).

Note-se que o direito a um processo equitativo ("*due process*") encontra-se expressamente acolhido no artigo 20º, nº 4 da Constituição da República Portuguesa – por sua vez inspirado no artigo 6º da Convenção Europeia dos Direitos do Homem[44] –, e constitui pedra basilar do

por um lado, e o risco de limitar o direito de uma das partes a produzir prova, pondo em causa a própria validade da futura decisão arbitral".

[43] Sobre este fundamento de anulação da decisão arbitral se pronunciou o Tribunal Central Administrativo Sul, à luz da anterior Lei da Arbitragem Voluntária (Lei nº 31/86, de 29 de Agosto), em acórdão de 12.09.2013, processo nº 01570/06 (Desembargadora Relatora Ana Celeste de Carvalho), disponível em www.dgsi.pt: "*A exigência da influência decisiva da inobservância dos princípios previstos no artº 16º da LAV na resolução do litígio, tem o significado de na citada causa de anulação da decisão arbitral não caber qualquer violação, não bastando à parte invocar a mera inobservância ou desrespeito do princípio, sendo necessária a demonstração da sua relevância e sua contribuição efectiva para o desfecho do litígio. Por outro lado, o fundamento de anulação consiste na violação do princípio da igualdade de tratamento das partes ao longo da tramitação do processo arbitral, pretendendo tal princípio significar que sejam dadas iguais oportunidades às partes, designadamente, quanto aos meios de defesa. Tal princípio exige que as partes possuam os mesmos poderes, direitos, ónus e deveres, situando-se cada parte numa posição de plena igualdade perante a outra e ambas sejam tratadas de igual modo pelo Tribunal. Segundo a doutrina, o princípio da igualdade das partes "consiste em as partes serem postas no processo em perfeita paridade de condições, disfrutando, portanto, de idênticas possibilidades de obter a justiça que lhes seja devida" Manuel de Andrade, in "Noções Elementares de Processo Civil", 1º vol, 1963, pág. 353) e, em concreto, o princípio exige a "identidade de faculdades e meios de defesa processuais das partes e a sua sujeição a ónus e cominações idênticos, sempre que a sua posição perante o processo é equiparável" (Lebre de Freitas, in "Introdução ao Processo Civil", 1º vol., 1996, pág. 105). Esta igualdade de tratamento das partes é assumida como uma concretização do princípio constitucional da igualdade, previsto no nº 1 do artº 13º da Constituição, tendo expressão, enquanto princípio processual, no disposto no artº 3º-A do CPC, o qual se aplica subsidiariamente ao processo arbitral*". *Vide* ainda o Acórdão do Tribunal da Relação de Coimbra, de 21.04.2015, processo nº 3486/12.7TBLRA.C1 (Desembargador Relator Henrique Antunes), disponível em www.dgsi.pt:

[44] Marcelo Rebelo de Sousa / José de Melo Alexandrino, *Constituição da República Portuguesa Comentada*, 2000, p. 103.

nosso ordenamento jurídico. O respeito por este princípio fundamental pressupõe, assim, que as relações entre os advogados e as testemunhas se desenvolvam em condições de estrita igualdade, o que determina que, numa arbitragem em que participe um advogado português, o contacto entre os advogados e as testemunhas não possa ir para além dos limites consagrados no artigo 109º do Estatuto da Ordem dos Advogados. Por outro lado, pela tutela constitucional que merece e pela relevância que assume, transversal a todo regime processual português, a violação do princípio da igualdade de armas no âmbito de um processo arbitral, através do *coaching* de testemunhas por uma das partes em desrespeito daqueles deveres deontológicos, reforça, em nosso entender, as hipóteses de sucesso de um eventual pedido de anulação da decisão arbitral ou de oposição ao reconhecimento da mesma com fundamento na violação da ordem pública internacional do Estado[45].

[45] Note-se, no entanto, que a prolação de uma decisão arbitral baseada em prova que atente contra o princípio do processo equitativo, não obstante a tutela constitucional que este conhece, não legitima a parte lesada a recorrer para o Tribunal Constitucional, uma vez que não está em causa a aplicação, por parte do Tribunal Arbitral, de normas feridas de inconstitucionalidade ou a não aplicação de uma norma com o mesmo fundamento. Com efeito, contrariamente ao que se verifica em países como a Alemanha ou a Espanha, em Portugal o Tribunal Constitucional não tem o *exclusivo* da competência em matéria de controlo da inconstitucionalidade, inexistindo no nosso ordenamento figura análoga à *Verfassugnsbeschwerde* alemã ou ao *recurso de amparo* espanhol. O recurso para o Tribunal Constitucional já será possível se, uma vez suscitada pela parte lesada, atempadamente, a questão da violação do princípio do processo equitativo na prova produzida (por exemplo, prova testemunhal), o Tribunal Arbitral indefira o pedido de desconsideração ou desentranhamento dos elementos de prova em causa, fundamentando essa sua decisão na interpretação e aplicação de uma norma jurídica em sentido contrário à Constituição. Sobre a possibilidade de recurso das decisões arbitrais para o Tribunal Constitucional e as questões que nesta sede se levantam *vide* o escrito do nosso saudoso e querido "Dr. Miguel", MIGUEL GALVÃO TELES, "*Recurso para Tribunal Constitucional das Decisões dos Tribunais Arbitrais*", in "*Escritos Jurídicos*", Volume I, Almedina, 2013, pp. 579 a 603.

II. QUAL O PAPEL DO ADVOGADO NA *CROSS-EXAMINATION* DE TESTEMUNHAS E PERITOS INDICADOS PELA OUTRA PARTE? ALGUMAS QUESTÕES.

a. Originalidades da arbitragem na produção de prova testemunhal e pericial

§ 14. O encontro de culturas jurídicas distintas, de *commow-law* e *civil law*, promovido pela arbitragem internacional estimulou a criação de soluções inovadoras e originais para o processo arbitral, nomeadamente sobre a produção de prova testemunhal e pericial, sempre orientadas para o objetivo de a decisão arbitral ser tomada num prazo razoável, o mais curto possível, reduzindo as formalidades e os expedientes dilatórios, e promovendo a simplificação de procedimentos e o efetivo apuramento de factos essenciais da causa[46].

São exemplo dessas soluções a definição sintética e abrangente de apenas algumas grandes questões de facto a submeter à prova; a promoção dos depoimentos escritos das testemunhas, que são apenas submetidas à inquirição do mandatário da parte que se opõe a a quem as arrolou (*cross-examination*), se este o requerer; a admissibilidade do depoimento de administradores ou gerentes das sociedades sem finalidade e efeito de confissão, alargando o conceito de testemunha; a limitação dos tempos de inquirição das testemunhas pelos mandatários das partes; e a preferência pelas testemunhas-perito em detrimento da peritagem colegial.

Algumas destas soluções revelaram de tal forma as suas vantagens, que influenciaram as reformas dos regimes processuais civis nacionais, como aconteceu em Portugal, com o novo Código de Processo Civil de 2013 (Lei nº 41/2013, de 26 de Junho), nomeadamente a adequação formal, a simplificação e a agilização processual, a defesa do objeto do litígio e dos temas de prova e admissibilidade das declarações de parte.

[46] Sobre este tema, Yves Derains, in *"La Pratique de l'administration de la preuve dans l' arbitrage comercial international"*, *"Revue de l'arbitrage"*, 2004, nº 4, pp. 781 ss.: *"Summary: In order to achieve the cultural neutrality required in the presence of parties of different origins, international arbitration must combine the various and conflicting legal traditions which exist in relation to the administration of proof. In this respect, both the civil law and common law jurisdictions have a core of different rules, which make easy to contrast them. Schematically, the main points of divergence between these two legal traditions concern the very subject matter of the proceedings, the courts' powers of intervention and the role of the hearing. The practice of international arbitration has given rise to procedures of composite nature, which borrow some of their characteristics from each of the two great legal families"*.

O processo civil português não se limitou a importar as soluções processuais do processo arbitral, mas foi certamente influenciado – entre outros bons fatores – pela prática da arbitragem, nacional e internacional.

Estas soluções suscitam, porém, novas questões e novos desafios para os advogados e para os árbitros, algumas das quais enunciaremos de seguida de forma resumida.

b. Preparação da *cross-examination* de testemunhas e peritos

§ 15. Sabemos, por experiência própria, que a chave para o sucesso de uma *cross-examination* sempre foi a sua preparação meticulosa pelo advogado, que tem a obrigação de preparar a inquirição de cada testemunha e de cada perito com o máximo rigor, cuidado e profundidade.

Tem que conhecer profundamente o processo, cada palavra de cada página dos articulados e de todos os documentos.

Tem que descobrir tudo o que há para descobrir sobre cada testemunha ou perito que vai inquirir.

Nesta tarefa, apenas uma coisa mudou. Atualmente o melhor amigo do advogado tem um nome que não é o do cliente: chama-se "*google*". Quem não "*googlar*" bem a testemunha ou o perito, entra a perder na *cross-examination*. Tudo, ou quase tudo o que somos e escrevemos, está na *internet*, pois são poucos os que não têm perfil no *Facebook* ou no *Linkedin*, ou não têm a sua obra acessível na rede. Basta saber procurar, mas procurar bem, porque a internet está inundada de rumores, boatos, informações incorretas e falsos perfis.[47]

Mas aqui termina a semelhança entre a preparação da inquirição de uma testemunha e a de um perito apresentado pela parte contrária. A testemunha depõe sobre factos, o perito dá opiniões técnicas sobre matérias complexas e especializadas.

Para inquirir uma testemunha, *basta* ser advogado. Para inquirir o perito, o advogado tem que se transformar num especialista temporário em matérias tão diferentes e (para si) misteriosas, tais como helicópteros

[47] Paul-A. Gélinas, in "*Evidence through witness*", Dossiers ICC "*Arbitration and oral evidence*", 2005, pp. 29 e ss., defende que o rol de testemunhas, deve ser acompanhado do CV e fotografia de cada testemunha (p. 40) – o que facilita este trabalho dos advogados, mas também do Tribunal Arbitral quando tiver que se recordar do que disse cada testemunha. Para este efeito, o autor sugere mesmo que cada testemunha seja fotografada ou filmada pelo secretário do Tribunal (p. 47).

de ataque, mercado de *swaps*, saneamento básico ou reprodução animal. E nunca ficará a saber o suficiente.

c. As dificuldades da *cross-examination* dos peritos

§ 16. O primeiro trabalho do advogado passa por "simplificar" o perito, sobretudo no caso de peritos com menos experiência em tribunal. O professor de engenharia ou o maior especialista vivo em medicina tropical tem que aprender a escrever e falar para o Tribunal Arbitral, de forma diferente da que costuma fazer no exercício da sua profissão, perante os seus pares ou alunos. Tem que deixar a vaidade e a arrogância – se as tiver – ou pelo menos, a natural superioridade intelectual, fora da porta e procurar escrever e dizer as coisas para que, desde logo, o advogado realmente as entenda[48].

Segundo John M. Townsend, com algum exagero, só há duas categorias de peritos apresentados pela parte contrária: os profissionais honestos, mas enganados; e os mentirosos profissionais ("*One is the honest but mistaken professional. The other is the paid liar*")[49].

Diz a experiência que a tarefa mais fácil é a inquirição do perito "*paid liar*", a do perito parcial que aceitou tomar partido da parte que o contratou. Neste caso, a estratégia mais eficaz é o ataque, que não significa qualquer tipo de inquirição dramática ou teatral. Pelo contrário, significa uma inquirição serena, educada e até simpática. O importante é revelar a falsidade ou incorreção grave do relatório pericial. Basta uma mentira ou incorreção relevante para destruir toda a credibilidade do perito. Quanto mais breve for o ataque, melhor. Deve ser *"direto à jugular"*, sem rodeios.

Neste caso, na *cross-examination* deve procurar-se: a) uma contradição entre o relatório pericial e qualquer outro depoimento do mesmo perito, ou obra publicada (mesmo que coletiva); b) uma incongruência entre a formação/especialidade do perito e o objeto da peritagem; c) uma relação próxima entre o perito e a parte ou advogado da parte contrária; d) o tipo de remuneração acordada entre o perito e a parte que o contratou, nomeadamente se baseada em qualquer tipo de "*success fee*".

[48] Robert S. Rifkind, in *"Preparing the witness for Cross-Examination"*, *"Take the witness: Cross-Examination in International Arbitration"*, 2010, p. 142.

[49] John M. Townsend, in *"Crossing the hot tube: examining adverse expert witness in international arbitration"*, *"Take the witness: Cross-Examination in International Arbitration"*, 2010, p. 161.

Mais difícil é a *cross-examination* de um perito imparcial, mas enganado, por erro próprio ou da parte que o indicou. A experiência aconselha que o estilo não mude, que a inquirição seja feita de forma educada e correta, sem qualquer tipo de irritação ou sarcasmo. Mas, neste caso, não se deve atacar a credibilidade do perito, apenas procurar revelar o engano, criar a dúvida e tentar usar o perito em nosso benefício.

Mas como?

Em primeiro lugar, o advogado deve ser breve e não deve dar "*tempo de antena*" para o perito expor as suas razões e profundos conhecimentos técnicos. Se existir esse risco, o melhor será prescindir da *cross-examination*, que também é uma opção perfeitamente válida.

Em segundo lugar, o advogado deve perguntar ao perito sobre os pressupostos da sua opinião, quem lhos forneceu e como, procurando o erro nos pressupostos fornecidos ao perito[50]. Neste contexto surge ainda a questão, melindrosa e passível de discussão na doutrina e nos tribunais, sobre o dever de revelação dos contactos estabelecidos entre as partes, ou seus advogados, e o perito, incluindo a divulgação dos diferentes projetos de relatórios, e ao qual se pode opor o sigilo profissional no caso em que os contactos sejam entre perito e advogado.

Em terceiro lugar, se existir algum indício de o relatório pericial poder ter sido feito por uma equipa e não apenas pessoalmente pelo perito, deve perguntar ao perito quem fez o estudo, quem escreveu o relatório, qual a formação dessas pessoas e a sua relação com as partes, e finalmente, qual a parte que foi mesmo escrita pelo perito[51].

Em quarto lugar, o advogado deve procurar que o perito da parte contrária confirme em que é que está de acordo com o perito indicado pela parte que o mesmo representa. Numa perícia, há sempre matérias em que os peritos estão de acordo, normalmente a maioria das matérias, cerca de 99%.

[50] David Haigh, in "*When to be friendly and when to impeach*", "*Take the witness: Cross-Examination in International Arbitration*", 2010, p. 25: "*Another basic set of questions can arise in relation to the instructions given to the expert and, in particular, what assumptions he was asked to make. If the facts given to the expert or the assumptions he has been asked to make are too narrow or, worse, inaccurate, then the conclusions he has reached may well be flawed*".

[51] O artigo 5º, nº 2, alínea i) das IBA Rules determina que se o relatório pericial for assinado por mais do que uma pessoa, que seja atribuída a autoria de cada parte específica do relatório a cada uma dessas pessoas.

Em quinto lugar, se não puder fazer mais nada e se o advogado confiar no seu perito, deve promover o confronto direto entre os vários peritos, para tentar que fique esclarecida, a seu favor, a parte (menor) da matéria em discussão. Se se conseguir que seja o Tribunal Arbitral a fazer as perguntas, melhor, pois os árbitros estão sempre mais atentos às respostas às suas perguntas do que às dos advogados. É humano.

Se nada mais puder mesmo fazer, o mínimo aceitável será obter um elogio do perito da parte contrária ao seu próprio perito. Normalmente, esse elogio não é negado (a não ser em caso de animosidade pessoal entre peritos, o que convém verificar antes).

d. Limites da *cross-examination* com ou sem depoimento escrito

§ 17. Além da economia de meios e de tempo, sobretudo para os árbitros, uma das vantagens normalmente apontadas aos depoimentos escritos é a previsibilidade que confere à prova produzida, em benefício da igualdade das partes. Desta forma, evitam-se surpresas e concede-se às partes o tempo necessário para exercer um efetivo contraditório na inquirição das testemunhas.

Cada parte tem conhecimento atempado do depoimento das testemunhas da outra parte, podendo preparar, com tempo, todas as perguntas que pretende fazer e até as várias hipóteses de inquirição que pode seguir, consoante as respostas que a testemunha for dando.

Sem prévio depoimento escrito, essa vantagem da previsibilidade desaparece. Mas não se pense que se passa para o mundo da capacidade de intuição e de improviso do advogado. Claro que estes podem ser mais importantes neste caso, mas a solução está, como todos sabemos, mais uma vez, na preparação meticulosa e rigorosa e na concentração máxima durante o depoimento.

Desde logo deve evitar-se, em absoluto, qualquer tipo de expressão – negativa ou positiva – sobre o depoimento da testemunha. Depois, há que decidir: inquirir, ou não, pois, por vezes, um "*não quero nada da testemunha*" é muito mais mortal que mil perguntas. Se o advogado optar por inquirir, então deve seguir uma ordem lógica que permita aos árbitros tomar notas adicionais nos mesmos pontos das que tomaram durante a inquirição.

Como se referiu, as questões de facto objeto da prova estão, normalmente, com maior ou menor detalhe, definidas no processo. Mas esta definição não constitui uma limitação formal e rígida sobre a produção de prova testemunhal na arbitragem, podendo naturalmente as perguntas incidir sobre os factos alegados nos articulados e sobre os respetivos documentos.

Não existindo depoimento escrito, a inquirição começa pelo advogado da parte que indicou a testemunha, seguindo-se a *cross-examination* pelo advogado da outra parte e finalmente, pelo primeiro advogado sobre matérias tratadas na *cross-examination* (artigo 8º, nº 3, das *IBA Rules on the Taking of Evidence in International Arbitration*). Existindo depoimento escrito, a outra parte pode requerer a presença da testemunha para proceder à *cross-examination*, tendo a não comparência da testemunha o efeito de desconsideração completa do depoimento escrito, seguindo-se à *cross-examination* a inquirição do advogado que apresentou o depoimento escrito sobre as matérias objeto do *cross-examination* (art. 4.4 e 8.1.)

Tem sido discutida a questão de saber qual pode ser o objeto da *cross-examination*: estará limitada à matéria objeto do depoimento escrito ou presencial da testemunha, ou não haverá qualquer limitação, podendo a testemunha ser questionada sobre toda a matéria dos autos? As alternativas parecem situar-se entre a "*english rule*" (que não impõe tal limitação) e a "*american rule*" (que consagra essa limitação).

As vozes a favor da não-limitação impressionam. Laurence Shore escreve: "*the English rule protests the cross-examiner from witness who has avoided discussing matters in her witness statement that are directly relevant to the case before the tribunal*"[52].

Mas as vozes a favor da limitação também. Com efeito, Yves Derains defende que "*En faveur d'un contre-interrogatoire limité au seul objet de la déclaration écrite du témoin ou à ce qu'il a ou ajouter oralement a 1'occasion d'un interrogatoire direct plus large, on fera remarquer que le contre-interrogatoire vise à permettre à une partie de détruire la preuve que tente d'apporter l'adversaire avec le témoin qu' il présente et non pas de constituer des preuves sur des points sur lesquels elle n' avait pas annoncé à l'avance qu'elle souhaitait interroger le-témoin. Ce dernier point de vue paraît plus respectueux de l'égalité des parties. Apres tout, la partie qui présente le témoin n'est pas autorisée à l'interroger au-delà du cadre de sa déclaration écrite pour que son adversaire ne soit pas pris au' dépourvu et*

[52] LAURENCE SHORE, in "*Cross-Examination without discovery*", "*Take the witness: Cross-Examination in International Arbitration*", 2010, p. 59.

puisse préparer, avant l'audience, son contre-interrogatoire. L'inverse doit s'appliquer, en ce que l'auteur du contre-interrogatoire ne devrait pas pouvoir sortir du cadre des déclarations du témoin, écrites ou orales, de façon à ce que son adversaire ne soit pas non plus pris par surprise, sachant qu'il doit procéder immédiatement au re-interrogatoire, toujours limité au contenu du contre-interrogatoire. Seules devraient faire exception questions relatives à la crédibilité du témoin car c'est plus sa personne qui est alors en cause que l'objet de ses déclarations"[53].

Também Anne Véronique Shlaepfer entende que "*Obviously the scope of cross-examination cannot be limited in the same way. Otherwise, a party could prevent de opposing party from asking relevant questions by submitting witness statements dealing with side issues only*"[54].

Em suma, a favor da limitação pesam a igualdade de tratamento, a previsibilidade, a censura de prova feita com surpresa, o "*trial by ambush*". A favor da não limitação, pesa uma maior liberdade de prova, sem formalismos que impeçam a descoberta da verdade material, obrigando a parte que apresenta a testemunha a correr o risco de sujeitá-la a todas as perguntas que a outra parte e o tribunal entendam relevantes.

No caso de a produção de prova testemunhal ser feita sem depoimentos escritos, mas apenas presenciais, pode fazer mais sentido a limitação do âmbito da *cross-examination*. Qualquer das partes pode indicar as testemunhas que entenda e fazer a primeira inquirição dessas testemunhas, pelo que, se a outra parte quiser ouvir a mesma testemunha sobre outras

[53] Yves Derains, in *"La Pratique de l'administration de la preuve dans l' arbitrage comercial international"*, *"Revue de l'arbitrage"*, 2004, nº 4, p. 799. Tradução: *"A favor de um contra-interrogatório limitado ao objecto da declaração escrita da testemunha ou ao que esta pôde acrescentar oralmente na ocasião de um interrogatório directo mais abrangente, alega-se que o contra-interrogatório visa permitir a uma parte de destruir a prova que o adversário tenta fazer com a testemunha que apresenta e não de fazer prova sobre pontos relativamente aos quais a parte não anunciou com antecedência que queria interrogar a testemunha. Este último ponto de vista parece mais respeitador da igualdade das partes. Afinal, a parte que apresenta a testemunha não está autorizada a interrogá-la para além do âmbito da sua declaração escrita de modo a que o seu adversário não seja apanhado de surpresa e possa preparar, antes da audiência, o seu contra-interrogatório. O inverso deve aplicar-se, no sentido em que o autor do contra-interrogatório não deveria poder sair do âmbito das declarações da testemunha, escritas ou orais, de maneira a que o seu adversário também não seja apanhado de surpresa, sabendo que o mesmo tem de proceder imediatamente ao interrogatório de resposta ["re-interrogatoire"], sempre limitado ao conteúdo do contra-interrogatório. Somente as questões relativas à credibilidade da testemunha deveriam constituir excepção, tendo em conta que é então mais a sua pessoa que está em causa do que o objecto das suas declarações."*

[54] In "*Witness statements*", Dossiers ICC "*Arbitration and oral evidence*", 2005, p. 72.

matérias, deverá indicar também essa testemunha, que será testemunha comum. É certo que pode ser uma testemunha hostil e, no limite, nem sequer comparecer, mas essa é outra questão, sendo o resultado igual para ambas as partes. Se a testemunha comparece, terá que ser ouvida como testemunha comum se for indicada pelas duas partes. Se não comparece, não é inquirida por nenhuma delas, sem prejuízo das soluções previstas para assegurar a inquirição de testemunhas que revelam dificuldades de colaboração voluntária com os tribunais arbitrais (artigo 38º da Lei da Arbitragem Voluntária).

Se a produção da prova testemunhal for feita através de depoimento escrito, a questão é mais complexa. Ambas as partes podem indicar a testemunha e se ambas conseguirem obter depoimentos escritos, em condições de igualdade, as *cross-examinations* recíprocas devem ter por objeto os depoimentos escritos. Ou seja, deve existir limitação.

Provavelmente, porém, a situação mais comum será a de uma das partes ter maior facilidade de acesso à testemunha que a outra, estando, por isso, numa posição privilegiada para conseguir depoimento escrito mais completo e esclarecedor sobre a matéria que lhe é favorável. Pense-se, por exemplo, no caso de uma testemunha que é o Diretor-geral da Demandante. Naturalmente, a Demandante e os seus advogados terão mais facilidade na preparação do depoimento escrito dessa testemunha que a parte contrária. Nesse caso, a igualdade de tratamento e o objeto da descoberta da verdade impõem que a parte contrária possa inquirir a testemunha, que também indicou, sobre matérias que não constam do depoimento escrito, sem limitação. Seja em *cross-examination* ou inquirição direta, o importante é que o possa fazer livremente.

A este propósito, importa ter sempre presente que o contacto entre um advogado e a testemunha indicada pela outra parte (e que aquele advogado, apenas pelas razões estratégicas referidas, pode também indicar como testemunha comum) é restringido por força da proibição de contacto entre o advogado e a outra parte consagrada nos códigos deontológicos da profissão, quer por aplicação directa (quando estão em causa os representantes da outra parte, ou até os seus funcionários), quer por analogia, como defende alguma doutrina[55].

[55] Hans van Houtte, in "*Counsel-witness relations and professional misconduct in civil law systems*", Dossiers ICC "*Arbitration and oral evidence*", 2005, pp. 109-110.

Em Portugal, o artigo 112º, nº 1, alínea e), do Estatuto da Ordem dos Advogados, impõe como dever do advogado *"Não contactar a parte contrária que esteja representada por advogado, salvo se previamente autorizado por este, ou se tal for indispensável, por imposição legal ou contratual"*. Também o artigo 5.5 do Código de Conduta do Advogado Europeu impede o advogado de *"contactar directamente uma pessoa que saiba encontrar-se representada ou assistida por um outro advogado, sobre determinado assunto, sem o consentimento deste (e, neste caso, deve manter o colega informado sobre os contactos que ocorram)"*.

e. *Cross-examination* de testemunhas hostis?

§ 18. Uma testemunha hostil, sobretudo se for inteligente, é o maior desafio para um advogado de contencioso e arbitragem. A má notícia é que não há nenhuma receita eficaz para se vencer esse desafio. Como disse Robert S. Rifkind[56] é como tentar escrever um manual que ensine a andar de bicicleta.

A este respeito, apenas três notas breves:

A primeira nota respeita à importância do Tribunal Arbitral, numa arbitragem *"multicultural"*, assegurar a igualdade das partes, não permitindo que o estilo mais agressivo de *cross-examination* dos advogados de *common law* em relação às testemunhas hostis constitua uma vantagem indevida sobre os advogados de *civil law*, habituados a um estilo de inquirição mais suave[57]. Mais uma vez, importa encontrar um ponto de equilíbrio, porque a limitação da actuação do advogado de *common law* relativamente à prática a que está habituado pode introduzir, por si só, um factor de desigualdade no processo.

Em segundo lugar, como sabemos, a atitude do advogado deve realmente mudar, consoante a natureza do Tribunal. Como um ator perante o seu público. Os próprios juízes do foro judicial tendem cada vez mais a proteger as testemunhas de uma inquirição agressiva. Um tribunal arbitral, então, dificilmente a suporta. Sobretudo se o tribunal arbitral for mais *"académico"* e menos habituado às práticas do foro. Perante uma

[56] Robert Rifkind, in *"Arbitration and Oral Evidence"*, *"Practices of the horseshed"* da *"ICC – The world business organization"*, 2005, p. 61.

[57] Fabio Bortolotti, *"La peuvre par témoins vue par l'arbitre international"*, Bruylant, Bruxelles, 2009, pp. 134 e 135.

testemunha hostil, como escreveu John M. Townsend, deve seguir-se a regra de inquirir "*sentado, sempre simpático e a sorrir*"[58].

Na vida real, não há momentos "*à Perry Mason*", em que o grande advogado conseguia revelar, na inquirição, que a testemunha hostil afinal era o verdadeiro criminoso. Não vale a pena sonhar com isso. O melhor que um advogado pode esperar retirar de uma testemunha hostil é revelar alguma contradição grave que abale a sua credibilidade: basta uma contradição relevante. E, no mínimo, expor a sua parcialidade, nomeadamente pela diferença de atitude que revelar em relação à inquirição feita pelo advogado da outra parte. Se a testemunha quiser ser hostil, deixá-la ser. E quanto mais melhor.

Finalmente, em terceiro lugar, se a testemunha hostil estiver realmente a faltar à verdade e se o advogado tiver provas claras disso, o advogado não deve temer revelar completamente esse facto ao Tribunal Arbitral, procurando fazê-lo da forma mais cordata possível.

f. Crime de falsidade de testemunho?

§ 19. A propósito deste tema, há um ponto sobre o qual importa igualmente refletir: pratica um crime a testemunha que presta um depoimento falso numa arbitragem realizada em Portugal? E tem alguma relevância para a resposta o facto de a testemunha prestar ou não juramento perante o Tribunal Arbitral?

Em Portugal, pelo menos face ao disposto no artigo 38º, nº 1, da Lei da Arbitragem Voluntária, a testemunha que não compareça perante o Tribunal Arbitral, pode ser obrigada a depor perante o tribunal estatual, a pedido da parte e com a prévia autorização do Tribunal Arbitral.

A Lei da Arbitragem Voluntária não prevê que a testemunha preste juramento perante o Tribunal Arbitral – e não existe uma prática uniforme na arbitragem nacional e internacional quanto a este aspecto – mas se a testemunha, no âmbito de um processo arbitral, for obrigada a depor perante o Tribunal Estadual, terá que prestar juramento nos termos dos artigos 459º e 513º do Código de Processo Civil[59].

[58] John M. Townsend, "*Crossing the hot tube: examining adverse expert witness in international arbitration*", "*Take the witness: Cross-Examination in International Arbitration*", 2010, p. 162.

[59] O artigo 513º do Código de Processo Civil, sobre a prova testemunhal, determina que o juiz observe o artigo 459º: "*1 – Antes de começar o depoimento, o tribunal faz sentir ao depoente a*

Acontece que, em Portugal, a testemunha que num processo arbitral preste um depoimento falso – com ou sem juramento – pode incorrer na prática de um *crime de falsidade de testemunho*, previsto e punido no artigo 360º, nº 1, do Código Penal, com pena de seis meses a três anos de prisão ou pena de multa não inferior a 60 dias. Mas, caso tenha prestado juramento antes do falso depoimento e sido "*advertido das consequências penais a que se expõe*", a pena pode ser de prisão até cinco anos ou multa até 600 dias.

Na verdade, nos termos do artigo 360º, nº 1, do Código Penal, pratica o crime de falsidade de testemunho "*quem, como testemunha, perito, técnico, tradutor ou intérprete, perante tribunal ou funcionário competente para receber como meio de prova, depoimento, relatório, informação ou tradução, prestar depoimento, apresentar relatório, der informações ou fizer traduções falsos*".

Os tribunais arbitrais são verdadeiros tribunais (artigo 209º, nº 2, da Constituição da República Portuguesa), pelo que tal crime pode ser praticado quer perante um tribunal estadual, quer um tribunal arbitral.

Assim, a boa prática deverá ser a de exigir à testemunha que confirme que deporá com verdade e "*de que está ciente que o testemunho falso acarretará consequências penais*"[60]. Existindo depoimento escrito, o mesmo deve ser pedido à testemunha que confirme quando o escrever e assinar e, se tal não for feito, deve ser a primeira coisa que o Tribunal Arbitral deve exigir da testemunha quando esta iniciar o depoimento presencial.

Na tradição da arbitragem internacional e também na nacional – tanto quanto a conhecemos – não existe uma prática uniforme sobre o juramento da testemunha. Há situações em que os árbitros exigem um juramento solene, mas boa parte dos árbitros não exige tal juramento, impondo, porém, que a testemunha se comprometa a responder com verdade[61]. Provavelmente, os árbitros sentem que não têm os poderes

importância moral do juramento que vai prestar e o dever de ser fiel à verdade, advertindo-o ainda das sanções aplicáveis às falsas declarações.
2 – Em seguida, o tribunal exige que o depoente preste o seguinte juramento: «Juro pela minha honra que hei de dizer toda a verdade e só a verdade».
3 – A recusa a prestar o juramento equivale à recusa a depor."

[60] José Miguel Júdice, "*Produção de Prova*", Setembro de 2008, disponível em www.josemigueljudice-arbitration.com", p. 39.

[61] Numa arbitragem recente em Portugal, um experiente árbitro presidente português usou sempre sensivelmente a mesma fórmula no início do depoimento de cada testemunha: "*Informo que tem o dever de colaborar com a realização da justiça. Um tribunal arbitral, do ponto de*

necessários para receber o juramento. Se não têm esses poderes, terão certamente o de exigir à testemunha que confirme que depõe com a verdade e de que *"está ciente que o testemunho falso acarretará consequências penais."* É suficiente.

g. Limites do advogado na *cross-examination*: Tudo é permitido? Quando deve o tribunal interferir?

§ 20. A inquirição das testemunhas (ou peritos) é um momento crucial e de confronto, em que o advogado procura obter da testemunha uma prova dos factos que ela nem sempre consegue ou pretende fornecer.

A tensão que se vive nesses momentos pode levar a excessos – de parte a parte – de linguagem e de atitude. Compete ao advogado saber controlar essa atitude e evitar os excessos. O advogado é profissional do foro, a testemunha, por regra, não.

Se um excesso for cometido pelo advogado, o Tribunal Arbitral só deve intervir, se entender que esse excesso está a perturbar a testemunha, impedindo-a de depor com verdade.

Esta intervenção deve ser excecional, sendo sempre preferível que seja feita com subtileza – assumindo temporariamente a inquirição ou impondo um intervalo – do que de uma forma ostensiva. Naturalmente, não deve ser feito qualquer tipo de repreensão do advogado em frente da testemunha.

Também o advogado da parte que apresenta a testemunha deve, nessas circunstâncias, resistir à tentação de defender a testemunha. Ou esta se defende sozinha, ou o Tribunal Arbitral certamente a defenderá, com mais sucesso.

§ 21. O advogado português que atue numa arbitragem em Portugal ou no estrangeiro – ou o advogado estrangeiro que atue numa arbitragem em Portugal, desde que as suas próprias regras deontológicas mandem aplicar as regras do local da arbitragem – está sujeito a um *dever geral de urbanidade*, também relativamente às testemunhas: "*No exercício da profissão o advogado deve proceder com urbanidade, nomeadamente para com os colegas,*

vista dos seus poderes, na definição da situação das partes, é igual ao tribunal judicial. O que significa que o dever de colaboração dos cidadãos com os tribunais arbitrais é exatamente igual ao dever de colaboração com um tribunal judicial. E, portanto, o dever de colaborar dizendo a verdade é exatamente igual ao de perante um tribunal judicial. Está disponível para colaborar, nestes termos, dizendo a verdade?".

magistrados, árbitros, peritos, testemunhas e demais intervenientes nos processos, e ainda funcionários judiciais, notariais, das conservatórias, outras repartições ou entidades públicas ou privadas" (artigo 95º do Estatuto da Ordem dos Advogados).

Este dever de atuar com urbanidade e correção deve, porém, ser cumprido "*sem prejuízo do dever de defender adequadamente os interesses do seu cliente*" (artigo 110º do Estatuto da Ordem dos Advogados).

Cada advogado, em cada momento, terá que encontrar o equilíbrio entre estes dois deveres.

Se isso não for possível, uma intervenção subtil do Tribunal Arbitral resolve o problema. Normalmente, de forma mais fácil que num Tribunal Estadual. Esta é também uma vantagem da arbitragem.

§ 22. É comum a prática, perfeitamente normal, do Tribunal Arbitral intervir questionando diretamente as testemunhas e os peritos. A única questão que se coloca é a de saber quando e como deve ser feita essa intervenção.

Por regra, os advogados preferem não ser interrompidos pelo Tribunal Arbitral, quando estão a seguir o seu guião de inquirição da testemunha, preparado com tempo e cuidado, preferindo que as questões sejam colocadas pelo Tribunal Arbitral apenas no final da inquirição[62]. No entanto, se essa interrupção for oportuna e bem intencionada, como normalmente acontece, o advogado deve facilitar essa intervenção, pois pode inclusive dar-lhe sinais importantes sobre o que realmente preocupa o Tribunal Arbitral[63].

[62] Fabio Bortolotti, in *"La peuvre par témoins vue par l'arbitre international"*, Bruylant, Bruxelles, 2009, p. 136: "*L'árbitre laissera normalment les avocats libres de proceder à l'interrogatoire des témoins en se réservant d'intervenir à la fin. Toutefois, il devra pouvoir interrompre l'interrogatoire direct ou le contre-interrogatoire lorsqu'il s'aperçoit que certains aspects importants sont laisseés dans l'ombre ou lorsqu'il croit apercevoir des malentendus.*"

[63] Richard Kreindler, in "*Cross-Examination against the clock*", "*Take the witness: Cross--Examination in International Arbitration*", 2010, p. 122 e 123: "*The manner of questioning – some might say interrogation or inquisition – by the tribunal may thus have a material effect on the chess clock time still available for counsel. In this respect, while counsel appreciates not having its cross-examination usurped by the tribunal, it is largely undesirable for the tribunal to remain taciturn and not give any indication whatsoever of which questions truly preoccupy it. Counsel should therefore welcome, not resent, the well placed question which interrupts a meticulously prepared and timed cross-examination. And the tribunal should not hesitate to interrupt a cross-examination which appears to be unnecessarily*

O advogado não deve temer um Tribunal Arbitral que usurpe as suas funções, mas antes um Tribunal Arbitral silencioso e taciturno.

O importante é que as questões do Tribunal Arbitral não ponham em causa o direito das partes a um processo justo e com igual tratamento. Se isso acontecer – sobretudo caso sejam formuladas perguntas tendenciosas ou conclusivas por parte de algum árbitro, eventualmente de um "*árbitro de parte*" como lamentavelmente ainda acontece em Portugal – é dever do advogado interpelar o Tribunal Arbitral, de forma reservada, cordata e respeitosa, mas firme.

Finalmente, importa ter presente que sempre que alguma das partes, por si, ou através dos seus mandatários, não atua de boa-fé no processo arbitral, nomeadamente na fase da produção de prova, o Tribunal Arbitral pode e deve, na sentença arbitral, condenar uma das partes a compensar a outra por uma parte ou até a totalidade dos custos suportados por causa dessa forma de atuação imprópria (artigo 42º, nº 5 da Lei da Arbitragem Voluntária e artigo 9º, nº 7 das IBA Rules).

III. CONCLUSÕES

I. Qual o papel do advogado na "preparação" das testemunhas: na elaboração do depoimento escrito e na preparação para uma *cross-examination*?

1. Numa arbitragem internacional, com partes e advogados de diferentes nacionalidades e culturas jurídicas, sujeitos a diferentes regras deontológicas, nomeadamente sobre a intervenção dos advogados na preparação e, sobretudo, no treino ("*coaching*") das

time-consuming, hostile, unfocused, repetitive or irrelevant. By so doing, the tribunal is theoretically indirectly giving an advantage to the unfocused counsel who otherwise would have used up – wasted – further time from his chess clock allotment. But at the same time, the tribunal is availing itself of its general right to structure the taking of evidence as it sees fit and to be in control of the hearing at all times. There should normally be no unacceptable tension between the two, and normally no threat to the interrupted party's right to due process and equal treatment. On the contrary, counsel who is interrupted and refocused by a well-prepared tribunal can be grateful that he received guidance in this fashion. Of course, the way the tribunal makes such interruptions or asks for such refocusing is an art and not a science. It need be done with sensitivity and equality in mind"; C. Mark Baker, in "*Take the witness: The effective use of a powerful evidentiary tool*", p.155: "*When necessary, the panel should of course seek clarifications of certain points, but should not attempt to take over the questioning from the beginning. Doing so could jeopardize counsel's ability to present the case properly and important issues may get lost as the panel interferes with the process*".

testemunhas we dos peritos – treino genericamente permitido nos sistemas de *common law* e proibido nos sistemas de *civil law* – é crucial assegurar um processo justo e a igualdade de tratamento das partes, sob pena de poder estar em risco a validade da decisão arbitral.

2. A solução tem evoluído no sentido de um consenso em torno da ideia de que a potencial situação de desigualdade entre advogados e partes deve ser acautelada através da definição, pelas partes ou pelo tribunal arbitral, de regras processuais em matéria de contacto e preparação de testemunhas e peritos, aplicáveis a todas as partes em litígio, limitando as permissões e, quando possível, flexibilizando as proibições.
3. É possível detetar, a nível europeu (França, Bélgica e Suiça), um movimento de abertura dos códigos deontológicos nacionais à consagração de uma regra *específica* para a prática da arbitragem internacional, permitindo aos advogados a preparação de testemunhas nos processos arbitrais, sobretudo a nível transnacional, com uma amplitude superior à permitida em processos que decorrem no plano interno.
4. Para esta abertura contribuiu ainda a consagração, pela IBA, da expressa permissão de contacto entre advogado e testemunha, que pode ter como finalidade *discutir* o futuro depoimento da testemunha.
5. Em Portugal, assistiu-se, no início deste novo século, a uma importante mudança no entendimento até então predominante, no sentido de que "*as conversações entre o advogado e a testemunha*" são ilícitas se forem prejudicais para a descoberta da verdade, mas são admissíveis "*desde que delas não resulte qualquer alteração do futuro depoimento*" da testemunha (Decisão do Conselho Superior da Ordem dos Advogados, de 18.02.2000, que deu origem, em 2005, ao artigo 104º do Estatuto da Ordem dos Advogados – actual artigo 109º – que permite contacto entre o advogado e a testemunha ou o perito, mas proíbe que esse contacto tenha por fim a instrução da testemunha ou perito, alterando a verdade do depoimento.
6. Neste novo contexto, entendemos conforme com as regras deontológicas atualmente aplicáveis a prática de um advogado português que, numa arbitragem doméstica ou internacional: reúne

com a testemunha, ou pessoa que pode vir a ser testemunha, com vista à recolha de informações e documentos relevantes para a defesa do interesse do cliente, nomeadamente com vista à elaboração de articulados; participa na elaboração do depoimento escrito da testemunha, revendo o depoimento escrito pela testemunha ou redigindo o depoimento que lhe é transmitido pela testemunha; explica à testemunha o procedimento da inquirição, dá-lhe os conselhos sobre como se deve comportar na inquirição, informa a testemunha sobre os temas que vão ser objeto da inquirição, sobre as questões que prevê que lhe vão ser colocadas e exibe-lhe os documentos relevantes do processo para a sua inquirição.

7. Existe, porém, um limite absolutamente intransponível, sob pena de responsabilidade disciplinar por violação do artigo 109º do Estatuto da Ordem dos Advogados: o advogado não pode alterar ou falsear o depoimento da testemunha, influenciá-la para alterar o seu depoimento contra a verdade, diferente da memória que a testemunha tem dos factos.
8. Assim sendo, entendemos contrário às regras deontológicas aplicáveis aos advogados portugueses o treino (“*coaching*”) da testemunha, no qual se incluem práticas como a sugestão de resposta, ensaio de respostas e/ou ensaios de inquirição da testemunha até obtenção de respostas satisfatórias.
9. Sendo aplicável a Lei da Arbitragem Voluntária, Lei nº 63/2011, de 14 de Dezembro, o processo arbitral e as regras processuais definidas pelas partes ou pelo Tribunal devem necessariamente respeitar o princípio fundamental do tratamento das partes com igualdade (artigo 30º, nº 1, alínea b), da Lei da Arbitragem Voluntária), o que só sucederá se todos os advogados de todas as partes tiverem impostas as mesmas regras no que respeita à sua relação com as testemunhas e peritos.
10. A sentença arbitral poderá ser impugnada, nos termos do artigo 46º, nº 3, alínea a), subalínea ii), da Lei da Arbitragem Voluntária, se for violado o princípio do tratamento igual das partes e essa violação tenha tido uma “*influência decisiva na resolução do litígio*” e, bem assim, se se entender que as regras imperativas sobre a atuação dos advogados, nomeadamente no que respeita à produção de prova, incluindo o contacto e a preparação das testemunhas,

integram a ordem pública (internacional) do Estado português (cfr. artigo 46º, nº 3, alínea b), subalínea ii), da Lei da Arbitragem Voluntária).

II. Qual o papel do advogado na cross-examination de testemunhas e peritos indicados pela outra parte? Algumas questões.

11. O encontro de culturas jurídicas distintas, de *commow-law* e *civil law*, promovido pela arbitragem internacional estimulou a criação de soluções inovadoras e originais para o processo arbitral, nomeadamente sobre a produção de prova testemunhal e pericial, sempre orientadas para o objetivo de a decisão arbitral ser tomada num prazo razoável, o mais curto possível, reduzindo as formalidades e os expedientes dilatórios, e promovendo a simplificação de procedimentos e o efetivo apuramento de factos essenciais da causa.

12. São exemplo dessas soluções a definição sintética e abrangente de apenas algumas grandes questões de facto a submeter à prova; a promoção dos depoimentos escritos das testemunhas, que são apenas submetidas à inquirição do mandatário da parte contrária (*cross-examination*), se este o requerer; a admissibilidade do depoimento de administradores ou gerentes das sociedades sem finalidade e efeito de confissão, alargando o conceito de testemunha; a limitação dos tempos de inquirição das testemunhas pelos mandatários das partes; e a preferência pelas testemunhas-perito em detrimento da peritagem colegial.

13. Tem sido discutida a questão de saber qual pode ser o objeto da *cross-examination*: apenas limitada à matéria objeto do depoimento escrito ou presencial da testemunha, ou, sem qualquer limitação, toda a matéria dos autos? As alternativas parecem situar-se entre a "*english rule*" (que não impõe tal limitação) e a "*american rule*" (que consagra essa limitação).

14. A favor da limitação, pesam a igualdade de tratamento, a previsibilidade, a censura de prova feita com surpresa, com "*emboscada*". A favor da não limitação, pesa uma maior liberdade de prova, sem formalismos que impeçam a descoberta da verdade material, obrigando a parte que apresenta a testemunha a correr o risco de sujeitá-la a todas as perguntas que a outra parte o tribunal entendam relevantes.

15. Entendemos que, por regra, caso a prova seja produzida sem depoimento escrito, o *cross examination* deve estar limitado ao objecto do *direct-examination*, pois se a parte pretender inquirir a testemunha sobre outra matéria deve indicá-la como testemunha comum; caso a prova seja produzida com depoimento escrito, também deve operar a limitação do objecto *cross-examination*, com uma excepção relevante que pode ser, afinal, uma situação comum: a limitação não pode operar se uma das partes tiver manifestamente maior facilidade de acesso à testemunha que a outra, estando, por isso, numa posição privilegiada para conseguir depoimento escrito mais completo e esclarecedor sobre a matéria que lhe é favorável, caso em que a igualdade de tratamento e o objeto da descoberta da verdade impõem que a parte contrária possa inquirir livremente a testemunha, que também indicou, sobre matérias que não constam do depoimento escrito, sem limitação. Seja em *cross-examination* ou *direct-examination* (por ausência de um verdadeiro e completo depoimento escrito sobre a matéria pedida pela parte inquiridora), o importante é que o possa fazer livremente.
16. Em Portugal, a testemunha que num processo arbitral preste um depoimento falso – com ou sem juramento – pode incorrer na prática de um *crime de falsidade de testemunho*, previsto e punido no artigo 360º, nº 1, do Código Penal, com pena de seis meses a três anos de prisão ou pena de multa não inferior a 60 dias. Mas, caso tenha prestado juramento antes do falso depoimento e sido "*advertido das consequências penais a que se expõe*", a pena pode ser de prisão até cinco anos ou multa até 600 dias.
17. Assim, a boa prática deverá ser a de exigir à testemunha que confirme que deporá com verdade e "*de que está ciente que o testemunho falso acarretará consequências penais*". Existindo depoimento escrito, o mesmo deve ser pedido à testemunha que confirme quando o escrever e assinar e, se tal não for feito, deve ser a primeira coisa que o Tribunal Arbitral deve exigir da testemunha quando esta iniciar o depoimento presencial.

EVIDENCE IN ARBITRATION
LIGHT OVER DARKNESS: HOW DO ARBITRATORS THINK? STATE-OF-THE ART: JUDGING METHODS: PRO-ACTIVE TRIBUNALS: GOOD PRACTICES AND BOUNDARIES

J. FÉLIX DE LUIS*

> *"Muito bom dia a todos. Antes de tudo quiser agradecer muito sinceramente o convite que me foi feito pelo Centro de Arbitragem Comercial de Lisboa, a traves da pessoa do seu Presidente, o Dr. José Miguel Júdice, para falar neste Congresso e para poder vir a esta preciosa cidade, uma das minhas favoritas no mundo.*
>
> *É para mim um grande prazer e uma imensa honra poder para compartilhar com vocês a minha experiência em uma questão tão sensível como é o "light over darkness: How do Arbitrators think? The state-of-the-Art"".*

I have some practice in arbitration. In this slide you can see some of the Arbitration Courts where I am, at present, empanelled as Arbitrator: CIETAC (Beijing), BAC (Beijing), HKIAC (Hong-Kong), SHIAC (Shanghai), SCIA (Shenzhen), Weihai Arbitration Commission (Shandong) in CHINA; SIAC (Singapore) in SINGAPORE; KLRCA (Kuala-Lumpur) in MALAYSIA; KCBA (Seúl) SOUTH COREA; CAA (Taipei) TAIWAN; PDRCI (Manila) PHILIPPINES. Also at TAS/CAS, (Laussan-

* Abogado del Estado
Managing Partner at LEGAL 21 ABOGADOS
www.legal21.es
Adavanced Management Program, A.M.P.
HARVARD BUSINESS SCHOOL, HARVAR UNIVERSITY, Boston, US
Master in Law, LL.M.
COLUMBIA LAW SCHOOL, COLUMBIA UNIVERSITY. New York, US
PADE, Programa Alta Dirección Empresas
IESE, UNIVERSIDAD DE NAVARRA, BUSINESS SCHOOL. Madrid, SPAIN

ne) SWITZERLAND; LCIA (London) UK. In Spain, at the most relevant Arbitration Courts: CIMA; Madrid Arbitration Court; Spanish Arbitration Court; Tribunal Arbitral de Fútbol (LNFP); Tribunal Español de Arbitraje Deportivo (COE).

I have been asked to provide my experience about how arbitrators analyse evidence produced by the Parties.

My idea is to give you some glimpse about this issue.

Initially I tried to cover all the evidences that can be used in an International Arbitration Procedure. But there is some time limitation and somebody else will focus on different evidences such as "Oral testimony" and on "Expert witness" as well. So I will try to focus myself on the evidence of Documents and I would like to mention certain comments regarding Post-Hearing Briefs.

But before those comments, we should start thinking about the main reason of producing evidence for both, the Parties and the Arbitral Tribunal.

For the Parties, the main reason of producing evidence is clear: to assist to the Arbitral Tribunal to provide facts and to provide opinions.

For the Arbitral Tribunal is the same reason, in the other way around: to obtain information regarding facts and opinions, in order to be able to take a decision and to write down an award.

The situation is different within a "Common Law" country and within a "Civil Law" country.

Usually, in the "Common Law" system, foreign legal opinion has to be proved with witness experts. Even more, the initiative relies on the Parties regarding the production of evidence, almost completely, so the Arbitral Tribunal will be less-proactive. Its decision will be based in an "adversarial" model.

On the contrary, within a "Civil Law" system, the Arbitral Tribunal will be more pro-active, regarding the production of evidence and the conduction of the process. The decision will be based in an "inquisitorial" model. Sometimes, within a "Civil Law" system Arbitrators are supposed to know the law and the regulations. But, certain points of legislation must be proved by witness experts.

We should take into consideration the regulations of the Institutional arbitrations, such as LCI, CCI, IBA regulations, and etc, when dealing with evidence.

And this drive us to the question of how much pro-active an Arbitral Tribunal should be regarding evidences and the advantages and boundaries of that.

From Partie´s perspective, the advantages of a pro-active Arbitral Tribunal are:

- To facilitate bringing information to the procedure.
- To obtain the cooperation between the Arbitral Tribunal and the Parties.

The boundaries for pro-active Arbitral Tribunal are clear too:

- The possible interference in the Parties´ handling of the dispute.
- The interference with the equal treatment of the Parties.

From the Arbitral Tribunal´s perspective, the advantage of being pro-active are:

- To facilitate bringing information to the procedure.
- To control of the proceedings.
- To avoid any surprise during the arbitral procedure.

Nevertheless, there are some important boundaries of being pro-active from the Arbitral Tribunal´s perspective:

- The question of time-consuming. Arbitrators have to write down an award and submit it within a certain time frame.
- The question of cost. Recently, one of the largest Arbitration Courts in the world, the ICC has published some guidelines about how to control cost. [1]

And finally, there are some important limits for a pro-active Arbitral Tribunal:

- The possibility to antagonize the Parties.
- The risk of claim of violation of due process.

Well, assuming that according with the international arbitration practice, each party should prove the facts allegued, I want focus in Documents and Post Hearing Breafs, as I said before.

[1] ICC. "Effective Management of Arbitration". 2014.

1. DOCUMENTS.

At International Arbitration Practices, the best evidence to be used in order to prove a factual question are documents.

- Is the best evidence mean.
- Is simple to produce, is quick.
- Is applicable to all kind of documents:
  + Favourable
  + Unfavourable
  + Neutrals

There is no problem at all with the favourable and neutrals documents.

But, what about with unfavourable documents? Again, the situation is different depending on whether we are dealing with a "Common Law" country or a "Civil Law" country.

Common Law systems:

- At a Common Law system, the "Discovery" is the method for looking for unfavourable documents, in hands of the other Party.
- Is relatively common within the countries of Common Law system and covers not only documents but also e-mails, memorandums, inspections, preparation of witness, etc...
- This is a mess for a Civil Law standard. Thanks God we are latins and most probably we will not use Discovery at our national arbitration practice.
- But, if you have to use "Discovery" at an International Arbitration Procedure, according with the extensive US-type of "Discovery", you could have an important delay.
- So, if you need to use "Discovery":
  - Try to limit to strictly relevant and necessary documents.
  - Try to apply the principle of proportionality.
- Thanks to that, Arbitral Tribunal may control the time and cost of the arbitration procedure.
- Here there is room for a pro-active Arbitral Tribunal trying to avoid Discovery, or trying to limit its scope.

Civil Law System:
- Usually, each Party will produce its own documents and, only will ask for documents in hands of the other Party, if they are relevant.
- This is the case of regulations such as CCI, UNCITRAL, Corte Española de Arbitraje, Corte de Arbitraje de Madrid...
- Arbitral Tribunal will take the final decision about what documents must be produced.

International Arbitration Practice:
- At International Arbitration Practice, a combination of the two methods, "Civil Law" and "Common Law", will be used, with predominant civil law approach, because, the boundaries of time and cost we mentioned before.
- The common rule is that each party produce the documents needed to support its case.
- Regarding documents one Party ask for that the opposite Party have, I should recommend:
  - Try to organize and specific meeting or a conference call to reach an agreement about those documents. Try to reach an agreement about the real documents you need. At the end of the day, there will be only a few documents left to be produced.
  - As an alternative, or, as a further step, try to use the "Redfern Crhonogram". We all know this system. Is a page where the first column refers to the description of the document you ask for; the second column refers to the reason you ask for this document; the third column refers the reason why the opposite party refuse to produce the document and; the fourth is in blank for the Tribunal decision
  - Personally I try to be as much flexible as possible, regarding the "Redfern Crhonogram". Usually Arbitral Tribunal will try to limit as much as possible the documents to be presented to those really relevant and necessary.
  - It is important that if the other party has not produced the document you were asking for that you should explain to the Arbitral Tribunal what are the consequences that can be inferred, from that.

It is very important that if a document has not been submitted, for whatever reason, explain to the Arbitral Tribunal what the consequences could be. Silent is not a good approach. Specially when dealing with technical documents, accounts and etc...

Documents in hands of a third person.

- This is a difficult issue.
- There is no ground for a Arbitral Tribunal to ask a third party to produce documents.
- You may ask for help of Judges to compel the said third party to produce the document. I think this is very uncommon, may be at the US, according with its Federal Arbitration Law.

HOW TO SUBMIT DOCUMENTS:

I consider how to submit documents a very important issue.

At the International Arbitration Practice, the documents must be produced:

i) In one or several books,
ii) In chronological order,
iii) With numerated pages,
iv) With the most important and relevant documents in a different book.

Usually, at the first procedural order, the Parties agree about how to produce documents.

If there is any doubt about the authenticity of the document, Arbitral Tribunal could ask for the recognition of the document or even may ask for the help of an expert witness. Otherwise, the document will be not a reliable one and will be useless.

At national practice, sometimes is common, at least in Spain, that Parties submit documents in a disorder manner:

i) Not numerated;
ii) Just in books; etc...

This could be a mess for the Arbitral Tribunal and what is more important could be against the interest of the Party that produced the documents in this manner.

– As I said, documents are the best evidence.

– On the other hand, Arbitral Tribunal has complete freedom about the result/validity of the documents produced.

2. POST-HEARING BRIEFS

Now, we have conclude the arbitration procedure. We have had witness statements, witness experts, inspection, hearings, all the evidence have been produced. Now the Parties have the chance of writing the Post-Hearing Briefs.

In a way, these are a document to be introduced into the arbitration procedure, as the Claims and the response to the Claims.

There are some points to be taken into account:

- Often parties use Post-Hearing Briefs as a mean of pleading, once again their case completely. This is a wrong approach.
- On the contray, efficient Post-Hearing Briefs should:
  - i) Summarize briefly the case
  - ii) Focus on the main issues that have arisen at the hearing, and at the end, at the arbitration procedure.
  - iii) Make reference to the documents to be highlight.
  - iv) Include graphics, diagrams, etc...that will be very welcome.

– Here there is room for a pro-active Arbitral Tribunal that usually should limit the number of pages of the Post Hearing Briefs to 15/20 pages.

– Tribunal has complete freedom about the result of the Post Hearing Briefs.

– For the Parties relies whether the Post-Hearing Briefs will be a useful reference for the Tribunal when drafting the award.

– So is up to the Parties whether the Arbitral Tribunal will use or not your Post-Hearing Briefs when taking a final decision and writing an award.

MOITO OBRIGADO PELA SUA ATENÇAO

COLÓQUIO DO CENTRO DE ARBITRAGEM COMERCIAL DIA 3/7/2015

ROBIN DE ANDRADE

I. INTRODUÇÃO

1. O Tema que nos é apresentado tem um propósito claro:

Trata-se de levar os árbitros a falar sobre a sua própria experiência como árbitros, em vez de analisar institutos ou regimes, como habitualmente somos solicitados a fazer neste tipo de colóquios.

E o objecto de experiência sobre que se pretende que falemos é o da avaliação de prova, ou seja, quais os passos, os critérios o método – se é que há algum – através dos quais, na prática corrente, os árbitros debatem entre si a prova produzida, e apuram os factos relevantes para a decisão.

2. A primeira constatação a fazer é que, sendo a arbitragem um processo de resolução de litígios definido em função das particularidades de cada caso, cada processo apresenta sempre singularidades, pelo que não se pode pretender aplicar sempre um mesmo critério ou modelo à apreciação de prova.

3. Dito isto, e olhando para os casos em que intervim, quer como árbitro presidente, quer como co-árbitro, quer em arbitragens internacionais, quer em arbitragens internas, creio que será possível identificar algumas constantes, ou padrões, que vale a pena aqui expor.

II. ORGANIZAÇÃO DA PROVA

4. A primeira grande diferença de padrões tem a ver com a forma como a própria prova é organizada no processo e sobre o controlo que tem o Tribunal sobre a sua organização. Temos de facto neste domínio dois regimes totalmente distintos.

a) O regime normal das arbitragens internacionais, em que a prova, seja ela testemunhal ou pericial, é junta com os articulados das partes sob a forma de declarações ou relatórios escritos, e em que portanto o Tribunal pouco ou nada intervém na sua organização.
b) O regime das arbitragens internas e em especial nas arbitragens institucionais sob administração do Centro de Arbitragem Comercial, em que aos articulados apenas se juntam documentos, e em que a junção dos demais meios de prova ocorre numa fase que se segue à audiência preliminar, depois de o Tribunal ter tido oportunidade para definir as questões essenciais do processo, e de ter fixado algumas regras sobre a produção de meios de prova tendo em conta essa definição.

5. No primeiro tipo de processos cabe, em todo o caso, ao Tribunal Arbitral definir no regulamento as regras a observar quanto à apresentação de documentos e à produção de prova (admitindo ou não depoimentos escritos), mas como essas regras são definidas antes de se conhecerem os articulados, o Tribunal nada pode estabelecer quanto ao objecto da prova.

6. No segundo tipo de processos surgem vários tipos de caminhos abertos ao Tribunal arbitral

6.1. No domínio da definição das questões essenciais o Tribunal pode optar por um de três caminhos:
a) ou organiza um questionário ou base instrutória à moda do velho questionário do processo civil.
b) ou identifica pura e simplesmente questões a resolver, partindo da análise dos pedidos das partes mas determinando as várias questões jurídicas de facto e de direito que logicamente condicionam esses pedidos.
c) ou pura e simplesmente identifica as questões a resolver com os vários pedidos das Partes.

6.2. No domínio da prova testemunhal, o Tribunal pode regular a produção de depoimentos escritos, excluindo-os, admitindo-os como obrigatórios ou admitindo-os como facultativos, e impôr, ou não, a indicação prévia pela Parte dos temas da prova testemunhal não apoiada em declarações escritas relacionando-a com a definição de questões ou com o questionário.

Esta indicação visa apenas facilitar o trabalho do tribunal e do advogado da Parte contrária, e não condicionar ou limitar a produção de prova em função do numero de factos a provar, como sucede no Processo Civil

6.3. No domínio da prova pericial, o Tribunal pode, e a meu ver, deve, tomar algumas providências no sentido de facilitar o apuramento da verdade em matérias de cariz essencialmente técnico e que podem fugir ao conhecimento dos árbitros e dos advogados, tornando mais difícil compreender a razão das diferenças de opinião ou os pressupostos diversos de que partem.

O método que preconizo neste domínio é o de, face à intenção manifestada por uma parte, de produzir prova pericial sobre certa matéria, conceder oportunidade à contraparte para oferecer prova pericial precisamente sobre a mesma matéria.

Por outro lado, cabe ao Tribunal exigir que ambos os peritos disponham de rigorosa simetria informativa, devendo declarar no seu relatório quais os documentos e qual a informação em que se apoiaram.

Este é, a meu ver, um ponto nevrálgico e que muitas vezes explica as diferenças nas perícias, pois a Parte que oferece um perito nem sempre faculta toda a informação ao perito da Parte contrária.

Se se conjugar estas regras com a audição conjunta dos peritos, o Tribunal arbitral terá feito tudo ao seu alcance por compreender a razão de ser das divergência nos relatórios periciais e para

encontrar um critério que na apreciação de prova o leve a optar por um dos relatórios.

III. PRODUÇÃO DE PROVA

8. Uma vez organizada, ou não, a prova pelo Tribunal, segue-se a sua produção em audiência, colocando-se aqui a questão de maior ou menos intervenção do Tribunal.

Esta intervenção não deverá, a meu ver, ter como objectivo abreviar a diligência, já que o normal será as Partes terem limite máximo de tempo definido pelo Tribunal antes de se iniciar a audiência, devendo por isso gozar de ampla liberdade na produção de prova.

Há no entanto regras que importa observar na produção de prova – em regra fixadas no Regulamento Processual aplicável – e naturalmente o Tribunal deve intervir para garantir o seu cumprimento e resolver os eventuais conflitos entre as Partes a esse respeito.

Assim por exemplo, se há declarações escritas, as testemunhas, em regra, não deverão responder a perguntas do advogado que as indicou para além das que visem confirmar e actualizar o depoimento – no máximo durante 10 ou 15 minutos – e em contrapartida serão interrogadas com toda a amplitude pelo advogado da parte contrária.

Mas pode o Tribunal também formular perguntas às testemunhas e aos peritos, nomeadamente quando sejam questionáveis as respostas dadas pelas testemunhas, ou as opiniões transmitidas pelos peritos?

Embora o Tribunal, e aqui naturalmente entenda-se o Presidente ou qualquer dos árbitros, possam fazer todas as perguntas que desejem, a formulação das questões raramente é inocente, e pode criar uma oportunidade para a testemunha ou o perito estabelecer um facto que, por qualquer razão, tivesse omitido anteriormente, ou inversamente pode constituir uma verdadeira objecção argumentativa a alguma opinião ou conclusão que tenha emitido.

Tendo em conta que os árbitros, além de independentes devem ser imparciais nos seus juízos, e portanto são supostos não formar juízos definitivos até serem produzidas e ouvidas todas as provas, não me parece aconselhável aos árbitros formular questões que se possam classificar em algumas destas 2 categorias.

Por outro lado, em regra as perguntas dos árbitros devem ser fomuladas só depois de concluidas as perguntas dos advogados e não a meio do interrogatório, a fim de não afectar a táctica processual delineada por cada advogado e a ordem em que os factos são apresentados.

IV. AVALIAÇÃO DA PROVA

9. Passemos porem à fase seguinte. A audiência terminou, vamos admitir que as Partes apresentaram as suas alegações escritas ou orais, ou ambas, a instrução foi encerrada, e o Tribunal começa a sua tarefa de preparar a decisão.

Como se passam as coisas?

Podem aqui identificar-se diversos padrões de actuação consoante determinadas situações se verificarem.

Em primeiro lugar, se se trata de uma arbitragem internacional em que os árbitros estão a residir em locais geograficamente distantes, será difícil que exista uma discussão directa e pessoal sobre os factos e os meios de prova. Caberá normalmente ao arbitro presidente apresentar aos seus colegas uma primeira visão, ainda que parcelar, sobre os temas de arbitragem, começando normalmente por aqueles em que a solução se preveja mais simples e clara. Para o efeito será mais útil uma reunião, do que fazê-lo por e-mail ou videoconferência mas muitas vezes não há alternativa.

Naturalmente este problema não se coloca em arbitragens internas, em que as pessoas estão mais próximas, mas por vezes haverá dificuldade de agenda de alguns co-arbitros. Importa no entanto lembrar que ao aceitar a missão, o árbitro confirmar a sua disponibilidade de tempo pelo que é inaceitável criar dificuldades a uma reunião pessoal, sob a alegação de falta de agenda.

Parece-me criticável a situação em que o árbitro presidente apresenta aos co-árbitros já toda a análise da matéria de facto concluída, sem uma prévia análise colegial da prova produzida.

Uma tal apresentação assume quase a natureza de facto consumado e tornará muito mais difícil, senão impossível, a formação de unanimidade dos árbitros.

10. Como, porém, se processa a <u>análise pelo Tribunal</u> dos factos e dos meios de prova?

Creio que se pode estabelecer, quanto ao método concreto uma distinção fundamental consoante se tenha ou não seguido o método tradicional do questionário, método que em arbitragens internacionais não é seguido, mas nas domésticas é frequentemente utilizado, pois corresponde à prática da advocacia nos tribunais judiciais.

<u>Quando há um questionário</u> sobre a matéria de facto, é normal que os árbitros, por iniciativa do árbitro presidente, abordem as respostas aos quesitos sem tratarem das questões ou "*issues*" onde se enquadram os factos, e concentrando-se antes na recolha dos elementos de prova – documentos, perícias, testemunhas – e na resolução de conflitos de meios de prova, ou seja, na resolução de casos em que meios de prova diversos apontam para respostas distintas aos quesitos.

Pelo contrário <u>quando não há questionário</u> sobre matéria de facto, mas apenas um enunciado de questões essenciais a resolver, como nos processos de arbitragem institucional sujeitos ao centro de arbitragem comercial, ou em que inclusive não há sequer esse enunciado, é normal que a discussão da matéria de facto pelos árbitros se insira na análise de cada uma das questões essenciais, e que nas trocas de impressões presenciais ou escritas, entre os árbitros, se aludam simultaneamente a matéria de facto e de direito a respeito de cada uma dessas questões. Trata-se de facto de um método iterativo, em que a relevância dos factos depende muitas vezes de várias alternativas quanto à solução da questão de direito.

Num caso imaginário , os quesitos poderiam ser, por exemplo:

- No dia 1/4/2001 o empreiteiro X apresenta proposta para a obra Y em que indica o volume de metros cúbicos de inertes que seriam levados a vazadouro?
- O dono da obra em esclarecimentos aos concorrentes indicou que os materiais de escavação tinham qualidade adequada para serem utilizados na obra?
- Quantos m3 de inertes foram comprados a terceiros ao longo da obra Y?

Pelo contrário se o Tribunal definir primeiro as questões, poderá identificar como questões essenciais a questão de saber se o preço oferecido tinha ou não como pressuposto uma certa percentagem de aproveitamento de terras, ou em termos mais amplos a questão de saber se o empreiteiro teria ou não o direito de ser ressarcido dos extra custos que eventualmente tivesse face aos materiais de escavação que encontrou.

Se a definição das questões se identificar com os pedidos o agrupamento de temas de facto será ainda em termos mais amplos: trata-se de saber se o empreiteiro tem ou não o direito a ser ressarcido.

A análise dos factos pelo Tribunal vai limitar-se àqueles que são relevantes ou críticos para responder as situações de direito que para o Tribunal se revelam mais adequados.

11. Em qualquer caso, a arrumação ou ordenação de factos por parte do árbitro presidente e de cada co-arbitro é essencial. Ora essa ordenação começa sempre por ser <u>cronológica</u>, qualquer que tenha sido o encadeamento de questões e de matérias que as Partes tenham seguido. A ordenação <u>cronológica</u> dos factos é uma peça essencial de analise dos factos, pois muitos deles só se compreendem tendo em atenção os que os antecedem. Na decisão final ainda que a analise da matéria de facto se desdobre pelas várias questões onde se enquadra, a ordenação cronológica é sempre muito útil e frequentemente é utilizada na própria descrição dos factos apurados, na sentença final.

12. Esta ordenação cronológica tem outra vantagem, que é a de permitir considerar de forma integrada os diversos meios de prova ou documentos, prova testemunhal, prova pericial a respeito de cada facto, indicando aliás as alternativas quanto à configuração dos factos para que os vários meios de prova apontam.

13. Quais os elementos que os árbitros utilizam ao valorar a prova pericial e testemunhal?

Nos processos em que não há declarações escritas e em que não há transcrições de depoimentos, os árbitros têm de utilizar as suas notas, muitas vezes fragmentárias e insuficientes, dada a velocidade da inquirição e a necessidade de intervenção dos árbitros na mesma.

Nos processos em que há declarações escritas e transcrições, essa tarefa é muito facilitada. Uma das grandes vantagens das declarações escritas é permitir aos árbitros concentrarem-se em comentar as declarações produzidas pelas várias testemunhas sobre os mesmos factos enunciando as razões pelas quais em caso de conflito se preferem umas a outras, e anotar eventuais dissonâncias entre o texto escrito e os depoimentos verbais das mesmas testemunhas .

Quanto às transcrições dos depoimentos, a sua prática ainda não é frequente entre nós. Noutros países como Espanha, França e Reino Unido, é frequente as transcrições estarem disponíveis 2 ou 3 dias depois da audiência por um preço razoável.

14. O primeiro passo a dar na valoração das provas consiste em expurgar cada meio de prova do que lhe é estranho.

É habitual, de facto, que os peritos nos seus relatórios, façam interpretação de documentos juntos aos autos, e até relatem factos de que foram informados, como se fossem testemunhas.

Importa reconduzir os depoimentos periciais àquilo que é a sua essência, opiniões emitidas com base em juízos técnicos, e desconsiderar o resto.

O mesmo aliás se deve fazer com as testemunhas que frequentemente se aventuram a interpretar documentos, emitir opiniões jurídicas, etc.

15. Em seguida, importa identificar e resolver os conflitos de prova. Para uma correcta fundamentação de decisão arbitral será necessário uma análise dos vários testemunhos conflituantes e explicitar sempre que possível os critérios que levam o Tribunal a fazer prevalecer alguns depoimentos sobre outros.

Entre esses critérios está em 1º lugar a capacidade de a testemunha relatar os factos, relevantes, e em 2º lugar, a credibilidade de testemunha como pessoa, que o Tribunal infere da sua personalidade da falta de interesse pessoal no desfecho do litígio.

Mas estes dois factores, conhecimento dos factos e credibilidade, são igualmente essenciais. De facto, se colocarmos numa escala de zero a 10 o conhecimento dos factos relevantes como zero e a credibilidade como 10 o resultado da multiplicação dos 2 factores é zero.

Mas também se o conhecimento invocado for 10 e a credibilidade for zero o resultado é igualmente zero.

Seja pela invocação destes factores seja por qualquer outra razão, inclusive pela aplicação do critério do ónus da prova, a decisão arbitral só se poderá considerar fundamentada se o Tribunal enunciar os depoimentos em que se apoia e as razões pelas quais opta por esses depoimentos e não por outras que os contradigam.

Esta enunciação de razões pode e deve fazer-se, a par da análise de direito, quando é discutida cada uma das questões essenciais do processo arbitral.

V. CONCLUSÃO

16. Muito mais haveria que dizer. Gostaria de sublinhar apenas neste momento a importância que tem para a obtenção de consensos na decisão a observância de muito cuidado em garantir a real colegialidade das decisões sobre a prova. Essa colegialidade é sobremaneira difícil nas arbitragens internacionais em que a distância geográfica e a preocupação em evitar custos adicionais impede muitas vezes os árbitros de reunirem presencialmente depois dos momentos em que se encontram para a audiência das Partes – A verdade porém é que só depois de concluída a audiência e recebidas as alegações finais, estão os árbitros em plenas condições para formularem e partilharem entre si as suas opiniões, e só através de um contacto presencial entre os membros do Tribunal se poderão cimentar as bases de uma decisão arbitral totalmente partilhada sobre a prova.

AVALIAÇÃO DE MÉTODOS; TRIBUNAIS PROATIVOS: BOAS PRÁTICAS E LIMITES

MATHIEU DE BOISSESON

O tema da pro-atividade do árbitro ou do tribunal arbitral é um tema muito atual a meu ver, pois venho constatando uma certa moda de pro-atividade na arbitragem, que pode se manifestar principalmente por uma organização por parte dos árbitros da administração e da gestão do procedimento arbitral.

Considero fundamental definir limites a essa pro-atividade, que se manifesta desde o início do procedimento arbitral, quando da definição do seu decorrer processual, e resulta frequentemente em uma intervenção excessiva dos árbitros, tendo como efeito uma circunscrição temporal e espacial da liberdade das partes por vezes injustificada.

Em que consiste a pro-atividade do árbitro?

É frequente perceber manifestações da pro-atividade do árbitro desde o início da arbitragem, inclusive durante a conferência sobre a condução do procedimento e na fase de elaboração do cronograma da arbitragem, certos árbitros exigindo, por exemplo, que as partes já apresentem um resumo de suas pretensões, o que eu considero prematuro nesse estágio inicial do procedimento.

No âmbito processual, a pro-atividade do árbitro pode se manifestar por uma organização demasiado meticulosa, e igualmente prematura, do processo arbitral que pode colocar em risco ou refrear a estratégia de defesa das partes, por exemplo, quando os árbitros decidem restringir as manifestações escritas das partes na fase de elaboração do cronograma e das regras aplicáveis ao procedimento (restringindo ditas manifestações ou no seu tamanho ou no seu teor, já determinando as questões que nelas deverão ser tratadas), ou quando os mesmos árbitros determinam ainda na fase inicial do procedimento se o caso justifica ou não a apresentação de testemunhas ou peritos, questão que as partes podem não ter condições de analisar nesse estágio inicial do procedimento antes de qualquer apresentação e aprofundamento do mérito do caso.

A pro-atividade facilitada pelo exercício dos poderes dos árbitros

Diversas legislações nacionais e regulamentos passaram a prever disposições concedendo amplos poderes aos árbitros com relação à gestão e à organização do procedimento. Este é o caso, por exemplo, do artigo 34 do "Arbitration Act" inglês, que prevê que o tribunal arbitral deve decidir todas as questões relativas ao procedimento e à produção de provas, estando sujeito, evidentemente, ao direito das partes de acordar sobre essas questões. Nesse mesmo sentido, o Regulamento de 2014 deste Centro de Arbitragem (Centro de arbitragem comercial da Câmara de Comércio e Indústria Portuguesa) prevê em seu artigo 18 que "o tribunal arbitral conduz a arbitragem do modo que considerar mais apropriado", indicando, ainda, que as partes podem estabelecer regras processuais que não contendam com as disposições do dito regulamento.

Apesar de serem positivos no sentido de permitirem ao tribunal arbitral, na prática, que adapte as regras processuais às particularidades de cada caso, esses amplos poderes concedidos aos árbitros no âmbito processual contribuem à tendência atual de pro-atividade dos árbitros.

Os amplos poderes dos árbitros e a tensão entre os árbitros e as partes

Esses amplos poderes concedidos aos árbitros no âmbito processual podem causar uma tensão entre os árbitros e as partes, que muitas vezes não vislumbram a organização do procedimento da mesma maneira. Inclusive, pode ocorrer que uma das partes, durante o procedimento, manifeste sua insatisfação com respeito ao desenrolar do procedimento.

A esse respeito, é importante lembrar que na arbitragem como em todo processo judicial, as partes têm o direito de apresentar livremente suas pretensões, a arbitragem tendo a particularidade adicional de se caracterizar pela autonomia das partes e pela sua liberdade processual.

A meu ver, os árbitros que determinam com antecedência as questões que deverão ser tratadas pelas partes durante o processo arbitral muitas vezes acabam não ouvindo as partes sobre outras questões que podem ser importantes ou para uma das partes, ou para o esclarecimento do próprio tribunal arbitral. Essa determinação prematura do objeto do litígio e das questões a serem tratadas pode ser perigosa, já que é frequente as partes não estarem de acordo sobre o próprio objeto do litígio, algumas questões podendo ser determinantes somente para a pretensão de uma das partes e não da outra.

Da mesma forma, muitas questões costumam surgir somente no decorrer do procedimento, e tentar resolvê-las todas de antemão no estágio inicial de elaboração das regras processuais e do cronograma da arbitragem pode ser ineficiente na maioria dos casos e resultar em uma restrição da liberdade das partes contrária ao espirito de flexibilidade e autonomia/liberdade das partes próprio à arbitragem.

Além do mais, ao imporem a maneira como o procedimento deve ser conduzido, os árbitros frequentemente desconsideram o direito das partes de apresentarem livremente suas pretensões. Este é o caso, por exemplo:

- quando o tribunal arbitral reduz o prazo de produção de peças, inclusive de prova testemunhal escrita, indo de encontro ao pedido das partes;
- quando decide pela nominação ou não de um perito sem o acordo das partes no mesmo sentido;
- quando o tribunal arbitral decide realizar uma confrontação das testemunhas antes de ouvi- las em audiência, como requerido pelas partes; ou
- quando o presidente do tribunal cancela precocemente a oitiva de testemunhas por considera-las inúteis, apesar do interesse das partes em ouvi-las[1].

Assim, para evitar essa tensão, muitos regulamentos preveem que tal pro-atividade é limitada pelo acordo das partes relativo ao procedimento. Neste sentido, a Lei Portuguesa de Arbitragem Voluntária, por exemplo, prevê em seu artigo 30 que é prerrogativa das partes acordar sobre as regras de procedimento e que somente na ausência de tal acordo e de disposições legais a esse respeito os árbitros podem definir as regras processuais que entenderem adequadas. Alguns tribunais nacionais também especificaram que as partes podem impor aos árbi-

[1] P. Pinsolle, R. Kreindler, "Les limites du role de la volonté des parties dans la conduit de l'instance arbitrale" (2003) 1 Revue de l'Arbitrage 41.

tros regras específicas quanto ao estabelecimento dos fatos, como foi o caso na decisão *Torno* da *Cour d'Appel* de Paris[2].

Entretanto, esses limites são atenuados por grande parte dos tribunais nacionais, que destacam que pequenas irregularidades em relação às regras do procedimento escolhidas pelas partes não são suficientes para anular uma sentença arbitral ou para questionar a responsabilidade do árbitro. Por exemplo, o caso *Matra* na França[3] e algumas decisões de tribunais americanos vão neste sentido. Concretamente, a Corte Distrital Americana decidiu em 1993[4] que, apesar de os árbitros terem decidido tão-somente baseados em prova documental, não tendo levado em conta as provas testemunhais, a sentença e a conduta dos árbitros foram adequadas, não cabendo anulação ou responsabilidade dos árbitros.

Finalmente, é importante observar que diversas jurisdições, principalmente as da França e da Suíça, possuem uma visão muito estrita da ordem pública processual, acreditando que a violação desta só ocorre quando a sentença viola princípios fundamentais geralmente reconhecidos, e resulta incompatível com os valores reconhecidos num determinado Estado de Direito. Esse é o significado da decisão do Tribunal Federal Suíço de 3 de abril de 2002[5], assim como o de diversas decisões de tribunais franceses[6].

Na prática, os árbitros possuem uma margem significante no exercício de seus poderes discricionários, pois, até mesmo quando não agem exatamente em conformidade com as regras processuais escolhidas pelas partes ou quando requerem que a parte recalcitrante ou ambas as partes ajam de uma certa maneira por eles determinada, o risco que a decisão seja anulada no futuro é bastante limitado.

Os perigos da pro-atividade excessiva

Essa tensão entre os árbitros e as partes pode ocorrer, principalmente, quando as instituições previrem em seus regulamentos regras processuais demasiado detalhadas, como quando determinam de maneira

[2] La Câmara civil, 19 de maio de 1999, Rev. Arb. 1999, p. 600.

[3] Paris, 28 de abril de 1998, Rev. Arb. 1989 p. 289.

[4] Southern District of New York, 19 de janeiro de 1993 (1994) *Yearbook* 802.

[5] Bul. ASA 2002 p. 358.

[6] *E.g.* Paris, 15 de junho de 2000 (2001) Rev. Arb. 805; Paris, 20 de abril de 2000 (2001) Rev. Arb. 802, obs. Derains.

precisa a realização de um controle estrito pelo árbitro da duração e dos custos do procedimento.

Da mesma forma, a busca recorrente de uniformização do processo arbitral que tampouco me parece legítima e por sua vez decorre das tentativas de harmonização da prática arbitral a nível mundial.

A comunidade arbitral e os usuários da arbitragem identificaram muito cedo a necessidade de harmonização da prática arbitral, já que esta permite melhorar a previsibilidade jurídica do processo arbitral, considerada como fundamental pelos usuários.

As últimas décadas foram destarte as décadas da harmonização das diversas concepções nacionais da arbitragem e de sua prática. As grandes convenções internacionais, a lei-modelo da UNCITRAL bem como os outros instrumentos convencionais e, claro, os regulamentos das instituições de arbitragem harmonizaram nos últimos quarenta anos a prática da arbitragem e sobretudo os seus aspectos fundamentais, como a questão da arbitrabilidade ou o regime da execução da sentença arbitral e dos recursos contra ela.

É importante observar que essa harmonização causou uma perda da singularidade de cada caso e consequentemente gerou uma uniformização da prática, inclusive através de uma organização padronizada do procedimento arbitral, organização que portanto nem sempre se revela adaptada a cada caso considerado.

Essa situação também causou uma certa desnaturação do espírito de flexibilidade e de celeridade que parecia inerente à arbitragem. Essa perda de flexibilidade resultou principalmente no aumento da duração dos processos arbitrais. Grandes arbitragens em particular hoje se aparentam a processos judiciais pesados, e isso mesmo quando as partes preveem uma *discovery* limitada ou uma versão simplificada da oitiva das testemunhas. Tais processos longos e pesados são os efeitos clássicos da "judiciarização" da arbitragem, que banalizou um tipo de processo que deveria, ou poderia, ter permanecido distante e distinto do processo judicial bem como dos outros modos de resolução de litígios.

Da mesma forma, a verdadeira flexibilidade da arbitragem, ou seja a criação de regras processuais pelas partes e pelos árbitros ao longo do decorrer do procedimento, foi substituída pelo uso de instrumentos processuais padronizados, bem como de recomendações de conduta, os famosos "*guidelines*", que destroem a criatividade outrora tão intensa na arbitragem. No entanto, o procedimento arbitral envolve quase sempre atores de tradições jurídicas diversas e distintas e, por isso, necessita uma real flexibilidade para que convenha a todas as partes, bem como aos árbitros.

Conclusão

Nessa perspectiva, os árbitros também devem evitar o quanto mais uma atuação proativa que resulte na utilização de instrumentos padronizados, tirados da sua própria prática ou das recomendações ou regras de conduta que foram elaboradas nos últimos anos. Essas regras ou recomendações criam instrumentos e condutas processuais prontos para uso. Mais que simples recomendações, esses instrumentos pretendem proporcionar soluções supostamente aplicáveis à resolução de todos os litígios. No entanto, a primeira característica da arbitragem é a sua originalidade que constitui a sua essência. Portanto, o processo arbitral deve ser adaptado a cada caso, e essas recomendações diversas, que supostamente refletem as boas práticas da arbitragem, não só carecem de originalidade, como também de qualquer consideração da situação singular submetida ao juízo do árbitro, bem como da liberdade das partes na organização do processo arbitral.

O meu propósito não é afirmar que estes instrumentos padronizados são inúteis ou indesejáveis, e sim que eles devem ser adaptados a cada caso pelo tribunal arbitral, a pro-atividade deste devendo se manifestar nesse sentido. Assim, para ser positiva e eficiente, a pro-atividade do tribunal arbitral deve se caracterizar pelo fato do tribunal arbitral levar em conta as necessidades e vontades das partes no que diz respeito à organização do processo arbitral. É portanto fundamental que o árbitro esteja sempre atento às particularidades de cada caso.

Para concluir, considero que existe uma hierarquia entre os deveres do árbitro, cuja primeira missão é jurisdicional ou adjudicativa, ou seja, relativa à determinação do mérito do litígio entre as partes. Por isso, a liberdade das partes na organização do processo arbitral deve prevalecer sobre a segunda missão do árbitro de organização e administração do procedimento, esta devendo estar sempre subordinada à liberdade das partes no âmbito processual. Alguns árbitros acabam assim perdendo de vista a hierarquia que deve existir entre as suas missões. A primeira missão do árbitro é a missão de julgar e solucionar a controvérsia perante a qual se encontra, e ele só se torna administrador do procedimento de forma secundária e sobretudo decorrente dessa primeira missão.

Por isso os advogados das partes têm um papel fundamental na organização criativa e adequada do processo arbitral. Cabe assim aos advogados das partes exercer um papel proativo e sugerir alternativas ao procedimento padronizado que os árbitros têm o hábito de propor. Aos árbitros responsáveis pela administração do processo cabe adotar uma atitude proativa com o objetivo somente de conscientizar as partes do fato que o processo arbitral pertence a elas, e que pertence a elas definir as regras processuais e o decorrer do processo e se envolver nele no intuito de forjar um processo adaptado à cada caso.

THE TAKING OF EVIDENCE IN INTERNATIONAL ARBITRATION: STATE OF PLAY

MICHAEL POLKINGHORNE

International arbitration: where common law meets civil law?

Although practitioners of international arbitration operate in a transnational environment, they inevitably bring with them the legal training and experience of their local jurisdiction. This diversity of legal traditions makes international arbitration particularly apt to the resolution of disputes between parties that also come from divergent cultures and backgrounds. Thus differences in legal approach within the arbitration community strengthen its legitimacy among those who use it, but such differences naturally present the risk of conflicting approaches to deciding elements of arbitral procedure.

One often discussed source of these conflicting approaches is the so-called common law / civil law divide. Probably the most commonly observed difference between common law and civil law jurisdictions is that the former are based on judge-made precedent, whereas the latter are based on legislative codes. But this difference does not actually help understand how (or why) this "divide" may play out in international dispute resolution – especially because the applicable law may come from a different legal jurisdiction than that of the forum, the advocates, or the parties.

And perhaps one glow on this: is this the only relevant "divide"? Putting aside issues of Sharia and other legal systems, there exists in my view a further division that is often overlooked, and that is within the common law system itself. When Winston Churchill described England (or was it Great Britain?) and the US as two countries "divided by a common language", he was likely not thinking about the law. But the point is a valid one here for us here today. In fact frequently the differences in legal approach in these jurisdictions on issues such as good faith and contract interpretation are quite frankly surprising to common lawyers who believe that the common law world is a homogeneous whole.

But back to the main issue for us today. To understand this so-called common law / civil law divide, we must start with the premise that the common law is based on an adversarial system, whereas the civil law is based on an inquisitorial system.[1] Any conflicting approaches that come up in the arbitral process are rooted in this key difference.

There are a number of examples of how these different approaches play out in the taking of evidence. The first is document production, towards which common law jurisdictions tend to take a more expansive approach. This flows from the assumption that it is counsel's role in the adversarial system to find and present facts in support of a legal argument. In civil law jurisdictions, where it is the judge's role to determine the relevant facts, document production is limited to very specific documents (if it is permitted at all). This difference in approach also impacts divergent views with regard to privilege. In common law jurisdictions, privilege belongs to the client and accordingly it may be waived and thus render the documents subject to an obligation to produce. Civil law jurisdictions, where the obligation to disclose documents is much more limited, instead impose upon the lawyer the duty of keeping communications with his or her client confidential – a client can disclose such information if he or she wishes without affecting the civil lawyer's duty of confidentiality. These differences in legal culture were concisely described by Swiss arbitrator Claude Raymond: "We react to the notion of discovery, be it English or, worse, American style, as an invasion of privacy by the court which is only acceptable in criminal cases."[2]

Common and civil law jurisdictions also have traditionally distinct approaches to witness testimony. As with document production, common law jurisdictions are more liberal in their approach to witnesses. Practitioners from these jurisdictions expect to be closely involved in the drafting of witness statements and to prepare the witness for direct and cross examination prior to the hearing. As observed by Professor

[1] As readers are doubtless aware, in common law jurisdictions, two advocates represent their parties before an impartial judge or jury, whose role it is to determine the facts of the case from those presented to them. This is the "adversarial" system. In contrast, civil law jurisdictions task the judge, rather than the advocate, with the role of investigating the facts of case, which describes the "inquisitorial" system.

[2] Claude Raymond, "Civil Law and Common Law Procedures: Which is the More Inquisitional? A Civil Lawyer's Response," Arbitration Int'l, vol. 5 (1989), pp. 357, 360.

Wigmore in his treatise on evidence, for the common lawyers, "cross-examination is the greatest legal engine ever invented for the discovery of truth."[3] Contrarily, in civil law jurisdictions, where lawyers are accustomed to the neutral questioning of a judge, the cross-examination of a witness could be perceived as a lawyer's attempt to embarrass a witness rather than to discover the "truth." Independent written testimony from witnesses is also less common and the judge typically controls the line of questioning.

Tied again to their distinct adversarial / inquisitorial natures, common and civil law jurisdictions also have differing approaches to the method of appointing expert witnesses. In common law systems, parties typically select the expert who will testify. For the civil lawyer, who is accustomed to a judge choosing the expert, this method may seem ripe for exploitation due to the risk that a party will select an expert based on his or her tendency to adopt the position of the selecting party (the reviled "hired gun").

It was of course these differences which in major part led to the creation of the IBA Rules on the Taking of Evidence in International Arbitration, which are commonly accepted as an excellent form of compromise.

But the taking of evidence is not the only area where we may find the effects of this "divide"– it may also manifest in the presentation of legal argument by the parties. Substantively, common and civil lawyers tend to diverge on the weight that is given to different kinds of legal authorities. As mentioned earlier, the common law relies on case law and adopts the principle of *stare decisis*, which respects the precedential value of previous decisions. The civil law gives more weight to legislative codes and academic publications. Oral argument in each system is also different – with common lawyers presenting a distillation of the key points raised in written briefs and civil lawyers presenting detailed "pleading points" that follow a pre-determined outline.

And the so-called marriage of cultures is not always a happy one. While traditionally common law practitioners have in proceedings before national courts centered more on the actual hearing than written pleadings (which tended to be sparse), in civil law systems the written record has tended to be longer. The "compromise" struck these days,

[3] 5 Wigmore 1367.

however, is not that there be some form of accommodation of the two in the interests of efficiency, but that both become in my opinion too long!

Another example is the preparation of witnesses. While traditionally the civil law systems have equated witness preparation with manipulation, the common law has based itself on the premise (not as mad as it might appear) that recollection is in reality vague and subject to distortion, so the lawyer in fact has a duty to confront the witness prior to the hearing in order to test and ensure that his or her recollection is the true one.

In the end, the theoretical "divide" is not really an issue. International arbitration's accommodation of diverse legal traditions has nurtured a community of arbitrators and practitioners with experience in several different jurisdictions. Members of this community – advocates and arbitrators alike – can identify and quickly address potential points of conflict. They are guided by a great appreciation for parties' expectations and work towards resolving issues fairly and efficiently.

The practical implications of this "divide" break down even further when we recall that common law and civil law jurisdictions have diverse rules of procedure within their own camps. The rules of procedure in England are different from those in the United States (which itself has diverse rules of procedure on the state level) and the rules of procedure in France are different from those in Germany. In other words, coming from a common law or a civil law background is not determinative of the exact approach that a particular lawyer will take towards the resolution of a given conflict regarding procedure – in *theory*, there is still much room for disagreement.

Over the years, international arbitration has developed into a forum where common law arguably meets civil law. International arbitration practitioners may even find that they share more common views on procedural issues with others in the arbitration community than they do with lawyers from their "home" jurisdictions who have only domestic dispute resolution experience. But as international commercial contracts increasingly refer disputes to arbitration rather than to national courts, the international arbitration community is growing. Entities that administer arbitrations have adopted flexible rules that allow parties to come to agreement on their preferred method of procedure based on the nature and the size of the dispute. For example Article 19 of the 2012 ICC Arbitration Rules explicitly provides:

> *The proceedings before the arbitral tribunal shall be governed by the Rules and, where the Rules are silent, by any rules which the parties or, failing them, the arbitral tribunal may settle on, whether or not reference is thereby made to the rules of procedure of a national law to be applied to the arbitration.*

Although this procedural flexibility could in theory provide an opportunity for some great divide to emerge, international law associations and groups are cognizant of the risk that attorneys may have different approaches to resolving procedural issues and have taken measures to protect arbitration from being overwhelmed by such disputes. As observed in commentary to the IBA Rules on the Taking of Evidence in International Arbitration:

> *Party autonomy and flexibility are among the significant advantages of international arbitration. However, in many cases this intentional gap in the rules can cause problems if the parties have conflicting views as to how the case should proceed. This is particularly so when the parties come from different legal backgrounds and cultures. Problems can also occur when one or both of the parties are inexperienced in international arbitration.*

The publication of international guidelines, like the IBA Rules on the Taking of Evidence, has drawn on both common law and civil law traditions. By reaching a consensus on certain general principles on procedural issues, such as the taking of evidence, the international arbitration community helps arbitrators and advocates find common ground – regardless of the jurisdiction in which they received their legal training.

This harmonization is not limited to procedural rules. Substantive law is also tending towards a more unified approach through publications like the UNIDROIT Principles of International Commercial Contracts and the Principles of European Contract Law.

I will end on the same note that I began on: diversity of legal cultures in arbitration is a source of strength. Arbitrators and advocates will inevitably confront other practitioners (and clients) who have been trained and who have experience working in other jurisdictions. But this diversity in legal thinking does not indicate the existence of some "divide" with civil lawyers on one side and common lawyers on another. In international arbitration, the differences that exist between the common and civil law can work towards promoting flexible – and sometimes novel –solutions to disagreements over procedural issues that may arise at numerous stages of the dispute resolution process, including during the taking of evidence. Even though finding the right balance in this marriage of cultures can be tricky, in the end, international arbitration remains a preferred forum by parties – and will likely remain so in the future.

A ARBITRAGEM NO ACORDO DE PARCERIA TRANSATLÂNTICA DE COMÉRCIO E INVESTIMENTO ENTRE A UNIÃO EUROPEIA E OS ESTADOS UNIDOS DA AMÉRICA (TTIP): O ESTADO DA QUESTÃO E OS "PRÓS E CONTRAS"

RICARDO DO NASCIMENTO FERREIRA
Advogado na Morais Leitão, Galvão Teles, Soares da Silva & Associados
Doutorando na Faculdade de Direito da Universidade Nova de Lisboa

I. O SISTEMA DE ISDS NO TTIP

1. Entre 27 de Março e 13 de Julho de 2014, a Comissão Europeia realizou uma consulta pública sobre um conjunto de propostas respeitantes à negociação do chamado TTIP – Acordo de Parceria Transatlântica de Comércio e Investimento entre a União Europeia (UE) e os Estados Unidos da América (EUA)[1]. Essa consulta incidiu, por um lado, sobre as normas substantivas de protecção do investimento estrangeiro (tais como as relativas a não discriminação, tratamento justo e equitativo e proibição de expropriação sem compensação) e a sua harmonização com o direito de regulação pública dos Estados e, por outro lado, sobre o sistema de *investor-state dispute settlement* (ISDS) proposto para a resolução dos litígios – entre os investidores estrangeiros e os Estados – resultantes da violação dessas normas substantivas.

O sistema de ISDS apresentado pela UE na consulta pública tem as seguintes características:

- Possibilidade de o investidor estrangeiro demandar o Estado de acolhimento do seu investimento nos tribunais judiciais desse Estado, em alternativa à via arbitral;

[1] Cf. http://trade.ec.europa.eu/consultations/index.cfm?consul_id=179.

- Maior transparência do processo arbitral através da integração das *Rules on Transparency in Treaty-based Investor-State Arbitration* da *United Nations Commission on International Trade Law* (UNCITRAL)[2];
- Vinculação dos árbitros a um código de conduta, estabelecendo obrigações de independência e de qualificação, e criação de uma lista de árbitros para escolha do presidente do tribunal arbitral na falta de acordo das partes;
- Estabelecimento de mecanismos de filtragem para a redução do risco de acções manifestamente infundadas, nomeadamente o indeferimento liminar dessas acções, o pagamento de todos os custos do processo pela parte vencida e a possibilidade de as partes contratantes do TTIP (UE e EUA) poderem intervir nos processos no sentido de sustentar que determinada medida estatal que está a ser posta em causa foi tomada por razões legítimas de defesa do sistema financeiro;
- Possibilidade de as partes do TTIP acordarem quanto à interpretação de normas desse Tratado;
- Criação de um mecanismo de recurso para um órgão arbitral com competência para apreciar a conformidade processual e substantiva das decisões arbitrais.

Na sequência da consulta pública, foram expressas diversas opiniões contrárias e a favor de um sistema de ISDS de natureza arbitral no TTIP.

II. CONTRA O SISTEMA ARBITRAL DE ISDS

2. Em sentido contrário à introdução de um sistema de arbitragem de investimento no TTIP, destacam-se as posições manifestadas por alguns académicos europeus e americanos[3], pelo *Corporate Europe Observatory*[4] e

[2] Cf. http://www.uncitral.org/pdf/english/texts/arbitration/rules-on-transparency/Rules-on-Transparency-E.pdf.

[3] Cf. https://www.kent.ac.uk/law/downloads/ttip_isds_public_consultation_final.pdf, http://www.washingtonpost.com/r/2010-2019/WashingtonPost/2015/04/30/Editorial-Opinion/Graphics/oppose_ISDS_Letter.pdf e http://www.citizen.org/documents/lawyers-isds-letter-march-2015.pdf.

[4] Cf. http://corporateeurope.org/international-trade/2015/04/lobby-group-efila-stake-investment-arbitration e http://corporateeurope.org/sites/default/files/efila_report-web.pdf.

por Estados como a Alemanha, a França e o Reino Unido[5]. Essas posições assentam, nomeadamente, nas seguintes críticas ao sistema arbitral:

- A arbitragem fazia sentido nos tratados bilaterais de investimento (BITs) celebrados com Estados em desenvolvimento, os quais, em grande medida, afirmavam a sua soberania através da nacionalização dos investimentos estrangeiros, sendo que os sistemas judiciais desses Estados não ofereciam aos investidores afectados garantias de acesso à justiça, contrariamente ao que sucede na UE e nos EUA;
- Os tribunais arbitrais de investimento constituem um privilégio dos investidores estrangeiros (sem paralelo noutros contenciosos), não existindo um controlo público da sua constituição nem das suas decisões;
- Os árbitros têm um incentivo financeiro para decidirem a favor dos investidores;
- A arbitragem põe em causa o direito de regulação pública dos Estados, porquanto permite que os investidores contestem medidas legais ou regulamentares tomadas pelos Estados no interesse público – a este respeito, são enunciados vários casos de arbitragens iniciadas por investidores na sequência de medidas estatais tomadas em contextos de crises económicas e financeiras e em matéria de saúde e ambiente, nomeadamente os casos *Vattenfall* contra a Alemanha, em resultado da decisão deste Estado de suprimir a energia nuclear, e os casos *Philip Morris* contra o Uruguai e a Austrália, por causa de legislação antitabagismo aprovada nesses países[6].

III. A FAVOR DO SISTEMA ARBITRAL DE ISDS

3. A favor de um sistema de *investor-state arbitration* no âmbito do TTIP, destacam-se as seguintes posições manifestadas por alguns académicos

[5] Cf. a posição da Câmara dos Lordes do Reino Unido publicada em 13 de Maio de 2014, em http://www.publications.parliament.uk/pa/ld201314/ldselect/ldeucom/179/179.pdf.

[6] Quanto aos casos *Vattenfall* contra Alemanha, cf. processos nºs ARB/09/6 e ARB/12/12 junto do *International Centre for Settlement of Investment Disputes* (ICSID), em https://icsid.worldbank.org/apps/icsidweb/cases/Pages/AdvancedSearch.aspx; quanto ao caso *Philip Morris* contra Uruguai, cf. processo ICSID nº ARB/10/7, no mesmo *site* anterior; quanto ao caso *Philip Morris* contra Austrália, cf. processo nº 2012-12 do Tribunal Permanente de Arbitragem de Haia, em http://www.pca-cpa.org/showpage3619.html?pag_id=1494.

americanos[7], pela *International Bar Association* (IBA)[8] e pela *European Federation for Investment Law and Arbitration* (EFILA)[9]:

- A arbitragem apresenta neutralidade face às partes no litígio: se a arbitragem fosse, em tese, mais favorável aos investidores, também os tribunais nacionais seriam, em tese, mais favoráveis aos Estados;
- As estatísticas mostram que os Estados ganham mais processos arbitrais do que os investidores e que os investidores vencedores recebem menos de metade do valor das indemnizações que reclamam nos processos[10];
- Existem mecanismos para garantir a independência dos tribunais arbitrais e a legalidade das suas decisões, bem como para assegurar a transparência dos processos arbitrais;
- A arbitragem não põe em causa o direito de regulação pública dos Estados, pois só as medidas arbitrárias e discriminatórias dos Estados poderão ser contestadas nos processos arbitrais.

IV. ESTADO ACTUAL DA QUESTÃO

4. Em 13 Janeiro de 2015, a Comissão Europeia produziu um relatório sobre o resultado da consulta pública[11]. Nessa sequência, e através de um *Concept Paper* de Maio de 2015, a Comissão apresentou novas propostas relativas a quatro áreas que identificou como sendo mais importantes e carecendo de melhoria face ao resultado da consulta pública[12]:

- Direito de regulação pública dos Estados: introdução de normas substantivas no TTIP estabelecendo o direito de os Estados tomarem medidas em vista de objectivos legítimos de interesse público;

[7] Cf. https://www.mcgill.ca/fortier-chair/isds-open-letter.

[8] Cf. http://www.ibanet.org/Article/Detail.aspx?ArticleUid=1dff6284-e074-40ea-bf0c-f19949340b2f.

[9] Cf. http://efila.org/wp-content/uploads/2014/07/EFILA_TTIP_final_submission.pdf, http://data.parliament.uk/writtenevidence/committeeevidence.svc/evidencedocument/business-innovation-and-skills-committee/transatlantic-trade-and-investment-partnership-ttip/written/17984.pdf e http://efila.org/wp-content/uploads/2015/05/EFILA_in_response_to_the-criticism_of_ISDS_final_draft.pdf.

[10] Cf. http://trade.ec.europa.eu/doclib/docs/2015/january/tradoc_153046.pdf.

[11] Cf. http://trade.ec.europa.eu/doclib/docs/2015/january/tradoc_153044.pdf e http://trade.ec.europa.eu/doclib/docs/2015/january/tradoc_153045.pdf.

[12] Cf. http://trade.ec.europa.eu/doclib/docs/2015/may/tradoc_153408.PDF.

- Funcionamento dos tribunais arbitrais: os árbitros devem ser seleccionados de uma lista pré-estabelecida pelas partes do TTIP e ter qualificações semelhantes às dos juízes nos seus países de origem;
- Relação entre arbitragem e tribunais nacionais: os investidores têm de optar entre a arbitragem e os tribunais nacionais, devendo evitar-se processos paralelos e a obtenção de dupla compensação por essas duas vias;
- Recurso das decisões arbitrais: o mecanismo de recurso deverá basear-se, em termos institucionais, no órgão de recurso da Organização Mundial de Comércio.

No mesmo *Concept Paper*, a Comissão Europeia propôs uma reflexão mais profunda sobre a eventual criação de um tribunal de investimento permanente, em primeira instância, e de um órgão de recurso, ambos com juízes.

5. Em 8 de Julho de 2015, o Parlamento Europeu aprovou uma resolução recomendando à Comissão Europeia "*substituir o sistema de resolução de litígios entre os investidores e os Estados por um novo sistema de resolução de litígios entre os investidores e os Estados sujeito aos princípios e ao controlo democráticos, mediante o qual os eventuais processos sejam tratados de forma transparente por juízes profissionais, independentes e nomeados pelo poder público em audições públicas e que inclua um mecanismo de recurso capaz de garantir a coerência das decisões judiciais e o respeito da competência dos tribunais da UE e dos Estados-Membros e que não permita que os interesses privados comprometam os objectivos das políticas públicas*"[13].

Por fim, em 16 de Setembro de 2015, a Comissão Europeia publicou, para efeitos de discussão, os textos propostos para o capítulo do TTIP relativo ao investimento, do qual constam normas sobre um sistema quase-judicial de resolução de litígios de investimento, estabelecendo a criação de um Tribunal de Investimento, em primeira instância, composto por quinze juízes nomeados pela UE e pelos EUA, cabendo-lhe decidir ao abrigo das regras de arbitragem do ICSID ou da UNCITRAL, bem como a criação de um Tribunal de Recurso, composto por seis juízes,

[13] Cf. http://www.europarl.europa.eu/sides/getDoc.do?pubRef=-//EP//TEXT+TA+P8-TA-2015-0252+0+DOC+XML+V0//PT.

competente para apreciar, incluindo quanto ao mérito, as decisões proferidas em primeira instância[14]. Estas propostas da UE foram apresentadas aos EUA na 12.ª ronda de negociações do TTIP, realizada entre 22 e 26 de Fevereiro de 2016, encontrando-se ainda hoje em discussão.

V. APRECIAÇÃO/CONCLUSÃO

6. Conforme se disse, uma das principais críticas ao sistema ISDS de natureza arbitral reside na circunstância, apontada pelos críticos, de esse sistema poder pôr em causa o direito de regulação pública dos Estados, permitindo a *impugnação* de medidas tomadas pelos Estados no interesse público e *politizando* os litígios entre os investidores e os Estados. Consideramos, porém, que esse problema está a montante do sistema processual de resolução de litígios e apenas se resolve no plano da protecção substantiva do investimento, isto é, no equilíbrio que deve ser encontrado entre os direitos dos investidores e o direito de regulação dos Estados.

É certo que o sistema processual deverá permitir que os tribunais apliquem melhor as normas substantivas de protecção do investimento: a transparência do processo arbitral, a independência e qualificação dos decisores e um mecanismo de recurso poderão contribuir para esse intento. No entanto, não chega reformar o sistema processual, nomeadamente substituindo um sistema arbitral por um sistema quase-judicial: só através da clarificação das normas substantivas de protecção do investimento (definindo, de forma clara, os direitos dos investidores) e da salvaguarda do direito de regulação pública dos Estados (através de normas também substantivas, em domínios como a regulação prudencial, a saúde e o ambiente, e não apenas de princípios ou preâmbulos proclamatórios) poderá assegurar-se que os tribunais, sejam eles arbitrais ou judiciais, farão uma melhor aplicação do direito em causa.

Esperamos que a UE, apesar da desconfiança que se gerou relativamente à arbitragem de investimento, compreenda que de nada serve um sistema processual teoricamente à prova de bala quando esse sistema se limita a aplicar normas substantivas insuficientes ou ambíguas: como afirmou a Comissão Europeia na consulta pública, "*in the end, the decisions of arbitral tribunals are only as good as the provisions that they have to interpret and apply*".

[14] Cf. http://trade.ec.europa.eu/doclib/docs/2015/september/tradoc_153807.pdf.

OS DEVERES DE INVESTIGAÇÃO E INFORMAÇÃO DAS PARTES ESTABELECIDOS NO PRINCÍPIO GERAL 7 DAS DIRETRIZES DA IBA SOBRE CONFLITOS DE INTERESSE

FILIPA CANSADO CARVALHO

1. Razão de ordem

O problema dos conflitos de interesses dos árbitros é tão antigo como atual. Inúmeros são os colóquios, congressos e artigos que se debruçam sobre esta questão, quase invariavelmente com apelo às Diretrizes da IBA sobre Conflitos de Interesse em Arbitragem Internacional ("Diretrizes da IBA" ou "Diretrizes"). Como é sabido, estas são, não obstante o seu carácter não imperativo, um guia importantíssimo ao qual partes, árbitros, instituições e mesmo tribunais judiciais recorrem frequentemente. Apesar de toda esta atenção, raras são as vezes em que ouvimos falar dos deveres[1] das partes mencionados no princípio geral 7 destas Diretrizes. Refletir sobre estes é, precisamente, o objetivo desta exposição.[2]

2. O princípio geral 7 das Diretrizes da IBA

a) *Versão de 2004 v versão de 2014*

Na sua versão original (2004), o texto deste princípio geral era:

"(7) Duty of Arbitrator and Parties

(a) A party shall inform an arbitrator, the Arbitral tribunal, the other parties and the arbitration institution or other appointing authority (if any) about any direct or indirect relationship between it (or another company of the same group of companies)

[1] Utilizamos aqui por facilidade o termo "dever", utilizado pelas Diretrizes. Notamos, contudo, que este deve ser considerado *cum grano salis* (desde logo por as Diretrizes não terem força de lei).

[2] Por esta razão, salvo que o contrário resulte do texto, as referências nesta exposição ao princípio geral devem ser interpretadas como referências aos deveres que este impõe às partes.

and the arbitrator. The party shall do so on its own initiative before the beginning of the proceeding or as soon as it becomes aware of such relationship.
(b) In order to comply with General Standard 7(a), a party shall provide any information already available to it and shall perform a reasonable search of publicly available information.
(c) An arbitrator is under a duty to make reasonable enquiries to investigate any potential conflict of interest, as well as any facts or circumstances that may cause his or her impartiality or independence to be questioned. Failure to disclose a potential conflict is not excused by lack of knowledge if the arbitrator makes no reasonable attempt to investigate."[3]

Quando surgiu a primeira versão das Diretrizes, a imposição às partes dos deveres mencionados neste princípio geral foi considerada inovadora.[4] Isto, aliado à escassez de menções, na doutrina e na jurisprudência, aos deveres específicos nele tratados[5] sugere que, ao contrário do que sucede com vários outros aspetos das Diretrizes,[6] não havia já uma prática internacional estabelecida a este respeito.

Com estes deveres mitigados (porque limitados a certo tipo de relações e a certo tipo de informação) pretendia-se, em linha com o objetivo geral das Diretrizes de diminuir recusas táticas de árbitros,[7] que as partes revelassem com prontidão factos ou relações que tivessem descoberto ao pesquisar árbitros e as respetivas conexões, de forma a que potenciais conflitos fossem trazidos a lume o mais cedo possível.[8]

[3] Considerando que não existe uma tradução oficial para português da mais recente versão das Diretrizes, que a tradução que existe da versão anterior padece, quanto a nós, de algumas deficiências e também de forma a facilitar as comparações entre a versão de 2004 e a de 2014, optámos por citar aqui o original em inglês das Diretrizes.
[4] Cfr. Otto L O de Witt Wijnen, Nathalie Voser e Neomi Reo em nome do Grupo de Trabalho *in* Background Information on the IBA Guidelines on Conflicts of Interest in International Arbitration disponível no sítio da IBA, p. 453.
[5] Embora várias decisões tratem de deveres de investigação das partes, tipicamente o dever de investigação nelas referido não é, na nossa opinião, o dever em causa neste princípio geral (v. infra).
[6] Diretrizes, Introdução, ponto 4.
[7] Diretrizes, Introdução, ponto 3.
[8] Cfr. Otto L O de Witt Wijnen, Nathalie Voser e Neomi Reo em nome do Grupo de Trabalho *in* Background Information on the IBA Guidelines on Conflicts of Interest in International Arbitration disponível no sítio da IBA, p. 453.

Alterado no âmbito da revisão que teve lugar em 2012-2014, este princípio geral 7 estabelece, na sua versão atual:

"(7) Duty of the Parties and the Arbitrator

(a) A party shall inform an arbitrator, the Arbitral tribunal, the other parties and the arbitration institution or other appointing authority (if any) of any relationship, direct or indirect, between the arbitrator and the party (or another company of the same group of companies, or an individual having a controlling influence on the party in the arbitration), or between the arbitrator and any person or entity with a direct economic interest in, or a duty to indemnify a party for, the award to be rendered in the arbitration. The party shall do so on its own initiative at the earliest opportunity.

(b) A party shall inform an arbitrator, the Arbitral tribunal, the other parties and the arbitration institution or other appointing authority (if any) of the identity of its counsel appearing in the arbitration, as well as of any relationship, including membership of the same barristers' chambers, between its counsel and the arbitrator. The party shall do so on its own initiative at the earliest opportunity, and upon any change in its counsel team.

(c) In order to comply with General Standard 7(a), a party shall perform reasonable enquiries and provide any relevant information available to it.

(d) An arbitrator is under a duty to make reasonable enquiries to identify any conflict of interest, as well as any facts or circumstances that may reasonably give rise to doubts as to his or her impartiality or independence. Failure to disclose a conflict is not excused by lack of knowledge, if the arbitrator does not perform such reasonable enquiries."

Como se pode ver comparando as duas versões, foram várias as alterações introduzidas.

Assim, na sua redação original, este princípio geral contemplava apenas relações (diretas ou indiretas) entre uma parte (incluindo qualquer empresa do mesmo grupo) e os árbitros.

Na redação atual, as relações que são objeto dos deveres das partes plasmados neste princípio geral foram substancialmente alargadas. Os deveres em si também foram densificados (assim, por exemplo, o dever de investigação deixou de estar limitado a informações públicas). Além destas mudanças, houve alguns ajustes menores na redação.

Sobre a razão de ser deste princípio especificamente, as Diretrizes da IBA são bastante sucintas, dizendo apenas na sua atual versão que *"Disclosure of such relationships should reduce the risk of an unmeritorious challenge of an arbitrator's impartiality or independence based on information learned after the appointment."*

b) ***Os deveres de informação e investigação das partes***

Analisando o princípio geral 7 vemos que este impõe, no que às partes se refere, dois deveres distintos: um dever a que podemos chamar de informação, comunicação ou revelação e um dever de investigação.

- O dever de informação

Começando pelo dever de informação, os seus "beneficiários" são, não apenas potenciais árbitros[9] mas todos os intervenientes no processo arbitral, ou seja, as restantes partes, todos os árbitros, a instituição arbitral ou outra entidade nomeadora (quando aplicável).

Este dever de informação compreende:

a) a identidade dos representantes da parte.

Não obstante o princípio geral referir apenas "advogados", parece-nos deverem ser considerados igualmente abrangidos por este preceito quaisquer outros representantes de parte em conformidade com o ponto 5 da Introdução das Diretrizes e com a inexistência de diferenças relevantes para estes efeitos entre advogados e outro tipo de representantes de parte. Da explicação dada na alínea (b) deste princípio geral resulta ainda que este dever existe relativamente a todos os membros da equipa que representa a parte na arbitragem.

b) determinadas relações (diretas e indiretas) estabelecidas entre qualquer[10] dos árbitros[11] e entidades de três categorias:

[9] Como se poderia pensar lendo Otto L O de Witt Wijnen, Nathalie Voser e Neomi Reo em nome do Grupo de Trabalho *in* Background Information on the IBA Guidelines on Conflicts of Interest in International Arbitration disponível no sítio da IBA, p. 453 que se referem a uma obrigação de revelação a um potencial árbitro.

[10] Isto resulta não só da redação do princípio geral mas também da circunstância de as Diretrizes da IBA assumidamente não fazerem, em geral, distinções entre os árbitros em função da sua posição no tribunal ou da forma como foram nomeados (veja-se o princípio geral 5).

[11] Apesar de os problemas suscitados pela utilização de secretários e assistentes de tribunais terem sido um dos desenvolvimentos considerado na revisão das Diretrizes (p. ii, ultimo parágrafo) e de o princípio geral 5(b) afirmar que estes estão sujeitos aos mesmos deveres dos árbitros, estes não vêm expressamente mencionados no princípio geral 7. Ainda assim, quando se recorra a estas figuras e considerando, nomeadamente a natureza e os objetivos das Diretrizes e, em particular, o princípio geral 5(b) e os pontos 3 e 6 *in fine* da Introdução, parece ser de aplicar também este dever às relações entre estas entidades e secretários / assistentes do tribunal. Por esta razão, aquilo que dissermos a propósito de relações com árbitros nesta exposição deve considerar-se *mutatis mutandis* aplicável a relações com secretários / assistentes de tribunais.

i. a parte amplamente considerada (ou, para sermos mais precisas, a parte ou pessoas que para estes efeitos lhe são equiparadas por força da relação que com ela têm);
ii. terceiros com interesse no litígio;[12] e
iii. representantes da parte na arbitragem.

Na categoria (i) estão incluídos além da parte, qualquer empresa do mesmo grupo,[13] bem como qualquer indivíduo que detenha o controlo da parte na arbitragem.

Na categoria (ii) estão incluídas qualquer pessoa ou entidade com um interesse económico direto na decisão a proferir ou uma obrigação de indemnização em conexão com este. Embora esta nova categoria tenha sido introduzida a pensar em terceiros financiadores dos custos do processo, nada obsta – antes pelo contrário – à aplicação deste preceito a outras situações nele subsumíveis (como por ex. um terceiro contra o qual possa haver direito de regresso na sequência do acórdão).

Quanto à categoria (iii), aplica-se a este respeito o que dissemos supra quanto ao dever de revelar a identidade dos representantes da parte.

Nas categorias (i) e (iii)[14] estão em causa relações – ainda que mediatas – da própria parte com os árbitros.[15] Diferentemente, na categoria (ii) os terceiros em causa não têm de estar necessariamente relacionados com a parte para que se materialize o dever de revelação. Assim, uma parte que conheça uma relação entre um árbitro e a entidade que financia a parte contrária no litígio, tem, ao abrigo das Diretrizes, duas hipóteses: ou recusa o árbitro com esse fundamento[16] ou informa os restantes intervenientes no processo dessa relação.

Quanto ao tipo ou natureza das relações em causa, as Diretrizes prestam-se a diferentes interpretações: uma no sentido de um dever de reve-

[12] Embora as Diretrizes equiparem esta categoria à anterior – veja-se o princípio geral 6(b) – consideramos que elas são suficientemente diferentes para serem autonomizadas aqui.

[13] Parece-nos que o termo "grupo" deve ser aqui considerado em termos amplos, incluindo por ex. – na nomenclatura da legislação portuguesa – não só as sociedades em relação de grupo mas sociedades coligadas em geral. A propósito dos grupos de sociedades veja-se também o que a este respeito é dito na explicação do princípio geral 6.

[14] Contempladas respetivamente no princípio geral 7(a) e (b).

[15] Parece-nos que é assim que deve ser interpretada a referência a "qualquer parte" na passagem correspondente do princípio geral 7(a).

[16] A este respeito veja-se o que dizemos infra sobre o carácter residual deste dever.

lar toda e qualquer relação subsumível na letra das alíneas (a) e (b) do princípio geral 7 (independentemente de considerações adicionais sobre o eventual impacto desta na independência e imparcialidade do árbitro) e outra no sentido de apenas ser necessário revelar as relações subsumíveis na letra das alíneas (a) e (b) do princípio geral 7 na medida em que sejam suscetíveis de suscitarem dúvidas sobre a independência e imparcialidade do árbitro, de acordo com o standard aplicável.[17]

Por um lado, a letra das alíneas (a) e (b) do princípio geral 7 é muito ampla. Esta fala em "qualquer relação, direta ou indireta" e não contém nenhuma referência a circunstâncias que suscitem dúvidas sobre a independência e imparcialidade do árbitro nem qualquer outra qualificação equivalente relativamente à natureza das relações que as partes devem divulgar.[18]

Esta ideia de que basta haver uma relação (independentemente das circunstâncias concretas desta) entre as entidades mencionadas para que se materialize o dever de informação é reforçada pela explicação do dever de informação das partes plasmado no princípio geral 7 que começa com *"The parties are required to disclose <u>any relationship</u> with the arbitrator."*[19]

A isto acrescem considerações sobre a razão de ser deste princípio geral e a forma como este se articula com os restantes princípios gerais.

Estes deveres – circunscritos a determinadas relações – coexistem com deveres de investigação e revelação dos árbitros que não estão limitados da mesma maneira, sendo que a informação em causa nas categorias do princípio geral 7 é informação que, pela sua própria natureza, tende, por várias razões, a ser mais facilmente cognoscível pelas partes (e por uma delas especificamente) do que pelos árbitros.[20]

Mais, como já referimos, com a exceção de um caso, as relações a que estes deveres se aplicam são relações do árbitro com o lado da própria parte obrigada pelos deveres. Ora, embora na pureza dos princípios não

[17] A este respeito veja-se a nota de pé de página 25.

[18] Diferentemente do que sucede com a alínea (d) deste mesmo princípio e com o princípio geral 3 que tratam, respetivamente, do dever de investigação e revelação do árbitro.

[19] Sublinhado nosso.

[20] No mundo hodierno, caracterizado pela globalização e por uma multiplicidade de atores e ligações, há por vezes dificuldades reais em identificar toda a informação e ligações potencial ou teoricamente relevantes para efeitos de conflito de interesses, tanto mais que muitas dessas conexões não são públicas ou aparentes.

devesse ser assim, as partes tendem a ser mais suscetíveis relativamente às relações dos árbitros com o lado contrário do que a relações equivalentes consigo próprias ou entidades conexas.

E, na verdade, este dever de informação tem um carácter residual, apenas se aplicando a informações com base nas quais a parte não quer recusar o árbitro. Isto resulta da sua coexistência com o princípio geral 4 que impõe às partes um ónus de objetar a circunstâncias que possam consistir um potencial conflito de interesses num determinado prazo a contar do respetivo conhecimento, sob pena de perderem o direito de se prevalecer desse facto.[21]

Releve-se ainda que as Diretrizes têm como objetivo declarado *"that more information be made available to the parties, so as to protect awards against challenges based upon alleged failures to disclose, and to promote a level playing field among parties and among counsel engaged in international arbitration."*[22] Além disso afirmam um *"principle that the parties have an interest in being fully informed of any facts or circumstances that may be relevant in their view"*.[23]

Face à natureza tipicamente antagónica da relação entre as partes, não seria estranho que, nestas circunstâncias, não se tivesse querido permitir à parte que é sujeito (ainda que mediato) na relação em causa e que não pretende recusar o árbitro com base nela substituir o seu critério ao da outra parte.

Do mesmo modo, considerando, de um lado, que o primeiro e principal obrigado pelo dever de independência e imparcialidade é o árbitro e, de outro lado, que é o árbitro também que normalmente corre o risco de ser afastado com base na informação a ser revelada pelas partes ao abrigo deste princípio geral,[24] também não seria despropositado que não se tivesse querido permitir à parte substituir o seu critério ao do árbitro.

Por outro lado, e no sentido oposto, a alínea (c) da explicação do princípio geral 7 pode ser vista como estando a limitar o alcance da letra do

[21] Por facilidade de exposição, não consideraremos aqui a questão particular dos factos relativamente aos quais as Diretrizes não permitem renúncia de direitos.

[22] Diretrizes, Introdução, ponto 1.

[23] Explicação do princípio geral 3.

[24] Salvo casos excecionais. Um exemplo de um destes casos é a decisão proferida a 6 de Maio de 2008 no caso ICSID ARB/05/24, Hrvatska Elektroprivreda d.d. v. República da Eslovénia que pensamos, aliás, ter estado na origem da parte do princípio geral 7 que se refere aos advogados das partes.

mesmo, ao referir-se à divulgação de informação que possa afetar, de acordo com o standard das Diretrizes,[25] a independência e imparcialidade dos árbitros.

Embora esta interpretação não corresponda à letra do preceito, nos termos do ponto 6 da sua Introdução, as Diretrizes devem ser *"applied with robust common sense and without unduly formalistic interpretation."*

Esta solução seria sistematicamente coerente (uma vez que os árbitros também não têm de revelar situações que nunca levariam a uma recusa ao abrigo do princípio geral 2)[26] e permitiria evitar – pelo menos em alguns casos – os problemas que o excesso de revelação ou a revelação desnecessária podem gerar,[27] aqui exacerbados pelo facto de a informação revelada pela parte não ter sido revelada pelo árbitro: embora seja um clichê dizer que, em si mesmo, a falta de revelação não é, por si só, causa de recusa automática, é sabido que as partes que tentam impugnar direta ou indiretamente um árbitro com base numa informação não revelada, sistematicamente tentam retirar consequências dessa falta de revelação.

Sendo o princípio geral interpretado com este sentido, na nossa opinião, deve aplicar-se o critério subjetivo à revelação[28] e também *mutatis mutandis* a regra *in dubio* pro revelação.

Em termos de momento do surgimento do dever de informação, embora a letra do princípio geral 7 pudesse, quanto a nós, ser mais clara, a explicação não deixa margem para dúvidas: este dever de informação existe desde o início até ao fim do processo.[29]

[25] A explicação não esclarece se se trata aqui do standard para a revelação dos árbitros ou do standard para a recusa, que são diferentes (v.g. página iii); parece-nos que, concluindo-se que a interpretação correta do princípio geral 7 é que só têm de ser reveladas as relações neles subsumíveis passíveis de afetar a independência e imparcialidade, o standard a aplicar neste caso deverá ser o critério subjetivo do princípio geral 3(a). Com efeito, o dever de revelação das partes, tal como o dos árbitros, é motivado por uma intenção de colocar as partes na posse de toda a informação relevante sobre potenciais conflitos o mais cedo possível, de forma a permitir às partes exercer os seus direitos quanto a um julgamento justo e proteger o processo contra recusas ou ações de anulação infundadas (Diretrizes, Introdução, pontos 1 e 2). Assim, não se vislumbra razão para aplicar um standard de revelação menos exigente às partes do que aos árbitros.

[26] Veja-se a alínea (a) da explicação do princípio geral 3.

[27] A este respeito veja-se a Introdução das Diretrizes, pontos 1 e 3.

[28] A este respeito veja-se a nota de pé de página 25.

[29] Este conceito deve ser interpretado de acordo com a explicação do princípio geral 1.

Além disso, a parte deve cumprir este dever de informação assim que possível (ou seja, assim que detetar uma relação que seja suscetível de revelação ou, no caso específico da identidade dos seus representantes, sempre que esta equipa sofra modificações).

As Diretrizes da IBA não estabelecem nenhuma consequência específica para a violação deste dever. Todavia, há pelo menos um caso em que o seu não cumprimento pode resultar numa perda de direitos: em caso de inclusão na equipa de representantes de pessoas que tenham uma relação com um dos árbitros e não comunicação atempada destes elementos, a parte pode no limite ver-se privada daquele representante.[30]

– O dever de investigação

Quanto ao dever de investigação, este está – neste princípio geral – intimamente ligado ao dever de informação supra descrito: veja-se a linguagem do princípio geral 7(c),[31] a parte investiga para poder cumprir os deveres de informação específicos que lhe são impostos por este princípio geral.[32]

Assim, o que a parte tem de investigar são os factos reveláveis nos termos das alíneas (a) e (b).[33] Na versão anterior das Diretrizes, sem prejuízo da informação já conhecida de uma parte, esta só tinha de investigar (razoavelmente) informação pública. A nova versão das Diretrizes manteve o critério da razoabilidade para as pesquisas a efetuar, mas alargou-a de forma a incluir informação que não seja pública.

[30] Veja-se o caso mencionado na nota de pé de página 24.

[31] *"In order to comply with General Standard 7(a) (...)".*

[32] Embora a alínea (c) do princípio geral 7 apenas mencione a alínea (a), consideramos que a omissão da alínea (b) foi fruto de uma lacuna. Em primeiro lugar, o princípio geral 7(c) corresponde ao antigo 7(b) que continha já esta referência ao princípio geral 7(a), sendo que o atual 7(b) não existia na redação anterior das Diretrizes. Em segundo lugar, não se descortinam razões para que o critério a aplicar quanto à revelação de relações seja diferente consoante se tratem de relações do 7(a) ou de relações do 7(b). Em terceiro lugar, a alínea (c) da explicação do princípio geral 7 refere-se ao dever de revelação das partes sem fazer qualquer distinção entre os deveres de revelação contidos respetivamente nas alíneas (a) e (b).

[33] Questão diferente é a de saber se, descobrindo a parte, no decurso das suas investigações, uma relação não abrangida por este princípio geral que representa um potencial conflito de interesses do qual a outra parte poderá querer prevalecer-se, tem uma qualquer obrigação de o revelar, por exemplo, para que a outra parte, querendo, possa tomar medidas ao respeito.

Face a esta subordinação, este dever surge e extingue-se nos mesmos momentos e termos que o dever de investigação.

Tal como para o dever de revelação, a violação deste dever não tem nas Diretrizes da IBA nenhuma consequência específica. Há contudo pelo menos um caso em que o seu não cumprimento pode resultar numa perda de direitos: se a parte não tiver investigado relações (que eram descobríveis) entre terceiros com interesse no litígio e os árbitros (categoria ii)) e vier mais tarde a tomar conhecimento delas, invocando-as como fundamento para questionar a independência e imparcialidade do árbitro, é possível – e em algumas jurisdições ou nalguns tipos de arbitragem, muito provável – que a entidade decisora venha a concluir que perdeu o seu direito de o fazer.[34]

3. Menção a estes deveres em legislação e regulamentos de arbitragem e na jurisprudência

Uma vez que, face à sua natureza, a aplicação das Diretrizes não é, em geral, obrigatória,[35] cumpre agora atentar no que dizem (ou não) as leis e regulamentos, de um lado, e a jurisprudência, de outro sobre este tema.

a) *Leis e regulamentos*

O regulamento de arbitragem da ICDR determina, no seu artigo 13(3), que *"If, at any stage during the arbitration, circumstances arise that may give rise to such doubts [justifiable doubts as to the arbitrator's impartiality or independence], an arbitrator or party shall promptly disclose such information to all parties and to the Administrator. Upon receipt of such information from an ar-*

[34] Isto na esteira de várias decisões que, com variações importantes consoante o regulamento aplicável e/ou sede da arbitragem, reconhecem a existência de deveres de investigação das partes relativamente a fundamentos de impugnação de árbitros que possam querer vir a invocar.

[35] Embora possa haver exceções. Entre nós, vejam-se, por ex. os Códigos Deontológicos do Árbitro da APA (obrigatório para os membros da APA – art. 1º nº 3) e do CAC (obrigatório para quem aceite desempenhar funções como árbitro numa arbitragem submetida ao respetivo regulamento – art. 1º nº 1) que determinam respetivamente nos arts. 1º nº 2 e 1º nº 3 que as respetivas regras devem ser interpretadas e integradas tendo em conta as Diretrizes da IBA. De todo o modo, uma vez que se tratam de Códigos dirigidos aos árbitros e não as partes, estas normas não tornam a matéria que aqui nos ocupa – plasmada no princípio geral 7 (a) a (c) – aplicável aos casos em que estes Códigos se apliquem.

bitrator or a party, the Administrator shall communicate it to all parties and to the tribunal."

Por sua vez, o número 4 do mesmo artigo dispõe que *"Disclosure by an arbitrator or party does not necessarily indicate belief by the arbitrator or party that the disclosed information gives rise to justifiable doubts as to the arbitrator's impartiality or independence."* Não obstante parecer que existe aqui um problema de redação,[36] parece que o facto de uma parte fazer esta revelação não é equivalente a uma recusa.[37]

Assim, existe alguma semelhança entre este regime e o das Diretrizes,[38] pese embora aquele nada dizer sobre um dever de investigação.

Com esta exceção, não encontrámos, nos diversos regulamentos e leis que consultámos,[39] normas equivalentes ou que vão no mesmo sentido do princípio geral 7 das Diretrizes da IBA.

b) *Jurisprudência*

São várias as decisões (de tribunais judiciais e arbitrais e de instituições arbitrais) que falam num dever de investigação das partes. Contudo, em geral, o dever a que se referem não é o dever contido no princípio geral 7 mas sim um dever da parte de investigar factos com base nos quais essa mesma parte possa querer recusar um árbitro.[40]

Quanto ao dever de revelação das partes, há alguns casos em que este foi expressamente mencionado ou que são de outra forma relevantes para perceber qual poderá ser o alcance deste.

[36] Semelhante ao detetado por Agostinho Pereira de Miranda quanto à nossa lei – cfr. Dever de revelação e direito de recusa de árbitro – Considerações a propósito dos artigos 13º e 14º da Lei da Arbitragem Voluntária, disponível no site da APA.

[37] Isto resulta também do artigo 14 que regula o procedimento de recusa.

[38] Ainda que as regras ICRD disponham também que a não revelação da informação em causa dentro de um período razoável depois do seu conhecimento impede a parte em questão de mais tarde vir a recusar o árbitro com esse fundamento (artigo 13(5)). Não é evidente qual o alcance desta norma – que em todo o caso nos parece muito residual – uma vez que, nos termos do artigo 14(1), as partes têm o ónus de recusar árbitros dentro de quinze dias depois do conhecimento dos factos em causa.

[39] Incluindo a Lei-Modelo, as leis Portuguesa, Angolana, Moçambicana, Brasileira, Inglesa, Francesa, Espanhola, Peruana e Panamense, os regulamentos de arbitragem do CAC (ACL-CCIP), do Instituto de Arbitragem Comercial da Associação Comercial do Porto, da ICC, da LCIA, do PCA, da SCC, da CAM, da CIMA, do SIAC, do ICSID, da CCJA/OHADA, da CAM-CCBC e da UNCITRAL.

[40] Tecnicamente este dever é na verdade, em muitos casos, um ónus.

Analisaremos de seguida sucintamente as decisões que consideramos, dentro das que analisámos na preparação desta exposição, poderem ser relevantes para a temática em apreço. Os factos relevantes nestes casos têm em comum terem todos ocorrido anteriormente à revisão das Diretrizes, ou seja, quando estas apenas se referiam a relações entre a parte e os árbitros.

Primeiro caso: No caso ICSID ARB/03/23, o demandado apresentou um pedido de recusa da presidente do tribunal invocando que esta fazia parte do conselho de administração de um banco que tinha interesses comuns com a empresa-mãe de uma das demandantes. O banco tinha recomendado aos seus clientes que investissem na dita empresa e tinha-lhe prestado serviços financeiros. O banco detinha ainda cerca de 3% do capital social dessa empresa. Todos estes factos tinham ocorrido menos de três anos antes do pedido de recusa. O demandado invocava que, além do árbitro, a demandante deveria ter comunicado a existência destas relações aos restantes intervenientes no procedimento.[41]

Ao abrigo das regras ICSID, este pedido de recusa foi decidido pelos co-árbitros. O pedido foi rejeitado. Na parte que nos interessa, os árbitros, sem tomar posição sobre se existia uma base para o dever de revelação que o demandado pretendia impor à demandante, notaram que não tinha ficado provado que alguém na empresa demandante tivesse conhecimento da posição da presidente do tribunal na administração do banco ou das relações alegadas entre o banco e a empresa mãe da demandante.

Nem o demandado (a julgar pela descrição da sua posição contida na decisão) nem os dois co-árbitros falaram do dever de investigação da parte. A decisão também não refere qual, se é que alguma, consequência específica (i.e. além da recusa da presidente) o demandado queria alcançar ao mencionar que a demandante tinha incumprido um dever de revelação.

Segundo caso: A 12 de Fevereiro de 2009, a Cour d'Appel de Paris proferiu a primeira de muitas decisões dos tribunais franceses sobre o caso Tecnimont. Em causa estava uma relação do árbitro presidente (através

[41] De acordo com a decisão, o demandado nas suas peças, invocou expressamente o princípio geral 7, sendo que a única alínea mencionada na decisão é a alínea (c), referente ao dever de investigação do árbitro.

da sociedade de advogados de que era *of counsel*) com a sociedade-mãe de uma das partes. Proferida uma sentença parcial, um das partes, a Avax, requereu a sua anulação, invocando a irregular constituição do tribunal arbitral, traduzida, quanto a ela, na violação dos deveres de revelação e de independência objetiva por força de laços existentes entre a dita sociedade de advogados e a contraparte Tecnimont, laços esses que não teriam sido revelados detalhada e espontaneamente pelo árbitro. No decurso da arbitragem, a Avax tinha apresentado um pedido de recusa do árbitro perante a Corte da CCI que tinha sido recusado por extemporâneo.

Embora no resumo da posição da Avax contido nesta decisão não apareça nenhuma alusão a uma não revelação por parte da Tecnimont, a Cour d'Appel comentou na fundamentação (embora sem aparentemente retirar consequências deste ponto específico) que a Tecnimont tinha a possibilidade de conhecer os assuntos nos quais ela própria, uma das suas filiais ou a sua sociedade-mãe tinham recorrido aos serviços da dita sociedade de advogados. A Cour d'Appel de Paris decidiu anular a decisão. Várias decisões e vários tribunais depois, o caso voltou à Cour d'Appel de Paris que, desta vez, não anulou a decisão.[42] No seu percurso acidentado, o caso passou, entre outros, pela Cour d'Appel de Reims que também decidiu anular a sentença. A sua decisão nada diz a respeito do conhecimento ou possibilidade de conhecimento dos factos em causa pela Tecnimont.

Terceiro caso: Em 2012, um ciclista belga tentou anular uma sentença arbitral proferida sob a égide do CAS com base, entre outras coisas, no facto de o árbitro nomeado pela parte contrária (a "Associação") ter sido nomeado por esta cinco vezes em menos de um ano. Invocava ainda violação do dever de revelação do árbitro e que a nomeação reiterada era tanto mais grave quanto, nesses outros casos, se discutia a mesma questão legal que era discutida nos autos em crise.[43]

Na audiência arbitral, o advogado do apelante tinha perguntado ao árbitro nomeado pela parte contrária se este se considerava capaz de ouvir os argumentos das partes e discuti-los com os outros árbitros com

[42] Uma descrição mais detalhada deste caso pode ser encontrada em Pedro Metello de Nápoles, Anotação ao acórdão da Cour de Cassation no caso Tecnimont v Avax *in* "100 anos de Arbitragem – Os casos essenciais comentados", Coimbra Editora, 2015, págs. 369 e seguintes.

[43] O Supremo Tribunal Federal Suíço discordou deste ponto específico.

o espírito aberto e sem preconceitos, uma vez que já tinha sido nomeado pela parte contrária noutros dois processos (*Redondo e Duval*) em que se discutia a mesma questão. Satisfeito com a resposta afirmativa do árbitro, o advogado do ciclista disse não ter objeções à constituição do tribunal.

Após alguns desenvolvimentos no processo, incluindo sucessivas prorrogações do prazo para a prolação da sentença, e alguns dias depois de o advogado do ciclista ter expressado surpresa relativamente a tais prorrogações, o dito advogado pediu à parte contrária, em Dezembro de 2011, que lhe dissesse se era parte noutros casos pendentes em que se discutisse a mesma questão de direito e, em caso afirmativo, qual era a composição dos respetivos painéis e, em particular, qual a identidade do árbitro nomeado pela Associação.

Na ausência de resposta da Associação, o advogado escreveu então ao CAS pedindo a mesma informação. No mesmo dia a parte contrária respondeu-lhe que não vislumbrava qualquer razão para lhe fornecer aquela informação. O CAS recusou-se igualmente a cumprir este pedido.

Com base numa jurisprudência bem estabelecida nos Tribunais Suíços que impõe às partes, com base na boa-fé e na proibição do abuso do direito, um ónus de investigação de potenciais motivos de recusa de um árbitro em termos bastante amplos e considerando, entre outras coisas,[44] que (i) o advogado do apelante conhecia na altura da audiência três casos recentes[45] em que o árbitro em causa tinha sido nomeado pela Associação e que (ii) não tinha perguntado diretamente ao árbitro quantas vezes tinha sido nomeado pela Associação para um painel do CAS,[46] o Tribunal Suíço considerou que o direito de invocar os factos em causa tinha caducado (e que as averiguações do advogado do ciclista em Dezembro de 2011 já eram extemporâneas).

[44] Incluindo uma alusão, na nota de pé de página 2672 de uma obra sobre arbitragem internacional de desporto publicada em 2005 e da autoria do advogado do ciclista, ao facto de ser sabido que a Associação nomeava quase sistematicamente o árbitro em causa.

[45] Os dois que o advogado mencionou quando formulou a sua questão ao árbitro e um terceiro que citou na audiência, sem contar com o caso dos autos.

[46] Na audiência, o advogado tinha perguntado ao árbitro se havia algo de novo depois da decisão Duval mas o Supremo Tribunal Federal Suíço considerou que o significado da pergunta era ambíguo.

Quarto caso: No âmbito de uma arbitragem necessária ao abrigo da Lei nº 62/2011, de 12 de Dezembro, o demandado impugnou o árbitro indicado pelas demandantes. Este tinha, nos últimos três anos, sido nomeado cinquenta vezes em arbitragens semelhantes às do autos pela sociedade de advogados que representava as demandantes, sendo que em dezanove delas tinha sido nomeado pelas próprias demandantes. Além disso não tinha revelado inicialmente estes factos.

Nas conclusões que apresentou no recurso para o Tribunal da Relação de Lisboa da decisão dos árbitros rejeitando o pedido de recusa o demandado afirmava *"Por fim, refutam-se quaisquer acusações de que o presente processo de recusa constitui o uso de um meio dilatório por parte da Requerente para evitar que os presentes autos sejam julgados, porquanto a seriedade dos factos aqui reportados fala por si, ao que acresce o facto das demandantes não serem isentas de responsabilidade no sucedido, porquanto tinham conhecimento das circunstâncias em causa e poderiam tê-las revelado, evitando, assim, a recusa nesta fase do processo arbitral."*[47]

As demandantes não se pronunciaram diretamente sobre este ponto na sua resposta, tendo contudo alegado que há muito que a demandada conhecia os factos em crise.

O Tribunal da Relação de Lisboa deu provimento ao pedido de recusa do árbitro mas nada disse a respeito da não revelação pela parte que tinha nomeado o árbitro.

4. Conclusões

Da nossa análise concluímos que, ao contrário do que sucede com outros princípios gerais das Diretrizes da IBA, este tem tido pouco acolhimento na jurisprudência. Os deveres nele consagrados são raramente invocados ou considerados, mesmo por tribunais que com base na boa-fé e proibição do abuso de direito, desenvolveram jurisprudencialmente (outros) deveres de investigação das partes. As próprias partes invocam-no de forma muito limitada e quando o fazem, fazem-no mais, diríamos, como um elemento psicológico de apoio à sua posição.

Uma razão para isto pode ser que, também ao contrário do que sucede – com maior ou menor detalhe e variações – com os outros princípios

[47] Tribunal da Relação de Lisboa, Acórdão de 24 de Março de 2015, Processo 1361/14.

gerais das Diretrizes da IBA,[48] este princípio não está presente na generalidade das leis e regulamentos arbitrais.

Outra é o facto de este ser, no estado atual das coisas e dentro das próprias Diretrizes, um dever sem sanção (sem prejuízo de exceções ocasionais).

A sua consagração nas Diretrizes tem, pelo menos, o mérito de ser pedagógico e coerente com a afirmação no ponto 4 da Introdução das Diretrizes de as partes também são responsáveis *"for ensuring the integrity, reputation and efficiency of international arbitration"*. Pode, além disso, funcionar como cláusula de salvaguarda em casos limite.

Não obstante o atual estado das coisas e deixando as questões éticas à parte, parece-nos aconselhável que as partes e os seus representantes comecem a prestar mais atenção a estes deveres.

Com efeito, as questões relacionadas com a independência e imparcialidade dos árbitros têm estado em constante evolução desde há vários anos.

Acresce que, antes de 2014, este princípio tinha uma aplicação muito limitada. As modificações que lhe foram introduzidas em 2014, mantendo embora o seu carácter residual, alargaram-no consideravelmente.

Assim, não é de excluir que, da mesma forma que alguns árbitros foram surpreendidos por alguns dos desenvolvimentos nestas matérias, as partes e os seus representantes que persistam na ignorância destes deveres, se vejam mais tarde confrontados com consequências inesperadas.

[48] Com exceção dos princípios gerais 5(b) sobre secretários – uma inovação da versão de 2014 e sobre a qual não há ainda muita jurisprudência – e 6 que, na verdade, nos parece consistir mais numa explicação de outros princípios gerais do que num princípio geral autónomo.

O DEVER DE REVELAÇÃO DOS ÁRBITROS EM PORTUGAL

RUTE ALVES
Advogada – PLMJ – Sociedade de Advogados
LL.M., Comparative and International Dispute Resolution, Queen Mary University of London

I. INTRODUÇÃO

Em Portugal, o dever de revelação dos árbitros encontra acolhimento legal no nº 1 do artigo 13º da Lei da Arbitragem Voluntária (LAV) no qual se estabelece que *"Quem for convidado para exercer funções de árbitro deve revelar todas as circunstâncias que possam suscitar fundadas dúvidas sobre a sua imparcialidade e independência"*. Esclarecendo-se de seguida, no nº 2, que o referido dever de revelação se mantém *"durante todo o processo arbitral"*.

No que respeita à arbitragem institucionalizada, o dever de revelação encontra-se previsto, a título de exemplo, no Regulamento de Arbitragem do Centro de Arbitragem da Câmara de Comércio e Indústria Portuguesa[1] (artigo 11º, nºs 2 e 3) e no Regulamento de Arbitragem do Instituto de Arbitragem Comercial do Porto[2] (artigo 16º), bem como nos códigos deontológicos dos árbitros publicados por estes dois centros.

A LAV não determina o critério a utilizar pelos árbitros na aferição das *"circunstâncias que possam suscitar fundadas dúvidas sobre imparcialidade e independência"* que devem ser objecto de revelação, contudo, a utilização do critério subjetivo tem reunido unanimidade tanto nas regras dos centros de arbitragem como nas recomendações constantes da designada *soft law*.

A aplicação do critério subjectivo dita que na altura de confirmar se existem factos a revelar, os árbitros devem colocar-se na posição das partes, revelando todas as circunstâncias que possam suscitar fundadas dúvidas sobre imparcialidade e independência "aos olhos das partes".

A título de exemplo, o Regulamento de Arbitragem do Centro de Arbitragem da Câmara de Comércio e Indústria Portuguesa (CAC) espe-

[1] Disponível em http://www.centrodearbitragem.pt
[2] Disponível em http://www.institutodearbitragemcomercial.pt

cífica, no nº 2 do artigo 11º, que quem aceitar integrar um tribunal arbitral deve dar a *"conhecer quaisquer circunstâncias que possam, na perspectiva das partes, originar dúvidas fundadas a respeito da sua independência, imparcialidade ou disponibilidade"*[3]. Este critério, subjectivo, foi também o acolhido pelo nº 2 do artigo 16º do Regulamento de Arbitragem do Instituto de Arbitragem Comercial do Porto (IAC)[4].

Em qualquer caso, nem a LAV nem nenhum dos regulamentos citados fornecem exemplos concretos de situações que devam ser objecto de revelação ou que impeçam definitivamente a aceitação do cargo[5]. Essa função tem sido desempenhada pela denominada *soft law* de que são exemplo os códigos deontológicos dos árbitros emitidos pelos centros de arbitragem institucionalizada, bem como outras associações, cujo exemplo mais representativo a nível internacional são as *Guidelines on Conflicts of Interest in International Arbitration* (doravante *IBA guidelines* ou directrizes)[6] emitidas pela International Bar Association[7].

No panorama nacional, salienta-se o Código Deontológico do Árbitro da Associação Portuguesa de Arbitragem (APA)[8], bem como os códigos deontológicos publicados pelos centros de arbitragem já referidos – Centro de Arbitragem da Câmara de Comércio e Indústria Portuguesa e Instituto de Arbitragem Comercial do Porto – sendo que todos referem que as regras neles contidas devem ser interpretadas e integradas tendo em

[3] Mantendo-se tal dever enquanto a arbitragem durar, nos termos do nº 3 do mesmo artigo.

[4] Nos termos do qual *"Qualquer pessoa que aceite integrar um Tribunal Arbitral deve assinar a declaração prevista nonº 3 do artigo 14º, em que dê a conhecer quaisquer circunstâncias que possam, na perspetiva das partes, originar dúvidas fundadas a respeito da sua independência, imparcialidade ou disponibilidade."*

[5] Se não nos encontrarmos perante situações em que o árbitro identifique, desde logo, que o mesmo está perante uma situação que compromete a sua independência e imparcialidade, pois para esses casos não são necessários exemplos ou directrizes.

[6] *IBA Guidelines* disponíveis em http://www.ibanet.org/Publications/publications_IBA_guides_and_free_materials.aspx

[7] Como se pode ler na página da referida associação, a IBA, uma organização que foi fundada em 1947, *"is the world's leading organisation of international legal practitioners, bar associations and law societies. The IBA influences the development of international law reform and shapes the future of the legal profession throughout the world. It has a membership of more than 80,000 individual lawyers and more than 190 bar associations and law societies spanning over 160 countries. It has considerable expertise in providing assistance to the global legal community."* – informação disponível no *website* da referida organização: http://www.ibanet.org/About_the_IBA/About_the_IBA.aspx

[8] Disponível em http://arbitragem.pt/projetos/cda/2014-04-11-cda.pdf

conta as directrizes da IBA relativas a conflitos de interesses em arbitragem internacional[9].

Além destas *guidelines* da IBA, a nível internacional, e como prova de que por mais anos que passem o tema da imparcialidade e independência dos árbitros dificilmente perderá a sua centralidade, destacamos as notas para árbitros emitidas muito recentemente por duas das instituições mais representativas da Europa – a London Court of International Arbitration (LCIA)[10] e a International Chamber of Commerce (ICC)[11] – sobre independência e imparcialidade e, em particular, o dever de revelação.

Em Portugal não encontramos muitos autores que se tenham dedicado ao tema do dever de revelação em concreto, os seus objectivos e limites, bem como o seu relacionamento com o direito de recusa, previsto no nº 3 do artigo 13º da LAV. No entanto, este tema tem vindo a ser objecto de análise mais detalhada por parte dos Tribunais Superiores no ano de 2015, fundamentalmente no âmbito das apelidadas arbitragens de genéricos[12], justificando-se um olhar atento sobre este tema.

Neste texto procuraremos fazer uma exposição e apreciação breves do dever de revelação em Portugal centrando-nos sobretudo em duas questões: se existe ou não uma diferença entre o critério para revelar informação e o critério para recusar o árbitro e em que medida é que é que o acto de revelação em si mesmo ou uma omissão de factos que se deveriam revelar torna a informação em causa relevante para efeitos de recusa.

[9] *Cfr.* artigo 1º, nº 3 do Código Deontológico do CAC e do IAC e artigo 1º, nº 2 do código deontológico da APA.

[10] As notas LCIA para árbitros sobre *"Independence and Impartiality"* foram adotadas no dia 29 de Junho de 2015 e, à semelhança das *IBA Guidelines* pretendem estabelecer um guia de princípios de boas práticas para a atuação dos árbitros nas arbitragens ao abrigo das regras da LCIA. Disponível em http://www.lcia.org/adr-services/guidance-notes.aspx

[11] As notas da ICC para as partes e para os tribunais arbitrais sobre a condução de arbitragens ao abrigo das regras da ICC foram adotadas em 23 de Fevereiro de 2016 contendo, na Parte III do documento, uma secção inteiramente dedicada ao *"Statement of Acceptance, Availability, Impartiality and Independence"* destacando-se, ao que ao dever de revelação diz respeito, o parágrafo 20 no qual se exemplificam várias situações que devem ser objecto de revelação pelos árbitros. Disponível em http://www.iccwbo.org/News/Articles/2016/ICC-Court-adopts-Guidance-Note-on-conflict-disclosures-by-arbitrators/

[12] Arbitragens necessárias no âmbito da Lei nº 62/2011, de 12 de dezembro, que criou um regime de composição dos litígios emergentes de direitos de propriedade industrial quando estejam em causa medicamentos de referência e medicamentos genéricos.

Para proceder a esta análise analisaremos a forma como a *soft law* e a jurisprudência mais recente responderam a estas questões em Portugal, centrando-nos nas IBA *guidelines* e nas disposições de três códigos deontológicos em Portugal, bem como na análise de dois acórdãos do Tribunal da Relação de Lisboa, proferidos em 2015 e numa decisão do Centro de Arbitragem Comercial de Lisboa sobre um incidente de recusa de árbitro.

II. O DEVER DE REVELAÇÃO

a. As *IBA guidelines on conflicts of interests*: uma abordagem geral

As *IBA guidelines* merecem acolhimento generalizado por parte da comunidade arbitral, tanto nacional como internacional[13]. Embora não se tratem de normas legais e, por esse motivo, não tenham força de lei, estas diretrizes, – cuja primeira versão surgiu em 2004, datando a versão mais recente de Outubro de 2014 – são uma referência para a comunidade arbitral internacional na interpretação do dever de revelação dos árbitros[14].

As *IBA guidelines* encontram-se divididas em duas partes: a Parte I (*General Standards*) e a Parte II (*Practical Application*).

A Parte I é constituída por sete princípios gerais[15] (ou standards) sobre independência, imparcialidade, dever de revelação, renúncia das partes e âmbito de aplicação das diretrizes. Cada um destes princípios gerais enunciados é acompanhado de esclarecimentos onde se expõem de modo detalhado os motivos para a sua enunciação e os objetivos que se visam alcançar com os mesmos.

Por sua vez, a Parte II corresponde à aplicação da Parte I e é composta por quatro listas de situações que o *Working Group* considerou ilustrarem,

[13] Para um comentário mais detalhado sobre estas directrizes, veja-se, por exemplo Laurence Shore, "A Comment on the IBA Guidelines on Conflicts of Interest: The Fragile Balance Between Principles and Illustrations, and the Mistery of the "Subjective Test"," 15(3-4) Am. Rev. Int'l Arb. 599, 2004 e Wirt Wijnen, "The IBA Guidelines on Conflicts of Interest in International Arbitration Three Years On", ICC International Court of Arbitration Bulletin (Independence of Arbitrators: Special Supplement), 2007, págs. 107 e sgs.

[14] Gary B. Born, *International arbitration: law and practice*, Kluwer Law International, 2012, págs. 132-133; Blackaby/Partasides/Redfern/Hunter, *Redfern and Hunter on International Arbitration*, Fifth Ed., Student Version, OUP 2009, págs. 271-272

[15] Os denominados *General Standards* que se encontram numerados de 1 a 7. Quanto ao dever de revelação em concreto, interessa-nos destacar o Standard 3, como se verá mais adiante.

na prática, os casos mais frequentemente tratados na Jurisprudência de várias jurisdições, bem como por um conjunto de explicações relativas à estrutura e forma de aplicação daquelas listas.

Dentre as referidas explicações destacamos que as listas não cobrem a totalidade das situações que se podem verificar – ou seja, não pretendem ser exaustivas – e que, por esse motivo, a sua aplicação não dispensa a verificação dos princípios gerais constantes da Parte I.

As listas foram ordenadas por cores: a lista vermelha, a lista laranja e a lista verde.

A lista vermelha encontra-se dividida em duas sub-listas: a lista de situações que não podem ser renunciadas pelas partes (*"Non-Waivable Red List"*) e a lista de situações que podem ser renunciadas, desde que reveladas pelos árbitros (*"Waivable Red List"*).

As primeiras situações correspondem a casos que são considerados como reflectindo um verdadeiro conflito de interesses e cuja derrogação violaria, desde logo, o princípio da imparcialidade dos árbitros, já as segundas situações, apesar de representarem casos de dependência, podem ser objeto de renúncia uma vez conhecidas e aceites por todas as partes, os restantes árbitros e a instituição em causa, caso exista[16].

A diferença entre as duas situações passa pela sua natureza. Enquanto a lista de situações não renunciáveis se fundamenta no princípio de que os árbitros nunca podem julgar em causa própria, não sendo, por isso, possível que a divulgação pelo árbitro e subsequente aceitação resolva por si só o conflito de interesses patente, já as situações da lista vermelha renunciável não são tidas como tão sérias como as da lista irrenunciável, sendo possível que a resolução do conflito se dê através da sua aceitação, nos termos do Standard 4 (c).

A lista laranja, por seu lado, enumera um conjunto não exaustivo de situações específicas que *"aos olhos das partes"*, e dependendo dos factos concretos do caso, podem suscitar dúvidas justificáveis quanto à imparcialidade ou independência do árbitro. Nesse sentido, a lista laranja apresenta situações reconduzíveis ao Standard 3 (a), nos termos do qual recai sobre o árbitro a obrigação de revelar. Uma vez revelada uma determinada ligação enquadrável na lista laranja, se não for apresentada qualquer objeção pelas partes, nos termos do Standard 4 (a), deverá a mesma

[16] Standard 4 (c)

considerar-se implicitamente aceite pelas partes, não podendo os factos revelados justificar a impugnação daquele árbitro no futuro.

Por fim, a lista verde contempla situações que não criam nem aparência nem a verdadeira existência[17] de conflito de interesses, não sendo, por esse motivo, expectável que um árbitro revele tais situações mas que naturalmente também nada o impede de o fazer.

b. As *IBA guidelines* e o dever de revelação em especial

A respeito do dever de revelação interessa-nos analisar sobretudo o Standard 3 da Parte I das directrizes e respectiva explicação.

No Standard 3 começa-se por esclarecer que o critério adequado para aferição dos factos que devem ser revelados é subjectivo, ou seja, os factos a revelar serão os que podem suscitar dúvidas sobre a independência e imparcialidade dos árbitros *"in the eyes of the parties"*.

Assim, as *guidelines* salientam a diferença entre o dever de o árbitro rejeitar a nomeação, que deve ocorrer sempre que o mesmo considere não estar em posição de ser independente e imparcial – mesmo que se esteja perante um caso em que objectivamente esse dever não existisse – do dever de revelação, que apenas ocorre quando não esteja em causa um dever de recusa, tanto nos casos em que exista um conflito de interesses objectivo como sempre que tal decorra de motivos pessoais do árbitro.

Por outras palavras, o dever de revelação não existe quando se está perante um conflito de interesses inultrapassável mas sim quando ele não existe. Um árbitro que faça uma revelação está a declarar que, embora considere que *"aos olhos das partes"* possam existir dúvidas quanto à sua independência e imparcialidade, ele estará objectivamente apto a desempenhar as suas funções de forma independente e imparcial, pelo que aceita o cargo[18].

De modo a entender este dever na sua plenitude é fundamental ter presentes dois princípios que norteiam as *guidelines* em matéria de dever

[17] Ou seja do ponto de vista objectivo e subjectivo.

[18] Pedindo emprestadas as palavras de Agostinho Miranda sobre a revelação dos árbitros, *"De facto, o árbitro alerta as partes para certas circunstâncias que podem por em causa a sua independência. Mas por outro lado dá um sinal claro da sua probidade."* – *Cfr.* Agostinho Pereira de Miranda, *Dever de Revelação e Direito de Recusa de árbitro, Considerações a Propósito dos Artigos 13º e 14º da Lei da Arbitragem Voluntária À Memória do Bastonário Mário Raposo*, Nov. 2013, pág.6 – disponível em http://arbitragem.pt/conselhos/deontologia/doutrina/nacional/dever-de-revelacao-e-direito-de-recusa-de-arbitro--2013--agostinho-pereira-de-miranda.pdf

de revelação: os critérios de aferição do dever de revelação e dos motivos para recusa de árbitro não são coincidentes[19] e a revelação ou omissão de determinados factos não constituem por si só fundamento de recusa[20].

Com efeito, as IBA *guidelines* sugerem dois tipos de "testes" distintos para apurar o dever de revelação e o direito de recusar um árbitro pelas partes e/ou instituições[21].

O primeiro teste, com vista a apurar se o árbitro deve ou não revelar determinados factos, trata-se de um teste subjectivo em que se pede ao árbitro que se coloque na posição das partes e, assim, aos olhos daquelas, avalie se as mesmas poderiam ter dúvidas sobre a sua independência ou imparcialidade se conhecerem as circunstâncias em causa[22]. Este dever e o critério de aferição a si associado assentam no princípio de que as partes têm interesse em ser informadas sobre todas as situações que possam ser relevantes do seu ponto de vista[23].

Uma vez revelada a informação à luz do critério e princípio acima enunciados, presume-se que as partes têm em seu poder toda a informação que lhes interessa conhecer, pelo que lhes caberá, consequentemente, avaliar o juízo previamente feito pelo árbitro quanto às consequências da situação revelada. Este exercício poderá ter dois resultados distintos: (i) tal como o árbitro nomeado, as partes não encontram motivos para a recusa, aceitando as circunstâncias reveladas e não podendo as

[19] Exemplos destes dois princípios podem ser claramente retirados das seguintes dos seguintos excertos das *guidelines*: (i) Standard 3 (a) – *"If facts or circumstances exist that may, in the eyes of the parties, give rise to doubts as to the arbitrator's impartiality or independence, the arbitrator shall disclose"* e (ii) respectiva explicação, alínea c) – *"(...) any challenge should only be successful if an objective test, as set forth in General Standard 2 above, is met."*

[20] *"A disclosure does not imply the existence of a conflict of interest. An arbitrator who has made a disclosure to the parties considers himself or herself to be impartial and independent of the parties, despite the disclosed facts, or else he or she would have declined the nomination, or resigned. An arbitrator making a disclosure thus feels capable of performing his or her duties."* – Cfr. Parte II, parágrafo 4 das IBA *guidelines*.

[21] Ou pelos tribunais judiciais, se forem estes que se encontram a aplicar as directrizes.

[22] Cfr. Standard 3 (a)

[23] Conforme corroborado pela doutrina internacional: *"The purpose of disclosure is to bring to parties' knowledge all the facts they need to know to assess the arbitrator's independence. Disclosure has what has been described as «cleaning effect»"* – Cfr. Ahmed El-Kosheri e Karim Youssef, "The independence of International Arbitrators: an Arbitrator's Perspective", ICC International Court of Arbitration Bulletin (Independence of Arbitrators: Special Supplement), 2007, pág. 50.

mesmas vir a motivar um pedido de recusa no futuro[24] ou (ii) as partes consideram que as situações que foram objecto de revelação reflectem um conflito de interesses, havendo na sua perspectiva motivo de recusa.

No segundo caso, se a posição não for acolhida pelo árbitro e este não renunciar, não bastará, contudo, que as partes invoquem que os factos que consideram constituir motivo de recusa foram objecto da revelação[25], na medida em que a parte que pretende ver o árbitro recusado terá de demonstrar que está perante circunstâncias que, do ponto de vista objectivo, causam dúvidas fundadas (*justifiable doubts*)[26] sobre a independência ou imparcialidade do árbitro em causa.

Por outras palavras, diferentemente do que sucede com o teste que as *guidelines* sugerem para apurar se existe ou não dever de revelação, o teste para a recusa de um árbitro trata-se de um teste objectivo que deve incidir sobre os factos revelados, vistos na perspectiva de uma terceira pessoa razoável (*a reaseonable thrird person*)[27] e não da perspectiva das partes, como é recomendado no caso de aferição do dever de revelação.

c. As listas das *IBA guidelines* e a sua relação com o dever de revelação

Como referimos, as *IBA guidelines* incluem quatro listas de situações divididas por três cores. Ora, a relação das situações elencadas nas diferentes listas com o dever de revelação é distinta consoante as circunstâncias em causa sejam reconduzíveis a cada uma das listas sugeridas.

A lista vermelha irrenunciável (*"Non-Waivable Red List"*) não tem, em bom rigor, uma relação directa com o que se entende ser o dever de revelação propriamente dito, uma vez que integra situações em que se está perante um verdadeiro conflito de interesses, tanto do ponto de vista subjectivo como objectivo e perante as quais é esperado que o árbitro, mais do que revelar, recuse a nomeação.

Já relativamente à lista vermelha renunciável (*"Waivable Red List"*), a situação é diferente. Embora não deixem de ser consideradas como reflectindo conflitos de interesses, se forem reveladas e expressamente

[24] De acordo com o estabelecido no Standard 4 (a).

[25] Além disso, como se explicará de seguida, ao debruçam-se sobre essa questão em concreto as directrizes concluem que a revelação de determinados factos por si não significa que se esteja perante uma situação que dê direito à parte a recusar o árbitro.

[26] Cfr. Standard 2 (b) e respectiva explicação.

[27] Cfr. Standard 2 (b) e respectiva explicação.

aceites pelas partes e/ou instituições envolvidas, bem como pelos restantes árbitros nomeados[28], estas circunstâncias deixam de poder constituir motivo de recusa. O Standard 4 (c) das *guidelines* não é claro quanto ao modo como se entende que a comunicação deve ser feita às partes, mas uma coisa é certa, para que possam vir a ser aceites, é necessário que estas situações de conflito não sejam vistas pelo árbitro como um impedimento ao exercício adequado do cargo, pois nesse caso, estar-se-á sempre perante uma situação que deve originar a recusa e não o mero exercício do dever de revelação[29].

Como se sublinhou, a diferença entre os conflitos que podem ser ultrapassados pela aceitação e aqueles que não podem assenta no facto de a *Non-Waivable Red List* conter os casos em que se entende que o árbitro poderá estar a julgar em "causa própria". Tais circunstâncias ocorrem quando a identidade do árbitro e de uma das partes são coincidentes; ou quando o árbitro é representante legal ou empregado de umas das partes, bem como nos casos em que o árbitro é administrador ou membro do conselho de supervisão ou detém de algum modo o controlo de uma das partes ou numa entidade que tenha interesse económico directo no resultado da arbitragem.

Além destes casos, integram ainda a *Non-Waivable Red List* situações em que o árbitro tenha um interesse financeiro ou pessoal significativo numa das partes ou no resultado da arbitragem, os casos em que a empresa à qual o árbitro pertence preste regularmente assessoria a uma das partes ou suas participadas/coligadas e o árbitro ou a empresa em causa obtenha uma receita financeira significativa pela prestação de tais serviços.

A lista vermelha renunciável, por seu turno, inclui situações em que o árbitro tenha prestado assessoria jurídica ou emitido parecer sobre o litígio a uma das partes ou coligada/participada, e bem assim quando o árbitro teve um envolvimento anterior com o caso. Encontrando-se ainda nesta lista as situações nas quais se identifique um interesse directo ou indirecto do árbitro no litígio, tal como no caso em que o árbitro detém, directa ou indirectamente, participações sociais numa das partes ou

[28] Cfr. Standard 4 (c)

[29] Recorde-se que, segundo a explicação ao Standard 2, a regra é que em caso de dúvida, se deve optar por rejeitar o cargo:*"If the arbitrator has doubts as to his or her ability to be impartial and independent, the arbitrator must decline the appointment."*

numa coligada/participada das mesmas ou no caso de um familiar próximo do árbitro ter interesse financeiro significativo no resultado da demanda, entre outras. A *Waivable Red List* inclui ainda ligações entre o árbitro e as partes ou advogados, abrangendo situações em que o árbitro representa ou presta consultoria a uma das partes ou a coligada/participada das mesmas, ou o árbitro é advogado no mesmo escritório de advocacia que patrocina uma das partes, bem como o caso em que o escritório de advocacia do árbitro teve um envolvimento anterior (terminado) no caso, sem o envolvimento pessoal do árbitro, ou ainda quando o árbitro presta regularmente assessoria a uma das partes, ou a coligada/participada desta última, mas nem o árbitro nem sua sociedade obtêm receita financeira significativa dessa atividade.

Comum a todas as situações elencadas na lista vermelha renunciável é o facto destas deverem ser sempre objecto de revelação por parte dos árbitros, tanto no momento da sua aceitação como no decurso do processo arbitral.

Já as situações da lista laranja elencam não exaustivamente um conjunto de ligações e relações consideradas menos lineares do que as presentes nas listas vermelhas[30], relativamente às quais a IBA recomenda ponderação com base nos factos do caso concreto[31].

Os factos constantes da lista laranja correspondem a situações específicas que devem ser reveladas pelos árbitros, contudo, por se tratar de uma lista não exaustiva, sugere-se que os árbitros tenham igualmente em conta os dados concretos da situação em mãos, nunca deixando de aplicar o teste subjectivo de modo a concluir se determinada informação é ou não relevante, mesmo que tais situações concretas não se encontrem na lista laranja, pois podem ser a ela reconduzíveis. Em caso de indecisão sobre a revelação, deve aqui aplicar-se o princípio transversal das *guidelines* de que, em caso de dúvida, o árbitro deve optar pela revelação[32].

Na lista laranja é possível identificar essencialmente quatros categorias de situações que devem ser reveladas: a anterior prestação de serviços pelo árbitro a uma das partes ou qualquer outro envolvimento no caso do litígio, correspondendo o lapso de tempo relevante para esta aná-

[30] Reforce-se que, segundo as directrizes, as situações elencadas nas duas listas vermelhas correspondem sempre a um conflito de interesses, ultrapassável ou não.

[31] *Part II, Practical application of the General Standards* – parágrafo 3

[32] Não implicando, contudo, que essa revelação constitua *per se* motivo para recusa.

lise aos três anos anteriores à arbitragem (3.1); a actual prestação de serviços a uma das partes (3.2), sendo que neste caso se incluem essencialmente situações relacionadas com serviços prestados a uma das partes e/ou suas coligadas/participadas pelo escritório do árbitro em matérias que não tenham relação com o litígio; a existência de ligação entre os árbitros que constituem o tribunal ou entre os árbitros e os advogados das partes (3.3), sendo disso exemplo os casos em que dois árbitros fazem parte do mesmo escritório ou dois árbitros, ou um árbitro e um representante das partes são da mesma *"chambers"*, e bem assim casos de amizade entre árbitros e um representante das partes ou inimizade entre um árbitro e um advogado que apareça na arbitragem[33], entre outros; e a existência de ligação entre o árbitro e uma parte ou outras pessoas envolvidas na arbitragem (3.4), tal como os casos em que o escritório do árbitro se encontre a defender interesses contrários aos de uma das partes ou de sua coligada/participada ou ainda quando um árbitro se tenha associado, nos três anos anteriores, a uma das partes ou sua coligada/participada com vínculo profissional, como, por exemplo, antigo empregado ou sócio.

A lista laranja contém ainda uma secção dedicada a "outras circunstâncias" (3.5), nas quais se incluem, a título de exemplo, os casos em que o árbitro detém, directa ou indirectamente, participações sociais que, em virtude de seu volume ou natureza, constituem uma participação significativa numa das partes ou numa sua coligada/participada, se empresa de capital aberto ou casos em que o árbitro tenha defendido publicamente uma posição específica a respeito da matéria que é objeto da arbitragem, numa determinada publicação, oralmente ou sob qualquer outra forma.

Importa, pois, reforçar que o facto de a lista laranja não ser exaustiva tem necessariamente como consequência a existência de outros exemplos a si reconduzíveis que possam causar *"justifiable doubts"* e, por isso, devam ser revelados.

Nesse sentido, as IBA *guidelines* referem que nos casos em que existam nomeações de árbitro repetidas, pela parte ou pelo seu advogado, para além dos três anos anteriores à arbitragem – período que serve de padrão para a lista laranja – ou quando um árbitro tenha, ao mesmo tempo que decorre a arbitragem, outro caso em que actue na qualidade de advogado com questões de direito semelhantes, ou ainda quando no decurso

[33] O termo utilizado no parágrafo 3.3.7. é *"appearing"*.

da arbitragem um árbitro é nomeado pela mesma parte ou pelo mesmo advogado noutra arbitragem, cabe igualmente aos árbitros avaliar se é necessário proceder à revelação, nas mesmas circunstâncias em que é expectável que o façam nos exemplos da lista laranja[34].

Do mesmo modo, as IBA *guidelines* referem que, apesar de também não se encontrar previsto o dever de revelação para situações em que dois dos árbitros integrem ou já tenham integrado outro tribunal arbitral, ou que façam ou tenham feito parte de um tribunal arbitral em conjunto com um dos advogados das partes, cumpre aos árbitros avaliar "*case-by-case*" se devem ou não revelar tais situações[35].

Por fim, a ligação entre a lista verde e o dever de revelação é simples: a lista verde é igualmente uma lista não exaustiva de situações concretas mas que integra factos relativamente aos quais se considera não existir dever de revelação, na medida em que tais situações não representam objectivamente situações de conflitos de interesses[36], não existindo dever de revelação por parte dos árbitros, constituindo as mesmas um limite àquilo que se entende ser o teste subjectivo dos "olhos das partes", por se considerar que nem sequer existe aparência de conflito de interesses[37].

A lista verde contempla situações como a emissão de pareceres jurídicos ou publicações por parte de um árbitro relativamente a situações que surgem na arbitragem em causa mas que não se relacionam com aquele caso em concreto ou, por exemplo, noutro campo, casos em que o árbitro tem ligação com uma das partes ou sua coligada/participada através de uma rede social, ou ainda quando o árbitro tenha participado com outro dos árbitros ou advogado das partes numa ou mais conferências como convidado ou moderador.

Se o árbitro tiver o dever de revelar algumas das situações referidas nas *guidelines* e se vir impossibilitado de o fazer devido à existência de outros deveres incidentes sobre os mesmos factos, tal como a existência de deveres profissionais de sigilo ou de qualquer outra natureza, o árbitro

[34] Parte II, parágrafo 6.

[35] Parte II, parágrafo 6.

[36] Parte II, *Practical application of the General Standards* – parágrafo 7

[37] O que nos leva a concluir que na lista laranja se encontram as situações susceptíveis de "criar a aparência" da existência de conflito de interesses.

deve, nos termos das directrizes da IBA, recusar o cargo ou renunciar ao mesmo[38].

d. Alguns exemplos de códigos deontológicos de árbitros em Portugal

Em Portugal, encontramos no nº 2 do artigo 4º do Código Deontológico da APA, exemplos genéricos de situações que devem ser primeiramente informadas pelo árbitro à parte que o convidou a exercer tais funções: *a)* qualquer relação profissional ou pessoal com as partes ou com os seus representantes legais que o árbitro em causa considere relevante; *b)* qualquer interesse económico ou financeiro, directo ou indirecto, no objeto da disputa e *c)* qualquer conhecimento prévio que possa ter tido do objeto do litígio.

O mesmo sucedendo com o código deontológico do CAC, no nº 2 do artigo 4º, e do IAC, no nº 2 do artigo 5º, que reproduzem exatamente as situações elencadas no citado artigo do Código da APA.

Do Código Deontológico da APA resulta ainda que as situações elencadas nas alíneas do nº 2 do artigo 4º, uma vez comunicadas à parte que nomeou o árbitro[39], e partindo naturalmente do princípio que a mesma não considerou existirem impedimentos advenientes de tais situações mantendo a vontade de nomear o árbitro em causa, devem – por força da remissão do nº 3 do artigo 4º – ser, posteriormente, comunicadas à outra parte, bem como aos restantes árbitros e, no caso de se tratar de uma arbitragem institucionalizada, ao centro em causa, em conjunto com a emissão da declaração de independência e imparcialidade do árbitro[40].

Nos códigos deontológicos das outras instituições aqui citadas não existe, no entanto, qualquer remissão que preveja a coincidência entre o conteúdo do dever de informação para com a parte que convida o árbitro e o dever de revelação aquando da aceitação das funções de árbitro[41], isto

[38] Parte II, Standard 3, Explicação (d)

[39] Ainda quando este é apenas convidado, ou seja, antes da aceitação.

[40] Ou seja, com a aceitação da nomeação. Sobre o momento de constituição do dever de revelação que recai sobre o árbitro leia-se a anotação ao artigo 13º da LAV, de Mário Esteves de Oliveira (coord.), na qual se explica que apenas o "aceitante", *"no momento da aceitação, pode ser considerando como estando constituído no dever de revelação"*, nos termos do nº do artigo 13º – Cfr. Mário Esteves de Oliveira (Coord.), Lei da Arbitragem Voluntária, Almedina, 2014, pág. 197.

[41] Isto é, na altura da declaração de independência e imparcialidade a ser emitida.

é, uma remissão semelhante à existente no nº 3 do artigo 4º do código da APA. Assim, parece não se poder concluir que as informações dadas à parte que nomeou o árbitro[42] serão necessariamente as mesmas que devem ser objecto de revelação à parte contrária e aos restantes árbitros, bem como à instituição em causa.

Contudo, a falta de uma remissão semelhante à existente no Código da APA não reflecte uma diferença significativa no resultado, uma vez que os códigos deontológicos publicados tanto pelo CAC como pelo IAC não deixam de enunciar no nº 1 dos artigos 4º e 5º respectivamente que o árbitro deve revelar aquando da aceitação do cargo – isto é, a ambas as partes, restantes árbitros e instituição sob as regras das quais se rege a arbitragem – todas as circunstâncias que possam originar, na perspectiva das partes, dúvidas fundadas quanto à sua imparcialidade e independência.

Quanto à delimitação do conteúdo do dever de revelação, assinala-se ainda que os códigos de ambos os centros de arbitragem referem expressamente que árbitro deve revelar todos os factos e circunstâncias que *"na perspectiva das partes"* possam suscitar originar dúvidas fundadas[43], ao passo que o código da APA[44] nada diz sobre o critério a utilizar para aferição dos factos que devem ser revelados.

Além disso, importa salientar que todos os códigos deontológicos aqui citados contêm uma remissão genérica[45] para as directrizes da IBA[46] que se revela de grande utilidade[47], já que permite aos árbitros recorrer

[42] Ou seja, as ligações referidas nas alíneas *a)* a *c)*.

[43] Refletindo, no fundo, o que se encontra estabelecido nos regulamentos daqueles centros artigo 11º, nº 3 do Regulamento de Arbitragem do Centro de Arbitragem da Câmara de Comércio e Indústria Portuguesa e artigo 16º, nº 2 do Regulamento de Arbitragem do Instituto de Arbitragem Comercial do Porto.

[44] O texto do nº 1 do artigo 4º do Código Deontológico da APA estabelece que *"O árbitro e o árbitro convidado têm o dever de revelar todos os factos e circunstâncias que possam fundadamente justificar dúvidas quanto à sua imparcialidade e independência, mantendo-se tal obrigação até à extinção do seu poder jurisdicional."*

[45] Nos seguintes artigos: art. 1º, nº 3 do Código Deontológico do CAC, art. 1º, nº 3 do Regulamento do IAC e art. 1º, nº 2 do Código Deontológico da APA.

[46] Para interpretação e integração das regras contidas nos referidos códigos.

[47] Com opinião diversa sobre a utilidade das IBA, veja-se António Menezes Cordeiro que, em anotação ao artigo 13º da LAV, identifica vários limites à utilidade das referidas directrizes – *"Algumas soluções das Guidelines, que abaixo vamos referir, visam claramente facilitar o progresso, na arbitragem, das firmas de advogados; por exemplo, a equiparação para efeitos de incompatibilidades, da situação de advogado (por definição: não independente) à situação do repeat arbitrator (por definição:*

às referidas *guidelines* e aos seus exemplos[48] âmbito de arbitragens nacionais, tendo em conta os factos do caso concreto, como de resto se exige na aplicação de quaisquer normas.

e. A relevância do dever de revelação: a relação entre o exercício do dever de revelação, a sua omissão e a recusa de árbitro

Por mais detalhadas que sejam as *guidelines* que as instituições especializadas forneçam à comunidade arbitral, a verdade é que a tarefa de elencar e classificar de forma exaustiva[49] todas as situações que podem suscitar fundadas dúvidas aos olhos das partes está longe de ser simples tendo em conta que as relações pessoais e profissionais de todos os intervenientes nas arbitragens, designadamente dos árbitros[50], são tendencialmente dinâmicas[51].

Assim, para que não se perca de vista o conteúdo do dever de revelação importa não descurar os objectivos que se visam seguir através do mesmo ou, neste caso, que princípios se visam proteger. Nesse sentido

independente, até prova em contrário) ou a própria ideia de que o árbitro designado algumas vezes pela mesma parte incorre em incompatibilidade. Tudo isso visa abrir caminho ao perfil de árbitro-advogado e a novas carreiras. Os resultados serão bons ou maus, conforme os casos. Mas esse estado de coisas marca, por certo, os limites das Guidelines da IBA" – Cfr. António Menezes Cordeiro, *Tratado de Arbitragem*, Almedina, 2015, pág. 156.

[48] Como se sublinhou, nenhum dos códigos deontológicos *supra* mencionados fornece uma lista exemplificativa como aquelas que constam das *IBA guidelines*.

[49] Conforme bem observam José Miguel Júdice e Diogo Calado, referindo-se à dificuldade de adoptar um entendimento taxativo de causas de impedimentos e suspeições, embora no caso que comentavam estivesse em causa a remissão da lei brasileira do regime de impedimentos dos árbitros para o regime aplicável aos juízes mas que pensamos não ser menos correcta no que respeita à "taxatividade" – *"(...) a adoção de um entendimento taxativo de causas de impedimentos e suspeições de árbitros pode vir a revelar-se como um elenco demasiado curto, podendo não abranger todas as possíveis causas que podem fazer perigar a independência ou imparcialidade do árbitro"*. – Cfr. José Miguel Júdice e Diogo Calado, "A independência e imparcialidade do árbitro: alguns aspectos polêmicos, em uma visão luso-brasileira", in *Revista Brasileira de Arbitragem*, nº 49, Ano XIII, págs. 40-41.

[50] É neste ponto que reside a grande diferença quando se compara tais ligações com os juízes dos tribunais judiciais, uma vez que as relações profissionais dos mesmos tendem a ser menos dinâmicas.

[51] Conforme referiu Miguel Galvão Teles, ao contrário dos juízes, os árbitros *"andam pelo mundo"* – Cfr. Miguel Galvão Teles "A independência e imparcialidade dos árbitros como imposição constitucional" in *"Estudos em homenagem ao Professor Doutor Carlos Ferreira de Almeida"*, vol. III, pág. 278.

sublinha-se o facto de o dever de revelação existir principalmente em função da necessidade de assegurar a independência e imparcialidade dos árbitros no desempenho da função jurisdicional dos tribunais arbitrais[52], pelo que, as circunstâncias reveladas ou omitidas não podem deixar de ser aferidas à luz da prossecução de tais princípios.

Uma análise mais detalhada do dever de revelação conduz invariavelmente à discussão sobre a decisão de revelar em si mesma, levando as partes a procurar os motivos que levaram à revelação ou omissão do árbitro de determinadas circunstâncias, estendendo-se, em certa medida, o tema da revelação às intenções do árbitro e, subsequentemente, à existência de uma certa desconfiança: se o árbitro revelou determinados factos que não são relevantes aos olhos das partes, porque terá revelado? se não revelou factos que deixam dúvidas às partes, porque terá omitido?

Para encontrar uma resposta adequada a estas duas questões, cremos que o dever de revelação dos árbitros deve ser sempre analisado à luz da sua função garantística dos princípios de independência e imparcialidade do processo arbitral, justificando-se, assim, a utilização do critério objectivo na determinação da existência de fundamentos de recusa.

Com efeito, o processo de revelação pode consubstanciar-se em dois tipos de situações[53]: a revelação de circunstâncias culmina na aceitação das partes, prosseguindo a arbitragem os seus trâmites normais, ou, num segundo cenário, assiste-se à oposição das partes à nomeação do árbitro por considerarem que as circunstâncias reveladas inviabilizam o desempenho das funções, dando azo a um incidente de recusa[54].

Embora em ambas as situações caiba ao árbitro fazer o primeiro juízo quanto às situações que devem (ou não) ser reveladas, o conteúdo do

[52] Como escreveu Selma Ferreira Lemes, *"se o pulmão da arbitragem é mantido pela independência e imparcialidade do árbitro é o dever de revelação que o oxigena"* – Cfr. Selma Ferreira Lemes, "A independência e a imparcialidade do árbitro e o dever de revelação" in III Congresso do Centro de Arbitragem da Câmara do Comércio e Indústria Portuguesa (Centro de Arbitragem Comercial), Almedina, 2010, p. 42

[53] Excluindo daqui obviamente as situações em que existe uma revelação de determinados factos acompanhada da rejeição do cargo de árbitro, justificada pelos factos revelados.

[54] Neste último caso, o processo de recusa que se seguirá depende da lei aplicável, de qualquer forma assinala-se a dificuldade em conciliar a oposição de uma parte à nomeação de um árbitro com base em determinadas circunstâncias com a possibilidade de ver um requerimento de recusa indeferido pela instituição ou, por exemplo, pelos restantes árbitros por considerarem não existir motivos válidos para tal recusa.

dever de revelação não deverá confundir-se com esse juízo do árbitro. Dizendo de outro modo, servindo o dever de revelação para garantir que as partes são informadas de situações que aos seus olhos possam suscitar dúvidas sobre a independência e imparcialidade, o facto de o árbitro ter procedido a tal revelação não significa por si que existam motivos para essa recusa[55].

Em bom rigor, sempre se poderá sustentar que o argumento pode ser visto justamente do modo inverso, isto é, se o árbitro informou sobre as referidas circunstâncias é porque, de facto, não terá "nada a esconder". Entendemos ser exactamente nessa função – a de informar – que o dever de revelação se situa, caso contrário não seria necessário que existisse, pois os deveres de independência e imparcialidade sobrevivem independentemente do dever de revelação.

É essa a solução seguida tanto nas IBA *guidelines* como nos códigos deontológicos da APA, CAC e IAC ao determinarem que a revelação de factos e circunstâncias ao abrigo do dever de revelação não poderá ser entendida como declaração de falta de independência ou imparcialidade[56] e, por conseguinte, motivo para impugnação do árbitro.

Posto isto, a resposta quanto ao risco de o acto de revelar tornar por si só uma situação que à partida não compreende qualquer conflito num fundamento para recusa deve ser, a nosso ver, negativa. Do mesmo modo, a omissão de circunstâncias que devessem ter sido objecto de revelação não implica *per se* o direito de recusa de um árbitro[57].

A corroborar esta função garantística do dever de revelação está o facto de não se encontrar prevista qualquer consequência automática para a violação do dever de revelação por si só quando os factos omitidos não possam ser objectivamente valorados enquanto motivo de recusa. As IBA *guidelines* são claras nesta matéria: "*A later challenge based on the fact that an arbitrator did not disclose such facts or circumstances should not result automatically in non-appointment, later disqualification or a successful challenge*

[55] Nem tão-pouco se são relevantes para efeitos de revelação.

[56] Cfr. art. 4º, nº 6 do Código Deontológico da APA, art. 4º, nº 5 do Código Deontológico do CAC e art. 5º, nº 5 do Código Deontológico do IAC.

[57] Situação distinta é a eventual responsabilização dos árbitros quando a omissão de factos – através da violação do dever de revelação – venha a dar lugar à procedência de um incidente de recusa ou anulação de sentença, questão sobre a qual não nos pronunciamos neste trabalho.

to any award. Nondisclosure cannot by itself make an arbitrator partial or lacking independence: only the facts or circumstances that he or she failed to disclose can do so."[58]. Dito de outro modo, a análise da impugnação de um árbitro nos casos em que tenha existido violação do dever de revelação pela omissão dos factos, terá necessariamente de recair sobre os factos omitidos.

No fundo, o que está em causa é a distinção entre o conteúdo do dever de revelação e o conteúdo do direito de recusa e dos deveres de independência e imparcialidade, sendo que, nos termos das *IBA Guidelines*, o primeiro é mais abrangente do que os últimos.

A confirmá-lo está também o facto de ser permitido às partes aceitarem árbitros que tenham revelado situações de conflito de interesses, tal como depreende da *ratio* subjacente à lista vermelha renunciável, uma vez que da interpretação da referida lista e da explicação a esta associada, entende-se que o conteúdo do dever de revelação não se limita a assegurar a independência e imparcialidade dos árbitros ao longo do processo arbitral em si mesmo mas também a viabilizar a aceitação das partes da existência de situações consideradas à partida como conflitos de interesse[59].

Posto isto, deverá concluir-se que, apesar de a redacção do artigo 13º da LAV poder suscitar dúvidas quanto ao conteúdo do dever de revelação dos árbitros e o direito de recusar os mesmos, tendo em conta que a letra da LAV faz coincidir as circunstâncias que devem ser reveladas e as circunstâncias que podem fundamentar a recusa[60] e [61], tanto os regulamentos de arbitragem de dois dos centros mais representativos em Portugal como os códigos deontológicos a eles associados e, principalmente, o código deontológico da APA permitem, através das regras em si enunciadas e da remissão para as orientações das *IBA guidelines*, interpretar o

[58] Cfr. parágrafo 5 da Parte II – *Practical Application of the General Standards*

[59] Embora menos gravosas, as situações identificadas na *waivable red list* são consideradas situações de conflito.

[60] Uma vez que ambos os preceitos (nºs 1 e 3) se referem a *"circunstâncias que possam suscitar fundadas dúvidas sobre a sua [dos árbitros] parcialidade de independência"*.

[61] Ao contrário dos nºs 1 e 2 do artigo 12º da Lei Modelo da UNCITRAL, que distingue as circunstâncias que devem ser objecto de revelação daquelas que podem dar lugar à recusa do árbitro, sendo o critério para o apuramento de factos que devem ser revelados mais abrangente do que o critério de recusa, como explica Gary Born, *"There is, however, a clear difference between the two standards in Articles 12 (1) and 12(2), with the former requiring a lower threshold of probability ("like to give rise") than the latter ("give rise")."* – Cfr. Gary B. Born, op. cit. pág. 133.

nº 1 e nº 3 do artigo 13º da LAV no sentido de que os critérios de aferição do dever de revelação e direito de recusa dos árbitros não se confundem e de que a omissão ou revelação de determinados factos em concreto por si só não constituem motivo para recusa de um árbitro.

Nas decisões que se resumem de seguida estão em causa situações que se relacionam com este tema, pelo que consideramos que a sua exposição terá interesse.

III. ALGUMAS DECISÕES PORTUGUESAS SOBRE O DEVER DE REVELAÇÃO E RECUSA DE ÁRBITRO

a. Decisão sobre recusa de árbitro proferida pelo Centro de Arbitragem Comercial

A decisão a que nos reportamos data de 28.04.2015[62] e, de acordo com a informação publicada, respeita a um incidente de recusa de árbitro suscitado no âmbito de um processo arbitral que decorreu ao abrigo das regras do CAC.

O referido incidente foi iniciado pela Demandada no processo arbitral em causa, em 15.09.2014, contra o árbitro nomeado pela Demandante, antes de o mesmo ter proferido uma declaração de aceitação e independência ou revelado quaisquer circunstância relevantes quanto à sua imparcialidade e independência.

No incidente de recusa foi invocado que o árbitro em causa tinha intervindo em vários processos arbitrais, com funções distintas, sempre por indicação da Demandante, nomeadamente na qualidade de assistente técnico e perito. A Demandada referiu que os processos nos quais o árbitro nomeado havia participado tinham por objecto litígios relativos a empreitadas de obras e serviços relacionados, tais como gestão e fiscalização de empreitadas no quadro do trabalho levado a cabo pela mesma no litígio em causa. A Demandada arguiu também que o árbitro em causa detinha uma participação social numa empresa que de algum modo mantinha relações com a Demandante[63].

[62] Decisão assinada por Mariana França Gouveia na qualidade de Vice-Presidente do Centro, disponível em http://www.centrodearbitragem.pt/index.php?option=com_content&view=article&id=19&Itemid=121&lang=pt

[63] Esta alegação não resulta clara do documento publicado, uma vez que, por questões de confidencialidade, a decisão publicada tem a informação omitida. De qualquer forma, este

Perante as referidas circunstâncias, a Demandada concluiu que na sua perspectiva existiam "fundadas dúvidas" quanto à independência e imparcialidade do árbitro designado pela Demandante, nos termos dos artigos 13º da LAV e 11º do Regulamento do CAC, deduzindo, por isso, o respectivo incidente de recusa ao abrigo dos artigos 13º, nº 1 e 14º, nº 2 da LAV.

Em 03.11.2014, os árbitros nomeados reuniram para constituição do Tribunal tendo, nessa data, apresentado as respectivas declarações de independência e imparcialidade. Na declaração proferida pelo árbitro sob quem incidiu a recusa da Demandada, foi por aquele revelado que o mesmo havia sido assistente técnico e perito em diversos processos[64], mas que não se considerava parte interessada no processo arbitral em causa, não tendo qualquer ligação às partes envolvidas no mesmo, razões que o levavam a considerar-se imparcial e apto ao exercício do cargo para o qual tinha sido nomeado. O árbitro respondeu ainda ao incidente de recusa apresentado pela Demandada reiterando não existirem motivos para não aceitar o cargo, sublinhando, entre outros aspectos, que os factos invocados pela Demandada tinham sido revelados.

A Demandante, por seu turno, considerou que os factos em causa não eram suficientes para gerar qualquer impedimento, requerendo, consequentemente, que o pedido de recusa fosse considerado improcedente.

Tendo o Tribunal Arbitral decidido remeter a matéria sobre a recusa do árbitro em causa ao Presidente do CAC[65], a decisão proferida foi no sentido de que o árbitro nomeado deveria proceder à renúncia, na medida em que se entendeu existirem, *"no juízo de um terceiro"* dúvidas e probabilidades sobre o processo decisório da referida acção arbitral, caso se mantivesse a nomeação do árbitro em causa.

Para chegar a tal conclusão, a decisão começa por esclarecer que a independência e imparcialidade dos árbitros é princípio fundamental do processo equitativo (artigo 20º da Constituição da República Portuguesa), recaindo sobre os árbitros deveres de independência e de imparcialidade equivalentes aos que recaem sobre os juízes.

aspecto foi considerado de pouca relevância na decisão do Centro.

[64] Segundo a informação publicitada, o árbitro em causa foi perito em sete processos, dois dos quais arbitragens ad hoc, sendo que terá pedido escusa em duas situações – Cfr. pág. 4 da Decisão publicada.

65 Função delegada na Vice-Presidente do CAC, por impedimento da Presidente.

Face aos factos descritos, o Centro entendeu que, nos termos do disposto no artigo 12º, nº 1 do Regulamento do CAC, aplicável ao caso, o critério para aferição da existência de circunstâncias para recusa de árbitro é objectivo[66], apesar de a aferição do dever de revelação ser mais abrangente, na medida em que para aferição das circunstâncias a revelar se deve utilizar o critério subjectivo estabelecido no nº 3 do artigo 11º do Regulamento.

A este respeito, numa abordagem mais genérica, pode ler-se na decisão que *"é decisivo é que haja dúvida razoável, ou seja, não é necessário que haja certeza sobre a falta de independência ou imparcialidade do árbitro, basta que haja dúvidas fundadas sobre estas circunstâncias"*[67].

Assim, no que respeita à avaliação da existência de fundadas dúvidas, analisadas do ponto de vista objectivo, a decisão teve ainda em consideração o conteúdo do Código Deontológico do CAC, designadamente quanto ao facto de se encontrar expressamente previsto no mesmo que *"deve ser interpretado e integrado tendo presente as Directrizes da International Bar Association relativas a Conflitos de Interesses em Arbitragem Internacional"* – artigo 1º, nº 3.

Posto isto, considerou-se não existirem dúvidas que o critério para aferir a existência de motivos para a recusa de um árbitro é, segundo o Standard 2 das *IBA guidelines*, um critério objectivo nos termos do qual as dúvidas se consideram justificadas *"se uma terceira pessoa, tendo conhecimento dos factos e circunstâncias relevantes, concluiria que há uma probabilidade de o árbitro ser influenciado na sua decisão por outros factores que não apenas o mérito do caso nos termos apresentado pelas partes"*[68].

Finalmente, tendo em conta tais preceitos legais, e apesar de se reconhecer que a situação concreta não é possível de reconduzir às listas das *IBA guidelines*[69], pode ler-se na decisão do Centro que *"a existência de uma relação algumas vezes repetida*[70]*, próxima no tempo, com litígios do mesmo género*

[66] Ao contrário do que sucede quanto à aferição dos factos sujeitos a revelação nos termos do artigo 11º, nº 3 do mesmo Regulamento

[67] Cfr. pág. 7 da Decisão.

[68] Cfr. pág. 8 da Decisão.

[69] As listas contidas nas *guidelines* são, como se já aqui se salientou, meramente exemplificativas, ou seja, sem carácter exaustivo.

[70] Segundo se pode ler na decisão do Centro publicada, de modo resumido, o árbitro em causa foi 1) assistente técnico do mandatário da parte num processo que moveu contra a Demandada; 2) perito indicado pelas partes activas em seis processos que propuseram

que o dos autos, pode fundar dúvidas quanto à sua influência no processo decisório", concluindo-se que tal conhecimento e intervenções poderão levar o árbitro, mesmo contra a sua vontade, a criar uma pré-compreensão do litígio. Razões que levaram ao deferimento do pedido de recusa de árbitro apresentado pela Demandada.

b. Acórdão da Relação de Lisboa de 24.03.2015

De um modo resumido, colocou-se perante o Tribunal da Relação de Lisboa[71] a questão de saber em que medida é que o facto de um árbitro ter sido nomeado, nos últimos três anos, em mais de cinquenta processos pelos mesmos advogados[72], dezanove dos quais tendo as nomeações provindo da Demandante e/ou associadas da mesma, bem como o facto de se tratarem de casos relacionados com o mesmo tema – isto é, a utilização de uma determinada substância activa na produção de medicamentos – constituíam fundamentos de recusa do árbitro em causa. Importando ainda salientar que a Demandada, que suscitou o incidente de recusa junto do tribunal arbitral, tinha conhecimento da existência das nomeações relativas a alguns processos em causa mas não da sua totalidade.

O Tribunal Arbitral, perante o qual foi primeiramente apresentado o incidente de recusa, proferiu decisão no sentido da inexistência de motivos para recusa[73] essencialmente por ter considerado que: (i) o pedido de recusa não tinha sido apresentado dentro do prazo de 15 dias a contar da data em que a Demandada teria tido conhecimento das circunstâncias que fundavam a recusa, nos termos do nº 2 dos artigos 13º e 14º da LAV e, bem assim porque (ii) não estava perante circunstâncias que pudessem suscitar fundadas dúvidas sobre a sua imparcialidade e independência, como exigido no nº 3 do artigo 13º da LAV.

O indeferimento do pedido de recusa levou a Demandada a dirigir ao Tribunal da Relação de Lisboa a apreciação daquele pedido, alegando em

contra a Demandada (em dois deles tendo pedido escusa); 3) participou na elaboração de parecer técnico em processo proposto contra a Demandada. Encontrando-se todas as funções desempenhadas pelo árbitro relacionadas com litígio relativos a um tipo de actividade desenvolvido pela Demandada.

[71] Processo nº 1361/14.0YRLSB.L1-1, Relator: Maria Adelaide Domingos, disponível em www.dgsi.pt

[72] Neste caso, os advogados da Demandante.

[73] A decisão foi tomada por maioria, na medida em que o árbitro nomeado pela Demandada votou vencido que concluiu no sentido da procedência do pedido de recusa de árbitro.

suma que o árbitro em questão tinha incumprido o dever de revelação e que tal facto, em conjunto com as circunstâncias em causa, nomeadamente o facto de ter sido nomeado em 50 arbitragens necessárias pelos advogados dos Demandantes poderiam suscitar fundadas dúvidas sobre a existência de uma compensação económica e a expectativa de novas nomeações, além da vantagem do conhecimento mais aprofundado dos factos controvertidos (*issue conflict*).

O Tribunal da Relação de Lisboa proferiu acórdão considerando que o pedido de recusa foi apresentado em tempo[74] e decidiu pela procedência do incidente de recusa.

Relativamente à violação do dever de revelação, o Tribunal começou por fazer algumas considerações de natureza mais genérica, passando posteriormente a analisar o caso concreto.

Em primeiro lugar, pode ler-se o esclarecimento do Tribunal quanto ao facto de os princípios de imparcialidade e independência dos árbitros se aplicarem tanto em arbitragens voluntárias como em arbitragens necessárias[75].

Em segundo lugar, o Tribunal esclareceu que, embora a independência e imparcialidade dos árbitros se encontre consagrada legalmente e disponha de protecção constitucional, tais conceitos não se encontram densificados na lei, pelo que se deve recorrer à *soft law,* nomeadamente às normas éticas e deontológicas inseridas em instrumentos nacionais e internacionais, de que são exemplo as *IBA guidelines on conflicts of interests* e o Código Deontológico da APA.

A par do dever de imparcialidade e independência dos árbitros, salientou-se ainda que o dever de revelação, igualmente consagrado na lei (artigo 13º, nº 1 da LAV), se trata de um dever ético do árbitro assente na confiança e transparência da actuação dos árbitros, não se confundindo,

[74] Na medida em que, apesar de a Demandada conhecer algumas das circunstâncias que fundamentaram o pedido de recusa há mais de 15 dias tais factos faziam parte de um todo mais vasto de que a Demandada só veio a ter conhecimento em virtude do pedido de esclarecimento requerido ao árbitro em causa, tendo o incidente sido posteriormente requerido dentro do prazo, ou seja, Ou seja, incumprindo o prazo estabelecido no nº 2 do artigo 14º da

[75] No caso concreto estava-se perante uma arbitragem ao abrigo do Lei nº 62/2011, de 12 de Dezembro, ou seja, sobre um litígio de medicamentos genéricos

contudo, com os deveres de independência e imparcialidade. Especificamente quanto ao dever de revelação, o Tribunal da Relação de Lisboa concluiu que a letra da lei consente a aplicação do critério subjectivo na aferição das circunstâncias que devem ser reveladas ao abrigo do artigo 13º, nº 1 da LAV, e que, se ainda assim, restar alguma dúvida ao árbitro, este deve optar pela revelação.

O Tribunal da Relação foi ainda claro ao considerar que a decisão de um árbitro em revelar factos ou omiti-los não tem por si só qualquer relevância, na medida em que será necessário proceder à análise das circunstâncias reveladas ou omitidas em concreto.

Depois das considerações de ordem mais genérica, o Tribunal da Relação procedeu à análise dos factos concretos, referindo desde cedo que a obrigação de revelação por parte do árbitro era mais do que evidente, tendo em conta o número de vezes que o árbitro havia sido nomeado pelos advogados das Demandantes. Ou seja, colocando-se na posição das partes, o Tribunal entendeu quer era óbvio que havia interesse em conhecer as nomeações em causa. Questão diferente entendeu o mesmo Tribunal ser, no entanto, saber em que medida essas circunstâncias que deviam ter sido, sem margem para dúvidas, ter sido objecto de revelação constituíam fundamento para a recusa.

Já do ponto de vista de uma análise objectiva, o Juízes Desembargadores também consideraram estar perante dúvidas justificáveis reconduzíveis a situações semelhantes àquelas que se encontram enumeradas na lista laranja das *IBA guidelines*.

Apesar de se concluir por tal recondução, o Tribunal da Relação é claro ao referir que não desconhece que a lista laranja pressupõe a avaliação de outros factos além das circunstâncias que se encontram nela listadas, e que o facto de se referir que tais circunstâncias são enquadráveis nessa lista não significa que se esteja perante uma desqualificação automática do árbitro. De qualquer forma, o Tribunal Arbitral concluiu que a recondução à lista laranja dificilmente significa que tais situações não podem ser consideradas como fundamentos de recusa, tal ocorrendo apenas nos casos em que as partes tenham procedido à sua aceitação, depois de revelados.

Ora, em virtude de tais conclusões, o Tribunal da Relação acaba por referir que no caso concreto, estando em causa cinquenta nomeações pelos mesmos advogados, a existência de dúvidas fundadas quanto à independência e imparcialidade do árbitro acaba por se colocar nos dois planos, tanto no plano subjectivo (aos olhos das partes) como no plano objectivo. Além disso, o número de vezes de nomeações no caso concreto é tão distante do número de vezes previsto na lista laranja (três) que se entendeu ser mais razoável considerar que existe um risco do ponto de vista objectivo do que o contrário.

Relativamente aos argumentos da Demandada quanto ao facto de se tratarem de arbitragens necessárias de genéricos enquadráveis na excepção prevista na nota de rodapé nº 5 das IBA *guidelines*[76] – e nas quais seria alegadamente prática não se revelarem nomeações frequentes – no acórdão proferido considera-se que não ficou demonstrado que a aceitação da dispensabilidade de divulgação desse tipo de situações fosse prática em tais arbitragens[77].

Assim sendo, foi entendimento do Tribunal da Relação de Lisboa que as circunstâncias relatadas constituíam "quer aos olhos das partes", que não as conhecia na totalidade, quer do ponto de vista objectivo, situações susceptíveis de criar fundadas dúvidas sobre a independência e isenção do árbitro em causa.

c. Acórdão da Relação de Lisboa de 29.09.2015

À semelhança do acórdão anterior, também estava em causa um pedido de recusa de árbitro por parte da Demandada numa arbitragem de medicamentos genéricos[78], depois do incidente de recusa deduzido ter sido

[76] Por ser entendimento da Demandante que se estava perante uma arbitragem de matérias de hiperespecialização.

[77] Sublinhando-se para o efeito que (i) o Código Deontológico da APA foi elaborado em 2014 já numa fase de exponencial litigância arbitral na área dos medicamentos e o mesmo não faz referência a essa situação recomendando que as suas disposições sejam utilizadas em arbitragens *ad hoc* (artigo 11º) e também para as *IBA Guidelines* (artigo 1º); e (ii) que a Ata de Instalação do Tribunal Arbitral remete para a aplicação das regras constantes da LAV, sem fazer qualquer ressalva quanto ao dever de revelação dos árbitros, designadamente à referida nota de rodapé justificada pela alegada especialização desta área de arbitragem. Ademais, o Tribunal da Relação reforçou que aquilo que estava verdadeiramente em causa no caso não era se existiam poucas ou muitas pessoas em Portugal capazes de desempenhar aquelas funções de árbitro mas sim a aparente ligação de um árbitro em concreto ao mesmo tipo de conflito e sempre indicado pela mesma sociedade de advogados sem entender que devia proceder pelo menos a essa revelação, considerando-se, por isso, minada a transparência e a relação de confiança neste tipo de procedimentos.

[78] Processo nº 827/15.9YRLSB-1, Relator: Afonso Henrique, disponível em www.dgsi.pt

indeferido pelo Tribunal Arbitral. Além disso, o caso foi parcialmente fundado nos factos do acórdão anterior, na medida em que se tratava do mesmo árbitro e foi através do referido acórdão que a Demandada alegou ter ficado a conhecer que, até meados de 2014, o árbitro em causa tinha sido nomeado pelo menos em cinquenta processos de arbitragem de medicamentos.

Segundo consta do acórdão, a Demandada apresentou, em 30.04.2015, um requerimento ao Tribunal Arbitral a informar que o árbitro em questão lhe tinha remetido uma comunicação na qual revelava um conjunto de factos e que tais factos lhe tinham suscitado sérias e fundadas dúvidas quanto à independência e imparcialidade do mesmo. Subsequentemente, a Demandada remeteu um conjunto de questões ao referido árbitro, às quais este se recusou responder na totalidade, esclarecendo, todavia, que teria sido designado pelos mandatários dos Demandantes em duas arbitragens ao abrigo da Lei nº 62/2011 (aquela que estava em causa e outra) que tinham por objecto a mesma substância activa.

Entre os factos tidos em consideração pelo Tribunal da Relação consta ainda que, nas cinquenta arbitragens em que interveio como árbitro ao abrigo da Lei nº 62/2011, as nomeações do árbitro em causa tinham provindo de titulares de patentes com o mesmo tipo de interesses, ainda que por intermédio de advogados diferentes, sendo que o valor dos honorários para tal tipo de processos se situava entre os 5.000 e os 20.000 euros para cada árbitro[79]; constando também que o mesmo árbitro teria elaborado e subscrito um parecer jurídico sobre diversas matérias substantivas e processuais relativas a patentes.

Ao árbitro em questão foi requerido que esclarecesse no processo arbitral em causa e noutros nos quais também tinha sido nomeado, qual o número total de arbitragens em que teria sido nomeado, tendo o mesmo recusado prestar tal clarificação. De igual modo, a remoção do árbitro em causa foi requerida noutros processos em que a Demandada também era parte, tendo o árbitro renunciado ao cargo em todos eles, com excepção daquele cujo acórdão versa.

Como se disse, o incidente de recusa previamente submetido ao Tribunal Arbitral foi considerado improcedente por se ter entendido essencialmente que o pedido da Demandante era fundado no facto de o

[79] Segundo os factos que constam como "não contestados" no acórdão.

árbitro em causa ter recusado responder ao pedido de esclarecimentos formulado pela Demandante e em suspeitas e *"meras conjecturas"* quanto ao número total de arbitragens ao abrigo da Lei nº 62/2011.

Perante isso, o Tribunal Arbitral entendeu que, ao contrário do alegado pela Demandante, o caso em questão não se assemelhava àquele que tinha sido decidido no acórdão da Relação de Lisboa de 24.03.2015, por naquela situação se estar perante um número excessivo de nomeações efectuadas pelos mesmos mandatários e pela mesma parte, enquanto neste caso o árbitro visado tinha esclarecido que tinha sido nomeado pelos demandantes e pelos seus mandatários em apenas duas arbitragens ao abrigo da mencionada Lei nº 62/2011 e sobre a mesma substância activa. Assim sendo, o Tribunal Arbitral considerou que era natural e lógico que, envolvendo os dois litígios a mesma substância activa, as demandantes tivessem optado em ambos os processos pela designação de um *"reputado especialista em matéria de patentes"*.

O Tribunal Arbitral salientou ainda que a violação do dever de revelação não constituía, por si só, fundamento para remover um árbitro, além de que o dever de revelação se devia centrar essencialmente nas relações que o árbitro tivesse (à data da nomeação) ou tivesse tido, no passado, com as partes, ou com os seus representantes legais, e bem assim possíveis interesses económicos relativamente ao objecto da disputa, ou ainda ao seu contacto prévio com o objecto do litígio.

O Tribunal Arbitral terminou decidindo no sentido de que a circunstância de um profissional exercer, ou ter já exercido, funções de árbitro em numerosas arbitragens não poder constituir fundamento para se duvidar da sua seriedade e isenção, ou para por em causa a sua independência, concluindo o mesmo quanto ao facto de tal pessoa retirar grande parte dos seus proventos da prática arbitral. O Tribunal Arbitral invocou ainda que tal situação não se encontrava previstas nas listas das directrizes da IBA.

A estes aspectos, o Tribunal Arbitral juntou ainda o carácter especializado das arbitragens necessárias em matéria de medicamentos e o facto de o mesmo árbitro ter sido indicado para desempenhar funções de árbitro, pelas mesmas partes e pelos mesmos mandatários, em apenas duas arbitragens, sobre o mesmo princípio activo, considerando que não existia, por isso, matéria suficiente para, aos olhos de um observador independente, se suscitarem dúvidas acerca da imparcialidade e independência do referido árbitro.

Já o Tribunal da Relação de Lisboa, ao pronunciar-se sobre os mesmos factos, veio a ter um entendimento diferente, julgando procedente o pedido de recusa. Para tanto, a Relação de Lisboa teve em conta o facto de o árbitro em questão não ter divulgado, aquando da sua nomeação, as anteriores participações em arbitragens idênticas ou similares, bem como, o parecer emitido ou outras actividades profissionais relacionadas com o mesmo tema, que, em conjunto, fizeram com que incorresse na violação do dever de revelação, susceptível de criar fundadas dúvidas sobre a sua independência e imparcialidade "aos olhos da demandada".

Para chegar a tal decisão, os juízes do Tribunal da Relação começaram por sublinhar a existência de uma obrigação legal de revelação por parte dos árbitros nomeados, nos termos do artigo 13º, nº 1 da LAV aplicável às arbitragens ao abrigo da Lei nº 62/2011, dizendo ainda que tal dever decorre dos requisitos de independência e imparcialidade consagrados no artigo 9º da LAV e cuja verificação garante a liberdade de decisão exigida constitucionalmente aos julgadores.

Ainda no campo das considerações de natureza genérica, foi igualmente sublinhado que os deveres de independência e imparcialidade se encontram previstos no Código Deontológico da APA, a nível nacional, e nas directrizes da IBA, a nível internacional, destacando o papel do dever de revelação nas referidas *guidelines* da IBA.

Uma vez elencadas as considerações gerais, o Tribunal da Relação passou à análise do caso concreto começando por dizer que concordava com a decisão do Tribunal Arbitral que indeferiu a recusa na parte em que se considerou que a omissão do dever de revelação não implicava, necessariamente, o afastamento do respectivo árbitro, impondo-se antes a valoração dos factos omitidos, *ab initio*, na perspectiva do olhar da parte recusante mas que, contudo, essa valoração levava a Relação a concluir de modo distinto.

Para chegar a tal conclusão, sublinhou-se que era dever do árbitro revelar posições que já tinha tomado relativamente a matérias afins àquelas que se encontravam em discussão na arbitragem em causa, referindo-se que foi essa a "falha" do árbitro que transformou aquilo que podia ter sido uma mais-valia em termos de conhecimentos técnicos do árbitro numa "suspeição" aos olhos da demandada, entendendo que através dessa omissão é possível aferir a existência de um interesse coincidente entre o árbitro e a parte que o nomeou capaz de contagiar objectivamente a sua independência.

Como se pode ler no referido acórdão, *"No caso decidendi não foram, nomeadamente, as múltiplas nomeações do árbitro em causa que nos impressionaram negativamente (pelo contrário, até revela a sua competência e prestígio em relação à matéria em discussão). Foi a violação objectiva do dever de revelação que permitiu a suspeição aos olhos da demandada quanto à sua independência e imparcialidade."*

Já a declaração do Juiz Desembargador Rui Torres Vouga esclareceu que, apesar de concordar com a conclusão a que se chegou no acórdão em causa, o referido Juiz não partilhava a tese implicitamente acolhida.

Na declaração de voto proferida pode ler-se que não deve ser a omissão da divulgação de circunstâncias passíveis de suscitar dúvidas sobre a imparcialidade e independência do árbitro que constitui, por si só, causa para recusa, uma vez que a não revelação é uma questão distinta da avaliação das dúvidas sobre independência e imparcialidade que devem levar à recusa.

Na opinião do referido Desembargador foi o facto de o árbitro ter, anteriormente, "*emitido um parecer jurídico no qual se pronunciou, ainda que a título incidental, sobre a questão jurídica decidenda na arbitragem, tal como o facto de o árbitro ter, anteriormente, nessa qualidade, em dezenas de arbitragens versando a mesma questão jurídica fundamental e nas quais perfilhou, invariavelmente a tese propugnada por uma das partes*" que constituem circunstâncias passíveis de ser olhadas pelas partes como podendo suscitar fundadas dúvidas quanto à sua imparcialidade.

A isto acrescendo para a fundamentação da declaração de voto proferida, o facto de tais circunstâncias se encontrarem expressamente previstas na lista verde das directrizes da IBA como circunstâncias merecedoras de atenção, sendo, por isso, inegável que *"aos olhos das partes"* as mesmas são capazes de suscitar fundadas dúvidas sobre a imparcialidade e independência do árbitro.

Por fim, concretamente quanto à decisão do Tribunal Arbitral que indeferiu o incidente de recusa, é dito na referida declaração de voto que é irrelevante que o árbitro recusado se trate de um jurista com obra publicada sobre a matéria em discussão na arbitragem e que o universo dos juristas portugueses especializados em tal domínio seja escasso, uma vez que esse argumento reconduziria, no limite, à conclusão de que o árbitro recusado seria uma personagem incontornável no círculo das pessoas elegíveis para serem árbitros em arbitragens desta natureza, o que não é, na perspectiva do referido Desembargador, aceitável.

d. Análise das decisões reportadas

i) A utilização de critérios diferentes no apuramento do dever de revelação e do direito de recusa

Além de se tratarem de três decisões relativas a pedidos de recusa de árbitro no âmbito de arbitragens de genéricos[80], todas as decisões relatadas abordaram os critérios para aferir o dever de revelação e o direito de recusa de árbitros, sendo que no caso dos dois acórdãos proferidos pelo Tribunal da Relação de Lisboa destacamos a forma como foi interpretada a omissão do dever de revelação.

Quanto ao primeiro aspecto parece-nos ser de salientar que em todas as decisões ficou patente a utilização de dois critérios distintos para aferição do dever de revelação e do direito de recusa de árbitro.

No caso da decisão do CAC, a diferenciação dos critérios a usar na aferição do dever de revelação e direito de recusa do árbitro – subjectivo e objectivo respectivamente – foi explicada de modo bastante esclarecedor, resultando tal distinção directamente do nº 3 do artigo 11º e do nº 2 do artigo 12º do Regulamento do CAC, aplicável ao caso. Destacamos ainda o facto de a decisão salientar, contudo, que para que exista um direito de recusa de árbitro o que interessa verificar é se existem dúvidas razoáveis, ainda que do ponto de vista de um terceiro, e não certezas[81].

As decisões proferidas nos acórdãos da Relação de Lisboa não são tão claras no tratamento da distinção dos dois critérios consoante esteja em causa a revelação de factos ou a fundamentação de um pedido de recusa. Contudo, ambos os acórdãos enunciam a existência da referida distinção e aplicam-na, apesar de, ao contrário do que sucedeu na decisão do CAC, nenhum dos casos recair sobre arbitragens ao abrigo de regulamentos

[80] Para um breve resumo sobre as questões que as arbitragens de genéricos têm suscitado em Portugal veja-se, por exemplo, Nuno Ferreira Lousa e Raquel Galvão Silva, "Arbitrating Intellectual Property Disputes in Portugal: A Case Study" disponível em http://kluwerarbitrationblog.com/2015/11/13/arbitrating-intellectual-property-disputes-in-portugal-a-case-study/

[81] Como é igualmente sublinhado por Manuel Pereira Barrocas em anotação ao artigo 13º da LAV: *"Não bastam, pois, dúvidas apenas razoáveis e hipotéticas. Torna-se necessário que as dúvidas sejam concretas e pertinentes. É claro que se tratam de dúvidas, não de certezas, e não é fácil demonstrar que uma dúvida significa uma certeza, sobretudo em matéria de imparcialidade."* – Cfr. Manuel Pereira Barrocas, *Lei da Arbitragem Comentada*, Almedina, 2013, pág. 69.

que evidenciem essa diferença, como é o caso do Regulamento do CAC, sendo esse um ponto assinalável.

No acórdão de 24.03.2015, o colectivo de juízes referiu-se expressamente à existência de uma discussão na doutrina sobre o teste a utilizar pelo árbitro quanto ao dever de revelação ao abrigo do nº 1 do artigo 13º da LAV acabando por defender que o entendimento seguido pela doutrina de que as circunstâncias a ser reveladas devem ser aferidas considerando a visão das partes[82] é *"consentido pelo artigo 13º, nº 1 da NLAV"*[83]. Além disso, como já se explicou, neste acórdão são utilizadas as *IBA guidelines* e o código deontológico da APA para auxiliar a interpretação e integração do referido artigo 13º da LAV.

Cumpre, no entanto, assinalar que mesmo acabando por lançar mão do critério objectivo na aferição de motivos para a recusa, o Tribunal da Relação não deixou de proceder a uma análise das circunstâncias em causa também do ponto de vista subjectivo[84]. Tal análise parece, do nosso ponto de vista, redundante, na medida em que, uma vez determinada a existência de um dever de revelação apurado de acordo com a "perspectiva das partes", não existe necessidade de uma nova análise subjectiva (para a recusa) que nada acrescenta à análise levada a cabo para aferição das circunstâncias sujeitas a revelação.

[82] Do ponto de vista do que nos interessa aqui salientar, a questão não passa tanto por saber em que medida é que o nº 1 do artigo 13º permite a utilização do critério subjectivo mas em que medida é que a letra da lei exige que, sendo esse o critério a ser usado para apurar o dever de revelação, deverá ser esse também o critério para apurar o fundamento de recusa ao abrigo do nº 3 do artigo 13º. Em Portugal, Agostinho Miranda tem defendido que, nos termos da LAV *"não há diferença entre circunstâncias de revelação e circunstâncias de recusa (...)"* Cfr. Agostinho Pereira de Miranda, *op. cit.* pág. 14.

[83] Citando a decisão, *"Porém, o que também vem sendo defendido, entendimento consentido pelo artigo 13º, nº 1 da NLAV, é que a ponderação das circunstâncias que devem ser reveladas não assenta em critérios pessoais e próprios do árbitro, nem sequer em critérios estritamente objetivos, devendo ser aferidas considerando-se, na visão das partes, se as mesmas são suscetíveis de levantar dúvida razoável quanto à sua independência e imparcialidade do árbitro."*

[84] Conforme se pode ler no acórdão em causa: *"A proximidade que resulta das reiteradas nomeações num espaço de tempo não muito distanciado no tempo, cria a aparência de "comprometimento" com os interesses da parte e, subliminarmente, lança fundadas suspeitas sobre uma possível dependência económica do árbitro em relação a essa parte, que fundam, de forma que se nos afigura suficientemente objetivada, ainda que, admite-se, mitigada por uma perspetiva subjetiva da parte, a existência de circunstâncias que se enquadram nas "fundadas dúvidas" a que se alude nos nº 1 e 3 do artigo 13º da NLAV".*

No acórdão de 29.09.2015, a referência à utilização de dois critérios distintos para apurar o dever de revelação e a recusa de um árbitro não se encontra plasmada de forma tão cristalina. Do referido acórdão resulta que os factos omitidos pelo árbitro devem ser valorados na perspectiva do olhar das partes, fazendo-se de igual modo referência ao Código Deontológico da APA e às *IBA guidelines* mas sem abordar qualquer questão relacionada com a inexistência de distinção dos critérios usados no nº 1 e nº 3 do artigo 13º da LAV, não sendo, por isso, possível identificar o factor determinante para a utilização de qualquer dos critérios, nem qual o fio condutor.

De qualquer modo, deve salientar-se que neste acórdão foi utilizado o critério subjectivo no apuramento das circunstâncias susceptíveis de causar fundadas dúvidas para a recusa do árbitro, como se pode ler no sumário do referido acórdão: *"Não tendo o Exmo. Árbitro recusado divulgado, aquando da sua indigitação ou nomeação, as suas anteriores participações em arbitragens idênticas ou similares, bem como, o parecer emitido ou quaisquer outras actividades profissionais relacionadas com o mesmo tema, incorreu o mesmo, na violação do dever de revelação, susceptível de criar fundadas dúvidas sobre a sua independência e imparcialidade "aos olhos da demandada".*

Ou seja, com excepção da decisão do CAC por referência à qual se descortinava a aplicação do regulamento daquele centro, do qual resulta, sem margem para dúvidas, a distinção entre os dois critérios, as decisões proferidas através dos acórdãos da Relação de Lisboa aqui citados baseiam-se exclusivamente na LAV e na *soft law* existente sobre o dever de revelação e direito de recusa, optando-se por uma interpretação de acordo com a prática internacional, sem se ancorarem exclusivamente na letra do artigo 13º da LAV.

Apesar de ambos os acórdãos terem proferido uma decisão de recusa do árbitro em causa, a forma como chegaram a essa solução foi diferente: no acórdão de Março, aplicou-se o critério objectivo para analisar se os factos em causa eram capazes de suscitar fundadas dúvidas de forma a justificar a recusa do árbitro[85], ao passo que no acórdão se Setembro se valorou a omissão do dever de revelação enquanto facto capaz de criar fundadas dúvidas do ponto de vista subjectivo.

[85] Embora também se tenha mencionado o critério subjectivo.

Na decisão proferida pelo CAC é ainda possível registar a interpretação implícita dos nºs 1 e 3 do artigo 13º, na medida em que se sublinha que, de acordo com o Regulamento do CAC, o critério para aferição das circunstâncias que devem ser reveladas é mais abrangente do que o critério para recusa do árbitro[86].

ii) A omissão do dever de revelação e as suas implicações no incidente de recusa

A omissão de circunstâncias que deviam, na perspectiva das partes, ser reveladas e do impacto de uma violação desse dever na decisão sobre a recusa do árbitro é abordada apenas nas duas decisões do Tribunal da Relação de Lisboa.

No acórdão de 24.03.2015, o Tribunal da Relação não podia ser mais claro quanto às implicações da violação do dever de revelação, podendo ler-se no seu Sumário o seguinte: *"A omissão do dever de revelação, só por si, não implica necessariamente que haja falta de independência e imparcialidade do árbitro. Esses atributos têm se der aferidos perante as concretas circunstâncias do caso em apreciação."*. Para chegar a esta conclusão, o Tribunal faz referência ao longo do acórdão às Directrizes da IBA[87] e ao Código Deontológico da APA[88].

[86] Com efeito, na referida decisão pode ler-se o seguinte: *"A Lei da Arbitragem estabelece, ainda, um dever de revelação de todas as circunstâncias que possam suscitar dúvidas sobre a imparcialidade e independência do árbitro (artigo 13º, nº 1 da LAV) e utiliza este mesmo critério para aferir da procedência da recusa (artigo 13º nº 3 LAV)."* – *Cfr.* pág. 6; Destacando-se ainda a forma como na referida decisão se dá ênfase ao facto de nos termos do Regulamento do CAC o dever de revelação ser mais abrangente, o que nos deixa a impressão de que se pretende aqui sublinhar a diferença relativamente à LAV, embora isso não seja explicitamente referido, *"Repare-se que o critério utilizado para a revelação, no artigo 11º, nº 3 do Regulamento, é subjectivo – "na perspectiva das partes", ainda que temperado pelo carácter fundado da dúvida. O dever de revelação é, assim, mais exigente do que a recusa do árbitro (...)"* – *Cfr.* pág. 7.

[87] Sobre a utilização da *soft law* neste acórdão, Filipa Cansado Carvalho salienta que *"(...) a decisão confirma a disponibilidade já anteriormente manifestada pelos tribunais judiciais portugueses para reconhecer e aplicar, em matéria de arbitragem, a chamada soft law nacional e internacional. Acresce que o Tribunal não só se socorreu destes instrumentos e em particular das Directrizes da IBA como, do nosso ponto de vista, fez, em geral, uma aplicação correcta destas (...)"*; Filipa Cansado Carvalho, *"Note: Generis Farmacêutica, S.A. v. Novartis AG, LTS Lohmann Therapie – System AG e Novartis Farma – Prdodutos Farmacéuticos, S.A., Court of Appeal of Lisbon, Processo nº 1361/14.0YRLSB.L1, 24 March 2015"* disponível para consulta em www.kluwerarbitration.com e http://www.plmj.com/xms/files/Artigos_e_Publicacoes/2016/__www.kluwerarbitration.com_CommonUI_print.aspx_idskli-ka.pdf

De facto, esta decisão é de uma clareza assinalável quanto à violação do dever de revelação, entendendo que se afigura relativamente evidente que numa situação como a dos autos[89] impedia sobre o mencionado árbitro, nomeado pelas Demandantes, a obrigação de revelar e por conseguinte tal obrigação foi violada. Defendendo-se de seguida, no entanto, que questão diferente é saber se, ainda que não reveladas, as circunstâncias concretas correspondiam a fundamento de recusa.

Por seu turno, o acórdão da Relação de Lisboa de 29.09.2015 contempla visão diversa. Embora numa primeira abordagem não pareça ser esse o entendimento do colectivo, na medida em que se pode ler no acórdão que *"a omissão do dever não implica, necessariamente, o afastamento do respectivo árbitro"*, a verdade é que o Tribunal acaba por fundar a sua decisão na violação do dever de revelação ao concluir que *"Foi a violação objectiva do dever de revelação que permitiu a suspeição aos olhos da demandada quanto à sua independência e imparcialidade"* considerando, por outro lado, que os factos omitidos não causariam qualquer suspeição mas significariam, antes, uma mais-valia.

Por outras palavras, o que se verificou no referido acórdão foi somente a valoração da omissão do dever de revelação, pois o Tribunal considerou que o facto de o árbitro já ter emitido pareceres e tratado daqueles temas não causava dúvidas fundadas quanto à sua imparcialidade e independência, ou seja, não considerando sequer os dois circunstancialismos – a omissão do dever de revelação em si mesma e os factos omitidos – em conjunto mas apenas um, isto é, a omissão isoladamente[90].

[88] Como vimos, as *IBA guidelines* preveem no parágrafo 5 da Parte II – *Practical Application of the General Standards* que "*Nondisclosure cannot by itself make an arbitrator partial or lacking independence: only the facts or circumstances that he or she failed to disclose can do so.*" Já o Código Deontológico da APA não tem nenhuma disposição dedicada a este assunto em específico, apesar da remissão geral para as IBA *guidelines*.

[89] Ou seja, num cenário em que o árbitro já foi nomeado cinquenta vezes pelos mandatários das Demandantes, nos últimos três anos, e dezanove vezes pelas Demandantes ou empresas com ela relacionadas, em relação à mesma substância activa, também nos últimos três anos.

[90] Esta questão foi tratada na declaração de voto proferida, na qual se assinalou a divergência quanto à tese implicitamente acolhida de que a omissão de circunstâncias passíveis de suscitar dúvidas é, por si só, causa de recusa. Na opinião do Juiz Desembargador que proferiu a mencionada declaração a não revelação é uma questão distinta de saber se o árbitro é independente e imparcial.

Embora o fio condutor do acórdão quanto a este aspecto concreto não seja facilmente identificável, parece-nos que no final o Tribunal da Relação considerou que a violação do dever de revelação constituía um motivo gerador de sentimento de desconfiança e, consequentemente, criador de suspeita aos olhos das partes relativamente à independência e imparcialidade do árbitro.

III. ALGUMAS CONCLUSÕES

O dever de revelação dos árbitros, à semelhança de todas as questões que se aproximam das matérias de imparcialidade e independência, é um tema complexo que depende em grande medida das circunstâncias do caso concreto. Contudo, tal complexidade e necessidade de análise casuística desencadeiam um movimento da comunidade arbitral no sentido de estabelecer padrões que auxiliem os árbitros e as partes no processo "descomplexificação", em benefício da independência e imparcialidade que devem pautar a arbitragem.

É neste contexto que tem surgido a designada *soft law* constituída fundamentalmente por normas éticas integradas em códigos deontológicos para árbitros, emitidos por centros de arbitragem institucionalizada, bem como outras associações da comunidade arbitral de cujo exemplo mais representativo são as IBA *Guidelines on Conflicts of Interest in International Arbitration*[91].

Os códigos deontológicos aqui analisados – o código da APA, do IAC e do CAC – fazem referência expressa às IBA *guidelines* no sentido de as mesmas fornecerem elementos concretos e fundamentais à interpretação e integração das orientações contidas nos referidos códigos. Tais disposições são compreensíveis não só à luz da representatividade das *IBA guidelines* no contexto da arbitragem internacional mas também da estrutura das referidas *guidelines*.

[91] Tal como é sublinhado no preâmbulo (*Introduction*) das referidas directrizes, na base da criação destas *guidelines* encontra-se não só a constatação sobre a complexidade das decisões com que se deparam os árbitros, as instituições, as partes e, ainda, os tribunais judiciais sobre o que se deve divulgar e quais os princípios a aplicar, mas também o facto de se ter consciência que, apesar de as leis e normas de arbitragem estabelecerem em geral os princípios quanto ao dever de revelação, faltar uma orientação mais detalhada e uniformidade na sua aplicação.

O facto de as IBA *guidelines* conterem exemplos concretos, embora não exaustivos, de situações que representam ou podem representar conflitos de interesses ou circunstâncias cuja revelação deve ser, pelo menos, ponderada conjuntamente com a sua ordenação em listas às quais foram atribuídas cores representativas do risco associado, faz destas directrizes incontornáveis.

Contudo, a existência de uma tensão natural, que resulta do carácter contratualista da arbitragem, entre o direito das partes à divulgação das situações que possam pôr justificadamente em dúvida a imparcialidade ou independência de um árbitro e o acesso das partes a um julgamento imparcial, por um lado, e o direito das mesmas partes a selecionarem livremente os seus próprios árbitros, por outro, é assumido nas directrizes da IBA, pelo que a sua mais-valia passa também por partirem de tal percepção para encontrar um equilíbrio entre esses factores de tensão.

A existência de duas listas vermelhas (renunciável e irrenunciável), a par dos princípios transversais constantes daquelas directrizes com a prevalência da revelação de informação em caso de dúvida, a indicação de que tanto o acto de revelar como a sua omissão não constituem por si causas de recusa, bem como a estipulação de dois critérios diferentes para aferição do dever de revelar e do dever de renúncia, são exemplos de orientações contidas nas IBA *guidelines*, e seguidas pelos códigos deontológicos portugueses, que visam justamente alcançar o referido equilíbrio.

Tais objectivos e princípios prosseguidos nestas normas de carácter ético correspondem àquilo que entendemos ser a função garantística do dever de revelação face aos deveres de independência e imparcialidade dos árbitros, e não o contrário. Ou seja, apesar de ser através do exercício do dever de revelação que é permitido às partes conhecerem todos os factos relevantes, o seu mero exercício ou omissão, isoladamente considerados, não acarretam necessariamente, a existência objectiva de fundadas dúvidas sobre a falta de independência ou imparcialidade e, consequentemente, a respectiva exigência de renúncia de um árbitro ou causa de anulação de sentença.

A existência de duas listas vermelhas nas *IBA guidelines* tem, em nosso entendimento, precisamente a utilidade de demonstrar tal constatação, na medida em que, apesar de ambas conterem situações consideradas como conflitos de interesses, parte delas podem ser superáveis através da aceitação das partes e dos restantes árbitros, desde que reveladas através do exercício do referido dever.

Nessas situações, em que, por um lado, se presume a existência de um conflito de interesses com potencial para interferir na liberdade de julgamento dos árbitros e, por outro lado, se considera que o conflito é ultrapassável, é dada a oportunidade a todos os intervenientes da arbitragem para se pronunciarem: os árbitros em causa podem revelar esses factos alegando que consideram que os mesmos não interferirão na capacidade de julgar e as partes e os restantes membros do tribunal arbitral podem aceitar tal risco, abstendo-se as primeiras de no futuro invocarem tais factos para requerer a recusa de árbitro ou anulação de sentença com base nos mesmos.

É, pois, evidente a função informativa e garantística do dever de revelação na prossecução dos princípios máximos de independência e imparcialidade dos julgadores arbitrais que justifica sempre a análise dos factos revelados e omitidos[92].

Contudo, tal instrumentalização não coloca este dever em segundo plano, pelo contrário. Para que possam ser aceites, tais situações têm de ser, desde logo, reveladas, e uma vez aceites, não é demais afirmar que o processo arbitral fica protegido da influência de factores de perturbação associados a tais factos, o que lhe atribui uma importância indiscutível.

É verdade que as matérias de independência e imparcialidade podem surgir como forma de protelar a escolha de árbitros no início da arbitragem, através da recusa dos mesmos com base em factos revelados. No entanto, não é menos verdade que a descoberta das partes de um facto que aleguem que deveria ter sido revelado, e não o foi, também constitui um potencial meio de atrasar a execução da decisão arbitral desfavorável, mesmo que seja evidente que o mesmo não constitui uma causa objectiva de recusa nem causa para a anulação de uma sentença[93].

[92] Ao contrário do que sucedeu no Acórdão de 29.09.2015 acima analisado. Esta foi, de resto, uma das preocupações que esteve na origem do Standard 3, em 2004, e permaneceu na revisão de 2014 das *IBA guidelines*, como é expressamente referido na explicação do Standard 3 – *"É esperado que a promulgação deste Princípio Geral elimine o equívoco de que a revelação em si mesma implica a existência de dúvidas suficientes para recusar um árbitro, ou que cria sequer uma presunção em favor dessa recusa. Em vez disso, qualquer recusa apenas deve proceder quando passe no teste objectivo, conforme previsto no Princípio Geral 2 supra"*.

[93] Alguns autores têm apelidado este tipo de manobras processuais como "playing dirty" – Cfr. Sam Luttrell, *Bias Challenges in International Commercial Arbitration*, Wolters Kluwer 2009, pág. 3. No mesmo sentido, Fernando Mantilla-Serrano, "Towards a Transnational

Neste sentido, a importância do dever de revelação é ainda mais acentuada quando se exige aos árbitros nomeados que acompanhem a capacidade das partes em demonstrarem e aumentarem as potenciais circunstâncias que consideram ser objecto de revelação "aos seus olhos".

Com isto não se quer dizer que todo e qualquer facto deva ser revelado, pois, tal como é defendido na explicação que se faz quanto à lista verde das directrizes da IBA, existem limites objectivos ao critério subjectivo para aferição dos factos objecto de revelação. De qualquer modo, importa sublinhar que, mais relevante ainda é a orientação de que, em caso de dúvida, os árbitros devem decidir pela revelação.

Procedural Public Policy", in *Towards a Uniform International Arbitration Law?*, Juris, 2005, págs. 194-195.

ÍNDICE